DESCUBRIENDO EL ÚLTIMO DIOS

DESCUBRIENDO EL ÚLTIMO DIOS

Prabhuji

Descubriendo el Último Dios
por Prabhuji

Copyright © 2025
Primera edición

Impreso en Round Top, Nueva York, Estados Unidos

Derechos Reservados. Queda prohibida la reproducción total o parcial de esta publicación, por cualquier medio o procedimiento, sin para ello contar con la autorización previa, expresa y por escrito del editor.

Publicado por Prabhuji Mission
Sitio: prabhuji.net
Avadhutashram
PO Box 900
Cairo, NY, 12413
USA

Pintura en la tapa por Prabhuji:
«Descubriendo el Último Dios»
Acrílico en lienzo, Nueva York
Tamaño del lienzo: 24" x 24"

Library of Congress Control Number: 2024927563
ISBN-13: 978-1-945894-89-3

ÍNDICE

Prefacio 1
Introducción 5

Sección I: La concepción ontoteológica de Dios

Capítulo 1: El problema del nihilismo 23
Capítulo 2: La historia del concepto 27
Capítulo 3: El alejamiento de lo divino...................................... 45
Capítulo 4: El nacimiento de la ontoteología............................. 61
Bibliografía de la sección I 69

Sección II: Trascendiendo el Dios personal

Capítulo 5: Excavaciones cristianas 75
Capítulo 6: Cristofanía: la relación íntima con lo divino 97
Capítulo 7: La muerte de Cristo... 105
Bibliografía de la sección II 127

Sección III: De la participación a la emanación

Capítulo 8: El camino de la participación:
    el dualismo tomista... 131
Capítulo 9: La emanación y el retorno a lo Uno en Plotino 141
Capítulo 10: Las tres hipóstasis fundamentales de Plotino....... 149
Bibliografía de la sección III 165

Sección IV: El olvido y el devenir del Ser

Capítulo 11: El divorcio entre ser y pensar 169
Capítulo 12: La Verdad como corrección (*orthótes*) en Platón ... 181
Capítulo 13: La apertura al Ser: un nuevo comienzo 193
Capítulo 14: Analítica existencial, poesía y la
  manifestación del Ser 201
Capítulo 15: Una primera aproximación a Dios 209
Capítulo 16: La unidad de la humanidad en el Ser 221
Bibliografía de la sección IV 229

Sección V: De la ontoteología al Dios Desconocido

Capítulo 17: El Dios Desconocido 235
Capítulo 18: La muerte ontológica del *Dasein* 247
Capítulo 19: El giro (*kehre*) ontológico-
  hermenéutico de Heidegger 255
Bibliografía de la sección V 275

Sección VI: La travesía hacia el Último Dios

Capítulo 20: Los seis ensamblajes hacia el Último Dios 279
Capítulo 21: Un nuevo marco filosófico 297
Capítulo 22: El lenguaje como morada del Ser 313
Capítulo 23: El Ser y Dios en la cuadratura:
  equilibrio y trascendencia 327
Capítulo 24: La aurora del Último Dios 343
Capítulo 25: La apertura al «Sendero Retroprogresivo» 353
Bibliografía de la sección VI 361

Apéndices

Sobre Prabhuji 365
El término Prabhuji por S. G. Swami Ramananda 385
El término *avadhūta* 389
Sobre la Misión Prabhuji 405
Sobre el Avadhutashram 409
El Sendero de Alineamiento Retroprogresivo 411
Prabhuji hoy 413
Libros por Prabhuji 418

ॐ अज्ञानतिमिरान्धस्य ज्ञानाञ्जनशलाकया ।
चक्षुरुन्मीलितं येन तस्मै श्रीगुरवे नमः ॥

oṁ ajñāna-timirāndhasya
jñānāñjana-śalākayā
cakṣur unmīlitaṁ yena
tasmai śrī-gurave namaḥ

Reverencias a ese santo Gurú que, aplicando el ungüento [medicina] del conocimiento [espiritual], elimina la oscuridad de la ignorancia de los cegados [no iluminados] y les abre los ojos.

Este libro está dedicado, con profundo agradecimiento y eterno respeto, a los santos pies de loto de mis amados maestros Su Divina Gracia Bhakti-kavi Atulānanda Ācārya Mahārāja (Gurudeva) y Su Divina Gracia Avadhūta Śrī Brahmānanda Bābājī Mahārāja (Guru Mahārāja).

Prefacio

La historia de mi vida es una odisea desde lo que creía ser, hasta lo que realmente soy... un peregrinaje, tanto interior como exterior. Una travesía desde lo personal a lo universal, desde lo parcial a lo total, desde lo ilusorio a lo real, desde lo aparente a lo verdadero. Un vuelo errante desde lo humano a lo divino.

Todo lo que al alba despierta, en el ocaso descansa; toda llama encendida, al fin se extingue. Solo lo que empieza, termina; solo lo que principia, finaliza. Pero lo que habita en el presente no nace ni muere, porque lo que carece de comienzo no perece jamás.

Como simple autobiográfico y relator de vivencias significativas, comparto mi historia íntima con los demás. Mi historia no es pública, sino profundamente privada e íntima. No pertenece al alboroto de la vida social, sino que es un suspiro guardado en lo más recóndito del alma.

Soy discípulo de veedores, seres iluminados, sombras del universo que son nadie y caminan en la muerte. Soy solo un capricho o quizás una broma del cielo y el único error de mis amados maestros espirituales. Fui iniciado en mi infancia espiritual por la luz de la luna, que me enseñó su luz y me compartió su ser. Mi musa era una gaviota que amaba volar más que cualquier otra cosa en la vida.

Enamorado de lo imposible, atravesé el universo obsesionado por el brillo de una estrella. Recorrí innumerables senderos, siguiendo las huellas y los vestigios de aquellos con la visión para descifrar lo oculto. Cual océano que anhela el agua, busqué mi hogar dentro de mi propia casa.

No pretendo ser guía, coach, profesor, instructor, educador, psicólogo, iluminador, pedagogo, evangelista, rabino, *posék halajá*, sanador, terapeuta, satsanguista, psíquico, líder, médium, salvador, gurú o autoridad de ninguna clase, ya sea espiritual o material. Me permito la osadía y el atrevimiento de no representar a nada ni a nadie más que a mí mismo. Soy solo un caminante a quien puedes preguntarle sobre la dirección que buscas. Con gusto te señalo un lugar donde todo se calma al llegar… más allá del sol y las estrellas, de tus deseos y anhelos, del tiempo y el espacio, de los conceptos y conclusiones y más allá de todo lo que crees ser o imaginas que serás.

Pinto suspiros, esperanzas, silencios, aspiraciones y melancolías… paisajes interiores y atardeceres del alma. Soy pintor de lo indescriptible, lo inexpresable, lo indefinible e inconfesable de nuestras profundidades… O quizás solo escribo colores y pinto palabras. Consciente del abismo que separa la revelación y las obras, vivo en un intento frustrado de expresar con fidelidad el misterio del espíritu.

Desde la infancia, ventanitas de papel cautivaron mi atención; a través de ellas recorrí lugares, conocí personas e hice amistades. Aquellas mándalas diminutas han sido mi verdadera escuela primaria, mi escuela secundaria y mi universidad. Cual avezados maestros, esas *yantras* me han guiado a través de la contemplación, la atención, la concentración, la observación y la meditación.

Al igual que un médico estudia el organismo humano, o un abogado estudia leyes, he dedicado mi vida al estudio de mí mismo. Puedo decir con certeza que sé lo que reside y vive en este corazón.

Mi propósito no es persuadir a otros. No es mi intención convencer a nadie de nada. No ofrezco ninguna teología o filosofía, ni predico o enseño, sino que solo pienso en voz alta. El eco de estas palabras puede conducir a ese infinito espacio donde todo es paz, silencio, amor, existencia, consciencia y dicha absoluta.

No me busques a mí. Búscate a ti. No me necesitas a mí ni a nadie, porque lo único que realmente importa eres tú. Lo que anhelas yace en ti, como lo que eres, aquí y ahora.

No soy un mercader de información repetida, ni pretendo hacer negocios con mi espiritualidad. No enseño creencias ni filosofías. Solo hablo de lo que veo y únicamente comparto lo que sé.

Escapa de la fama, porque la verdadera gloria no se basa en la opinión pública, sino en lo que eres en realidad. Lo importante no es lo que otros piensen de ti, sino tu propia apreciación acerca de quién eres.

Elige la dicha en vez del éxito, la vida en lugar de la reputación, la sabiduría por encima de la información. Si tienes éxito, no conocerás solo la admiración, sino también los verdaderos celos. La envidia es el tributo de la mediocridad al talento y una aceptación abierta de inferioridad.

Te aconsejo volar libremente y nunca temer equivocarte. Aprende el arte de transformar tus errores en lecciones. Jamás culpes a otros de tus faltas: recuerda que asumir la completa responsabilidad de tu vida es un signo de madurez. Volando aprendes que lo importante no es tocar el cielo, sino poseer el valor para desplegar tus alas. Cuanto más alto te eleves, el mundo te parecerá más graciosamente pequeño e insignificante. Caminando, tarde o temprano comprenderás que toda búsqueda comienza y finaliza en ti.

Tu bienqueriente incondicional,

Introducción

Desde los albores de la civilización, se distingue una relación íntima y constante entre el ser humano y lo sagrado. La indagación de la humanidad sobre su propia existencia y su lugar en la totalidad se refleja en la expresión del arte, la filosofía y la religión. Las primeras manifestaciones artísticas, como las pinturas rupestres, presentan figuras con características extraordinarias que han revelado que la noción de lo divino no es una invención reciente con fines de control social y político. Tanto en las tradiciones de Oriente como en el pensamiento occidental, la divinidad se ha interpretado a menudo como un mito o como una construcción literaria al servicio de la hegemonía. Aunque estas explicaciones aportan perspectivas valiosas, el concepto de lo sagrado no se agota en meras explicaciones sociohistóricas.

Desde las primeras evidencias culturales, la figura de una deidad se vincula inseparablemente con la consciencia y la identidad humana. Esta fusión entre la idea de lo divino y lo humano refleja una dimensión que trasciende lo material. Apunta a las preocupaciones más hondas del ser humano y a su incansable búsqueda de significado en un cosmos que percibe como vasto y enigmático.

La presencia de lo sagrado en el desarrollo del pensamiento humano destaca la necesidad de reconocer su papel central en la evolución de los sistemas de reflexión y comprensión. Desde las primeras comunidades organizadas hasta las elaboradas doctrinas filosóficas y teológicas, la percepción de lo divino ha constituido un eje en torno al cual se ha articulado la interpretación del mundo. Esta integración resalta que lo divino no es un mero fenómeno cultural. Expresa la profunda búsqueda humana por entender su esencia y propósito en un universo cuya vastedad y misterio no han dejado de fascinarnos y desafiarnos.

No obstante, Dios ha sido concebido y representado de maneras diferentes a lo largo de la historia humana. La concepción de Dios ha seguido un recorrido prolongado y complejo, desde las religiones del Paleolítico, con sus creencias y comportamientos religiosos hipotetizados para esa época, hasta las concepciones filosóficas y teológicas más refinadas. Pasó desde las figuras antropomórficas de las religiones primitivas hasta las abstracciones metafísicas. Este extenso trayecto puede describirse como una evolución desde un Dios personal hacia una divinidad abstracta, reflejo del desarrollo de perspectivas teológicas y de los cambios en la comprensión de la realidad, la naturaleza y la existencia.

En las primeras etapas de la prehistoria, la percepción de lo divino surgió como un reflejo de la interacción del ser humano con aquellas fuerzas que consideraba esenciales para su supervivencia, como el sol, la fertilidad y la caza. Esta concepción, arraigada en la observación de fenómenos naturales, se traducía en rituales de sacrificio y ofrendas, prácticas que pueden identificarse en las complejas tradiciones de las civilizaciones prehispánicas de América. Los rituales manifestaban sus creencias y los vinculaban con lo divino, eso es, con una entidad superior con capacidad para influir en los aspectos fundamentales de la existencia.

A medida que las sociedades experimentaron cambios significativos, también se transformaron las representaciones de la divinidad. La evolución desde una relación con fuerzas impersonales hacia una representación antropomórfica marcó un punto crucial en el desarrollo cultural. Las figuras divinas comenzaron a adquirir características humanas específicas, reflejando un proceso de abstracción que permitía una interacción más comprensible con lo sagrado. Este proceso reconfiguró la organización de las sociedades y contribuyó a una percepción más cohesionada de la identidad colectiva. Al mismo tiempo, otorgó a la divinidad un carácter que facilitaba su integración en la consciencia común y redefinía su significado en la experiencia humana. El desarrollo de representaciones divinas antropomórficas implicó una reestructuración en la manera en que los grupos humanos comprendían su entorno y su propia posición en el universo. No se trató de un simple cambio en la forma de los símbolos religiosos, sino de un giro en la manera en que la humanidad articulaba su relación con lo trascendente. La adopción de deidades con atributos humanos permitía a las sociedades establecer un vínculo más próximo, un canal de interacción simbólica que reflejaba las complejidades de la existencia humana, incluidos sus deseos, miedos y aspiraciones.

La transición de la veneración de fuerzas naturales a una concepción más personalizada de la divinidad pone de relieve un cambio seminal en la consciencia colectiva y en la manera en que las culturas interpretaron lo sagrado. Esta pluralidad de expresiones y su desarrollo muestran cómo los seres humanos, a lo largo de los siglos, buscaron dar sentido a un mundo que a menudo percibían como impredecible. El surgimiento de figuras divinas con cualidades humanas transformó el imaginario religioso y, además, estableció los cimientos para posteriores reflexiones filosóficas y religiosas. Estas representaciones impactaron en el pensamiento humano, influyendo en la manera en que diversas tradiciones reflexionaron sobre la relación entre lo finito y lo infinito, lo contingente y lo absoluto.

Los dioses de antiguas religiones politeístas, como los de las mitologías griega, romana, egipcia y mesopotámica, poseían características humanas, tanto en apariencia como en comportamiento. Estas deidades interactuaban directamente con los humanos, influyendo activamente en sus vidas, en la sociedad y en los asuntos del mundo. El panteón olímpico griego es un ejemplo notable de esta concepción, donde dioses como Zeus, Hera, Apolo y Atenea eran vistos como seres con personalidades y atributos humanos, aunque con poderes sobrenaturales. Gobernaban sobre diversos aspectos de la naturaleza y la vida humana, pero también mostraban emociones, rivalidades y relaciones similares a las humanas.[1] Esta humanidad de los dioses permitía a las personas relacionarse con ellos de manera íntima y personal, ofreciendo sacrificios y oraciones con la esperanza de obtener su favor o evitar su ira.

El avance hacia un Dios personal y único se evidencia en el surgimiento del judaísmo, el cristianismo y el islam. En las religiones abrahámicas monoteístas, Dios sigue siendo una entidad personal, aunque no antropomórfica en sentido estricto. Es concebido como un ser supremo, omnipotente, omnisciente y omnipresente, que se preocupa por la humanidad y establece un código moral para sus seguidores. Este Dios personal tiene una relación directa y significativa con cada individuo, ofreciendo consuelo, guía y salvación.

Con el progreso de las sociedades y la intensificación de la reflexión filosófica, surgió la tendencia a conceptualizar a Dios de una manera menos personal y más abstracta. Esta transición no fue abrupta, sino gradual y paulatina, desarrollándose a través de una serie de avances filosóficos y teológicos. Una innovación trascendental se encuentra en la filosofía griega clásica, especialmente en el pensamiento de Platón y Aristóteles. Platón introdujo la idea de un «Bien supremo» o «Forma del Bien», que trasciende el mundo sensible y es la fuente de toda

---

1. Burkert, Walter. *Religión griega: Arcaica y clásica*. Traducido por Helena Bernabé Blanco. (Madrid: Editorial Abada, 2007).

realidad y conocimiento.² Aunque no es un dios en sentido personal, este Bien supremo posee un carácter divino fundamental para la estructura de la realidad.

Aristóteles, por su parte, desarrolló la idea del «Motor Inmóvil» o «Primer Motor».³ Este concepto describe una causa primera que no es causada por nada más, un Ser que es pura actualidad y perfección. El Motor Inmóvil es eterno, inmutable y necesariamente existente, y aunque no se relaciona con el mundo de manera personal, es la causa última de todo movimiento y cambio en el universo. Esta idea influenció profundamente la escolástica medieval, especialmente a través de Tomás de Aquino, quien identificó el Motor Inmóvil de Aristóteles con el Dios cristiano.⁴

Para analizar la relación entre el Dios cristiano y el ser humano, Santo Tomás de Aquino introdujo el concepto de «participación», un principio que se abordará detalladamente en capítulos posteriores. Este marco teórico sostiene que los entes, es decir, todas las criaturas, participan del Ser supremo, manteniendo al mismo tiempo su individualidad ontológica. Dios, al crear al ser humano, lo hace como un ente externo y distinto de

---

2. Platón. *La República*. Traducido por Conrado Eggers Lan. (Madrid: Gredos, 2003).
3. Véase Aristóteles, *Física*, libro II, y *Metafísica*, libro XII, en Obras completas, vol. 2, trad. Valentín García Yebra (Madrid: Gredos, 1982).
4. Wippel, John F. *The Metaphysical Thought of Thomas Aquinas: From Finite Being to Uncreated Being*. Washington, D.C. (The Catholic University of America Press, 2000), 440.

sí mismo, dotado de autonomía y libertad. Esta distinción ontológica ha marcado la comprensión teológica y filosófica de la relación entre Dios y la humanidad en Occidente, en particular, en la doctrina católica.

La noción de «participación» en el pensamiento de Santo Tomás se encuentra arraigada en la metafísica aristotélica y platónica. A partir de la tradición aristotélica, Aquino hereda una visión de la realidad donde los seres contingentes derivan su existencia de una causa primera, el «Acto Puro», que es Dios. Sin embargo, la innovación tomista reside en cómo reconfigura esta herencia al integrar el concepto platónico de participación, en el que los entes reciben su ser de un principio supremo sin diluir su existencia propia. En este marco, la participación no sugiere una mera dependencia causal, sino un nexo ontológico profundo que permite al ser humano existir, pero al mismo tiempo también orientarse hacia su fin último, que es Dios mismo.

La doctrina de la participación implica que, aunque el ser humano y todas las criaturas provienen de Dios y dependen de Él para su existencia, no se identifican con la divinidad. La criatura mantiene su condición de «otro», reflejando la idea de una multiplicidad de entes que participan del único Ser sin confundirse con Él. Esta separación permite a Santo Tomás argumentar que la criatura es capaz de conocer y amar a Dios, pero siempre de manera limitada y por analogía, ya que el conocimiento humano no puede captar la esencia divina en su totalidad. Este punto es fundamental para entender la relación entre lo finito y lo infinito. Si bien el ser humano participa del ser divino, lo hace de un modo parcial e imperfecto, lo cual garantiza su autonomía al mismo tiempo que lo mantiene siempre en un estado de dependencia ontológica.

En contraste con esta noción de la participación en Santo Tomás de Aquino, la visión de Plotino ofrece una perspectiva radicalmente distinta a través de su doctrina de la emanación, un concepto central en su sistema neoplatónico. Para Plotino, el Uno, o lo Absoluto, es la fuente de todo ser, de la cual, en un proceso necesario y eterno, emanan todas las cosas. Esta emanación no implica una creación *ex nihilo*, sino una irradiación natural, similar a la luz que emite el sol sin agotarse. En este esquema, el cosmos y, por ende, el ser humano, no son entidades creadas de forma independiente; al contrario, son extensiones del Uno. Por lo tanto, la relación entre lo divino y la creación es de continuidad y no de separación. Lo múltiple se despliega desde la unidad y, al mismo tiempo, aspira a regresar a ella mediante un proceso de reabsorción espiritual y mística.

La diferencia principal entre la perspectiva de Plotino y la de Santo Tomás se halla en la concepción de la independencia ontológica del ser humano. En el esquema tomista, los humanos, aunque dependientes de Dios, retienen una identidad que les permite ser agentes morales y espirituales autónomos. Este espacio de autonomía es esencial para la teología cristiana, pues justifica la noción de libre albedrío y la posibilidad de mérito y culpa. Sin embargo, en la visión plotiniana, la individuación es ilusoria hasta cierto punto; lo verdadero y esencial es la unidad con el Uno, y cualquier forma de distinción se considera un grado menor de realidad. La multiplicidad no es un fin en sí mismo, sino un medio para que el alma experimente y trascienda hacia su fuente divina.

La doctrina de la emanación en Plotino conlleva implicaciones metafísicas y epistemológicas significativas. Dado que la creación es una extensión del Uno, todo conocimiento es, en última instancia, un proceso de reminiscencia y retorno a la fuente. El alma humana, en su viaje hacia la comprensión, debe purificarse y despojarse de las sombras de la multiplicidad para alcanzar una unión mística con lo divino. Este proceso trasciende el conocimiento discursivo y se presenta como una intuición directa de la realidad última. Por su parte, el pensamiento tomista mantiene una distinción clara entre creador y criatura, permitiendo que el conocimiento se desarrolle a través de las facultades naturales humanas, iluminadas por la gracia divina, pero sin perder su carácter racional.

La comparación entre estos enfoques revela determinadas diferencias conceptuales que tienen importantes implicaciones prácticas para la vida espiritual y moral de los humanos. El planteamiento de Aquino favorece una vida de virtud y racionalidad en la que la gracia perfecciona la naturaleza. La visión de Plotino, en cambio, orienta el alma hacia un ascetismo más introspectivo, buscando la unión mística que trasciende el lenguaje y el pensamiento.[5] La participación en Santo

---

5. Plotino. *Enéadas*. Traducido por Jesús Igal. (Madrid: Editorial Gredos, 1991). Libro V.1.6.

Tomás y la emanación en Plotino, más que simples teorías metafísicas, representan caminos distintos hacia la comprensión de la trascendencia y el lugar del ser humano en el cosmos.

Mientras este debate teofilosófico moldeaba la visión de Dios y del ser humano en Occidente, las tradiciones de Oriente concebían lo divino con abstracción e impersonalidad. En el hinduismo, por ejemplo, encontramos la idea de Brahman, la realidad última, consciencia pura, el principio absoluto e impersonal que subyace a todo lo existente. Más que una deidad en el sentido antropomórfico, Brahman es la esencia de todo ser y la fuente de todo lo que es. La sabiduría vedántica se refiere a Brahman como *neti-neti* (no esto, no aquello), subrayando su naturaleza indefinible, imperceptible, no cualificada e inconcebible. Brahman trasciende toda descripción, conceptualización y comprensión humana, siendo una realidad que sobrepasa todas las dualidades y particularidades relativas. De manera similar, en el budismo, no se habla de Dios en términos tradicionales. El *dharma* (la ley cósmica y el orden natural) y la naturaleza búdica (la consciencia pura despierta e iluminada) representan principios abstractos que trascienden las concepciones personales de la divinidad. La esencia última de la realidad, según el budismo, es la vacuidad (*śūnyatā*), una condición de no dualidad que desafía todas las categorías y conceptos.

En la filosofía occidental moderna y contemporánea, la idea de un Dios abstracto ha tomado diversas formas.

Uno de los desarrollos más significativos ha sido la concepción de Dios como consciencia o Ser. El filósofo alemán Georg Wilhelm Friedrich Hegel fue un exponente clave de esta idea. En su sistema filosófico, Hegel describe a Dios como el Espíritu Absoluto, una realidad que se manifiesta a sí misma en el proceso dialéctico de la historia y la cultura humana. El Espíritu Absoluto no es un ser personal separado del mundo, sino la totalidad de la realidad que se desarrolla y se comprende a sí misma a través de la historia.[6] Para Hegel, Dios es consciencia que se despliega a través del tiempo, alcanzando su autoconocimiento en la autoconsciencia humana.

La identificación de Dios con el Espíritu Absoluto de Hegel facilitó la integración entre la concepción personal y la abstracta a lo largo de esta travesía filosófica. Esta integración, que ha hecho mella en la filosofía y teología actuales, ha buscado preservar la relación íntima y significativa que las personas pueden tener con lo divino, al tiempo que ha reconocido la naturaleza trascendente e indefinible de la realidad última. Baste mencionar como ejemplos de ello a Karl Rahner y Paul Tillich. Karl Rahner, teólogo católico del siglo XX, desarrolló la idea del «Misterio Absoluto» u «Horizonte Absoluto». Identificó a Dios como realidad última e incomprensible y sostuvo que este Misterio Absoluto se revela y se hace accesible a los humanos mediante la experiencia y la

---

6. Hegel, Georg Wilhelm Friedrich. *Enciclopedia de las ciencias filosóficas en compendio.* Traducido por Jacinto Rivera de Rosales. (Madrid: Gredos, 2012), 580 y ss.

historia. Según él, Dios es tanto el horizonte trascendente de nuestra existencia como la presencia íntima en nuestra vida personal y en el mundo.

La teología de Paul Tillich presenta, por su parte, otro tipo de perspectiva integradora que describe a Dios como el «Fundamento del Ser» o «El Ser en Sí mismo». Tillich sostiene que Dios, más que un ser entre otros seres, es la base de toda existencia y el poder de ser que sustenta todo lo que es; al mismo tiempo, enfatiza que esta realidad fundamental se manifiesta en nuestras experiencias de ultimidad, cuando nos enfrentamos a preguntas y situaciones que tocan el sentido y el propósito último de nuestra vida.

Finalmente, la transición hacia una concepción abstracta de Dios tiene también implicaciones éticas y sociales. Si entendemos a Dios como la realidad fundamental que subyace a todas las cosas, entonces todo ser humano y, de hecho, toda entidad en el universo participará de esta misma realidad divina. Esta idea de inclusividad nos lleva a una ética del respeto, la compasión y la justicia, basada en el reconocimiento de la unidad y la interconexión de toda la existencia.

En este contexto, el presente estudio abordará la filosofía de Martin Heidegger, en cuyo pensamiento se despliega un análisis singular de la idea de Dios, estrechamente vinculado a la problemática del Ser (*Sein*) y la existencia humana (*Dasein*). Heidegger sitúa al Ser como la realidad fundamental que subyace a todo lo que existe.[7] Por ello, en lugar de concebirlo como un ente, nos invita a pensarlo como la condición originaria que posibilita la existencia de los entes. Esta distinción ontológica permite desplazar la pregunta tradicional sobre Dios hacia una reflexión más radical que cuestiona las bases mismas de la metafísica clásica. La exploración de Heidegger sobre el ser humano, entendido como *Dasein*, eso es, como ser-ahí-en-el-mundo, introduce una dimensión en la que la experiencia del Ser constituye el punto de partida para cualquier indagación acerca de lo divino. En vez de abordar la idea de Dios como si se tratara de un objeto externo o como un ser con atributos definidos, Heidegger tratará de comprenderlo desde la apertura existencial del ser humano al Ser. En este sentido, la búsqueda del significado del Ser, tal como se vive en el *Dasein*, actúa como la vía de acceso para pensar lo que él denomina «el Último Dios».

Como veremos de manera detallada, la idea del «Último Dios» surge como una posibilidad que desborda la representación teísta convencional. Señala un horizonte donde la divinidad, en lugar de adoptar formas antropomórficas o personales, emerge como una presencia que interroga y transforma al ser humano en su totalidad. Esta revelación no es una presencia directa ni se caracteriza por la cercanía tangible de un ser divino, sino que es entendida como un acontecimiento que reconfigura la comprensión misma del ser y su vínculo con el *Dasein*. Lo

---
7. Heidegger, Martin. *Ser y tiempo*. Traducido por José Gaos. (México: Fondo de Cultura Económica, 1951), 17.

divino, de esta forma, se presenta como una trascendencia inmanente que provoca al ser humano a reconsiderar su existencia y su relación con lo sagrado. Este planteamiento impulsa a una revisión crítica de las categorías y supuestos de la teología y la filosofía tradicionales, invitando a un camino de reflexión que desborda las fronteras del pensamiento metafísico establecido.

La búsqueda de lo sagrado en el pensamiento heideggeriano es un desafío y no una mera especulación intelectual. Como tal, nos incita a emprender un viaje hacia la esencia de lo divino, eso es, hacia lo que Heidegger entiende como una experiencia límite de comprensión. Como veremos, este recorrido nos permitirá redefinir la relación con lo divino y descubrir un nuevo vínculo con la totalidad del Ser. En un estado de apertura, el *Dasein* descubre lo sagrado como una dimensión que trasciende y fundamenta la existencia humana. El «Último Dios» se erige como una invitación a ir más allá de los límites impuestos por las representaciones tradicionales de la divinidad. No se trata de un Ser al que se accede mediante dogmas o fórmulas. Al contrario, es una presencia enigmática que transforma la comprensión y el sentido de lo sagrado.

Esta travesía nos llevará desde el concepto de un Dios personal hasta el Dios abstracto y, finalmente, al Último Dios. Reconocer que lo divino trasciende nuestras categorías y conceptos humanos nos devuelve la humildad y la apertura ante el misterio de la existencia. En este contexto presentaremos un nuevo enfoque, caracterizado por la contemplación, la meditación y otras formas de espiritualidad que nos abran a la presencia de lo divino. Guiados por las ideas de Heidegger, la búsqueda del Último Dios nos lleva hacia lo desconocido, pero también, y más importante todavía, hacia lo incognoscible, a las profundidades del Ser y de nuestra propia consciencia.

SECCIÓN I
LA CONCEPCIÓN ONTOTEOLÓGICA DE DIOS

Capítulo 1

El problema del nihilismo

Este estudio parte de lo que comúnmente se ha denominado «el problema del nihilismo». Esta doctrina sostiene que la realidad y la existencia carecen de sentido inherente, ya que la naturaleza no posee un propósito último o un plan maestro con respecto al ser humano. El planteamiento en cuestión, que el mismo Martin Heidegger menciona en varias de sus obras, conlleva la negación de Dios y de cualquier otra figura o valor supremo que pudiera concebirse como trascendente al ser humano. Heidegger identifica que este sentimiento de desorientación es un subproducto de un problema mucho más grave. La humanidad ha caído en una crisis ontológica como resultado, paradójicamente, de su esfuerzo por comprenderse a sí misma como ente.

El primer problema que destaca Heidegger es «el olvido del Ser». La filosofía occidental, en su afán por explicar todo con el pensamiento, ha excluido de sus marcos y categorías conceptuales la esencia misma de la existencia: el Ser. La filosofía ha construido un entramado cognitivo capaz de clasificar y sistematizar

Sección I: La concepción ontoteológica de Dios

la realidad en múltiples aspectos, pero ha fallado en contemplar la dimensión ontológica que sustenta todo. Ha diseñado un mapa explicativo, pero ha ignorado aquello que subyace a todas las cosas: el Ser que otorga a los entes su condición de ser, ya sean estos vivos o inertes. Heidegger achaca este vacío a la «conceptualización», es decir, la tendencia de la tradición filosófica, desde Platón, a identificar el pensamiento con la actividad de conceptualizar. Bajo este paradigma, el acto de pensar se reduce a la asignación de conceptos a los objetos del conocimiento, una práctica que, como él destaca, confina el entendimiento al dominio de lo óntico en detrimento de lo ontológico. En lugar de permitir que la mente se abra al Ser en sí mismo, los conceptos encasillan la realidad en esquemas prefabricados, impidiendo así que se revele su auténtica naturaleza. Además, este problema implica que, bajo la estructura epistemológica desarrollada con la intención de comprender el mundo y la posición del ser humano en él, la filosofía ha reducido la posibilidad de pensar a una simple categorización de objetos y entes. Así, incluso cuando el objeto de estudio no era un ente tangible, este enfoque lo ha abordado como si lo fuera, conduciendo a una confusión ontológica que equipara el Ser con un ente. El Ser, que no es un ente sino la fuente de todos los entes, ha sido encasillado y conceptualizado, negándole su verdadera naturaleza y relegándolo al olvido por no ajustarse a las categorías preconcebidas de la epistemología filosófica.

Capítulo 1: El problema del nihilismo

La filosofía ha priorizado, en consecuencia, su propia estructura conceptual por encima de la realidad que busca comprender, en lugar de aproximarse a ella de un modo que respete su naturaleza inherente. Este acto de conceptualización ha llevado a una distorsión donde el Ser ha sido ontificado y, al hacerlo, él mismo se ha ocultado ante la visión filosófica. Cada intento de pensar el Ser dentro de los límites del aparato conceptual construido por la filosofía ha resultado en su continuo desvanecimiento. Así, el propio esfuerzo por conceptualizar el Ser ha llevado a su encubrimiento.

Heidegger subraya que este problema tiene implicaciones que van más allá de meras disquisiciones epistemológicas. La confusión que ha reducido el Ser a un ente ha impactado en la forma en que el ser humano se piensa a sí mismo, impidiéndole acceder a su propio Ser, a su esencia más auténtica. Esto ha llevado a reducir el ser humano a un ente meramente conceptualizado, encuadrado en categorías filosóficas y, más tarde, también científicas. Las dimensiones de los humanos que no encajan en tales estructuras ónticas han sido sistemáticamente eliminadas del campo del conocimiento, limitando así la «comprensión» a lo empíricamente demostrable.

La filosofía moderna, y la ciencia como su extensión, ha limitado la autocomprensión humana, eliminando lo que no pueda someterse a sus propias categorías empíricas y conceptuales. Esta limitación ontológica ha resultado en una constante cosificación de la realidad y del ser humano, así como en una conceptualización reductiva de la figura de Dios. La religión institucionalizada ha adaptado la noción de Dios a este marco, presentándolo como una figura accesible, encajable en un esquema conceptual, a modo de deidad personal. Esto nos ha impedido percibir a Dios en su propia esencia, más allá de un reflejo creado a imagen del ser humano.

El problema es de gran relevancia, ya que antes del surgimiento de la Academia platónica y del establecimiento de la filosofía como disciplina, el ser humano había intentado comprenderse recurriendo al arte y a la meditación religiosa. Estos esfuerzos buscaban capturar la relación con el Ser o con lo divino, es decir, con aquello que es inconceptualizable. La imposibilidad de abordar nuestra propia esencia y significado ha conducido a lo que Heidegger, y Nietzsche previamente, describen como el nihilismo, una postura que a menudo se traduce en escepticismo o relativismo.[8] Este nihilismo, en sus diversas formas, sugiere que nada trasciende nuestra conceptualización de la realidad y de nosotros mismos; que todo es efímero y desprovisto de significado propio. La presente obra aspira a abordar este problema. Para ello, aceptamos la invitación de Heidegger a explorar y superar la conceptualización para volver a acercarnos al Ser y a Dios, específicamente a «el Último Dios», pero esta vez percibiéndolo en sus propios términos y naturaleza inmanente.

---

8. Nietzsche, Friedrich. *La voluntad de poder*. Traducido por Aníbal Froufe. (Madrid: Editorial Edaf, 2006).

Capítulo 2

La historia del concepto

En virtud del contexto general descrito, comenzaremos ofreciendo una breve historia del concepto y del problema de la conceptualización en la tradición filosófica occidental. Esta servirá para situarnos y delimitar el alcance de los problemas presentados en la introducción y en el capítulo anterior. Desde sus orígenes, los conceptos han sido interpretados de acuerdo con las problemáticas filosóficas y epistemológicas de cada época, lo que ha permitido su constante redefinición a lo largo del tiempo. En la filosofía griega, el estudio sistemático del concepto tiene un punto de partida crucial en las reflexiones de Platón y Aristóteles. Para Platón, como hemos avanzado antes, los conceptos no son simples representaciones mentales derivadas de la experiencia, sino que se refieren a las Ideas o Formas eternas. Estas Ideas existen en un plano trascendente e inmutable, y los objetos sensibles en el mundo físico son meros reflejos imperfectos de estas realidades metafísicas. El concepto de «justicia», por ejemplo, para Platón, apunta a una Idea ideal que trasciende cualquier manifestación particular de la justicia en el mundo empírico. Es decir, el concepto de «justicia» como tal no se deriva ni brota de ninguna de las manifestaciones de justicia que puedan tener lugar en el mundo sensible de la experiencia.

Aristóteles, en contraste, ofrece una concepción más empírica y concreta de los conceptos. Para él, los conceptos se forman a través de un proceso de abstracción a partir de la experiencia sensible. Es decir, en lugar de situarlos en un mundo trascendental, Aristóteles sostiene que los conceptos derivan del análisis de las propiedades comunes entre los objetos, siendo universales que pueden aplicarse a múltiples individuos. Su obra *Órganon* establece las bases de la lógica y define los conceptos como predicados categoriales, un enfoque que determinará el desarrollo de la lógica y de la filosofía de la ciencia en adelante.

Durante la Edad Media, la filosofía cristiana incorporó la noción aristotélica del concepto en su marco teológico. Tomás de Aquino adapta la teoría de los conceptos de Aristóteles para explicar cómo la mente humana puede conocer tanto las realidades materiales como las divinas. En su visión, los conceptos se forman mediante un proceso de abstracción de los datos sensibles, pero este proceso está iluminado por la razón divina. En la escolástica, los conceptos adquieren un papel fundamental como intermediarios entre la razón humana y el conocimiento de lo absoluto. Esta visión sitúa al concepto como un puente entre lo finito y lo infinito, uniendo las categorías lógicas con las realidades teológicas.

Capítulo 2: La historia del concepto

Juan Duns Scoto, por su parte, examinó el concepto desde una perspectiva que integra el conocimiento, la metafísica y el lenguaje, ofreciendo un enfoque de gran precisión dentro del marco escolástico medieval. Su visión tuvo gran influencia en la teoría del conocimiento y en la lógica, abordando el concepto como una representación mental universal que permite a la mente humana captar las esencias de los objetos.[9] Los conceptos son abstracciones que median entre los individuos concretos y el entendimiento intelectual. A través de ellos, el intelecto puede conocer realidades universales partiendo de la experiencia sensorial de lo particular. Scoto defiende que los conceptos poseen una universalidad formal; es decir, aunque se derivan de la experiencia de objetos individuales, adquieren un carácter universal en el plano mental. Por ejemplo, el concepto de «humanidad», en vez de referirse a un ser humano particular, hace referencia a la esencia compartida por todos los seres humanos. Esta universalidad no implica, como en el platonismo, que los conceptos existan fuera de la mente, sino que son construcciones del intelecto que abstraen las características esenciales de múltiples individuos.

Una de las contribuciones más relevantes de Scoto a la cuestión de los conceptos es su postura sobre los universales, la cual se enmarca en un realismo moderado. Para él, los conceptos universales tienen su fundamento en

---

9. Duns Scotus, John. *Duns Scotus: Philosophical Writings*. Editado y traducido por Allan B. Wolter. (Indianapolis: Hackett Publishing Company, 1962).

la realidad, ya que reflejan las esencias verdaderas de los objetos particulares, pero su universalidad solo existe en el intelecto. Es decir, las esencias (como la humanidad o la animalidad) son reales en los individuos, pero su carácter universal solo se manifiesta en el proceso mental de abstracción. Este planteamiento equilibra la realidad de las esencias individuales con la universalización que ocurre en el entendimiento.

Scoto introduce además una distinción fundamental entre concepto unívoco y concepto análogo, especialmente en su tratamiento del Ser. Un término unívoco se aplica a todo de manera uniforme. En contraposición, los términos análogos varían su significado según el contexto en que se utilicen, por ejemplo, el atributo «bueno». Para él, el concepto de «ser» es unívoco, por lo que se aplica de manera uniforme tanto a Dios como a las criaturas, aunque sus modos de existir sean radicalmente diferentes. Scoto difiere de la postura dominante de la escolástica, representada por Tomás de Aquino, quien argumentaba que el Ser no puede aplicarse de manera análoga a Dios y a las criaturas, dado que su existencia es esencialmente distinta. Scoto, por el contrario, sostiene que, aunque Dios y las criaturas difieren radicalmente en sus modos de existencia, el concepto de «ser» debe aplicarse de la misma manera a ambos, para evitar ambigüedades conceptuales. La posición de Scoto respecto al concepto refleja una integración entre su realismo moderado en cuanto a los universales y una teoría del conocimiento basada en la univocidad de los conceptos esenciales. Esta síntesis le permite preservar tanto la universalidad formal del conocimiento como la singularidad ontológica de los individuos, superando las limitaciones de sus predecesores y proporcionando un marco coherente para comprender cómo la mente humana aprehende la realidad.

En este contexto, Scoto introduce la noción de hecceidad (del latín haecceitas, 'esto-idad' o 'esto-cidad') como uno de los temas cruciales de su obra. Este término hace referencia al principio metafísico que otorga a cada entidad su individualidad irreductible. A diferencia de nociones como la esencia o la naturaleza, que describen las propiedades compartidas por los individuos de una misma especie, la hecceidad aborda aquello que hace a cada individuo único e irrepetible. Para entender este concepto, es necesario situarlo en el contexto de la teoría de la individuación, la cual se ocupa de determinar qué permite que un individuo sea único, incluso cuando comparte la misma esencia con otros. Tradicionalmente, la filosofía había sostenido que las esencias o naturalezas explican las características comunes entre los individuos; por ejemplo, todos los seres humanos comparten la esencia de «humanidad». Sin embargo, esta explicación no aclara qué lo hace particular, es decir, qué lo hace ser este individuo y no otro. Scoto propone el concepto de «hecceidad» para resolver este problema. Según él, la hecceidad constituye el principio que hace que un ser sea este ser particular, pero sin añadir una cualidad adicional a su esencia. Mientras que la naturaleza o esencia define qué es un ser (como, por ejemplo, «ser humano»), la hecceidad determina quién es ese ser en particular (por ejemplo, «Juan»). De este modo, la hecceidad otorga al individuo una singularidad que no puede ser compartida por ningún otro.

En la metafísica de Scoto, este principio de individuación se presenta como una solución a las teorías anteriores. Tomás de Aquino, por ejemplo, sostenía que la individuación de los seres materiales se explica a través de la materia. Según Aquino, los individuos se distinguen entre sí por la materia particular que poseen. No obstante, Scoto consideraba esta explicación insuficiente, argumentando que la materia, por sí sola, no es capaz de explicar de manera completa la singularidad de cada ser. Para Scoto, la hecceidad es un principio formal que, en combinación con la materia, explica lo que hace único e irrepetible a un ser. La importancia de la hecceidad no se limita a los seres humanos, extendiéndose a todas las entidades. Scoto utiliza este concepto para explicar la individualidad tanto de los seres materiales como de los inmateriales. Incluso los ángeles, que carecen de materia y comparten una misma esencia, se diferencian entre sí gracias a su hecceidad. Este principio permite a Scoto preservar la noción de individualidad en cualquier tipo de ser, resaltando la capacidad de la hecceidad para explicar la singularidad dentro de su marco metafísico.

Asimismo, las ideas de univocidad y hecceidad son las que permiten a Duns Scoto plantear un nuevo mapa metafísico con relación al Ser, a Dios y al ser humano, a partir del cual aborda otras cuestiones fundamentales como la creación. Para ello, el filósofo escocés introduce dos nuevos términos fundamentales como son la facticidad y la contingencia, los cuales, a su vez, se vinculan a la libertad divina. El término de facticidad adquiere especial relevancia en la relación entre Dios, la creación y los hechos del mundo, contexto en el cual Duns explica la distinción entre lo necesario y lo contingente. En el centro del pensamiento escotista está su afirmación de la contingencia radical del mundo creado. Desde esta perspectiva, es posible identificar dos clases de realidades: las necesarias y las contingentes. Las primeras son aquellas que, por su naturaleza, no pueden ser de otro modo, como las verdades lógicas o matemáticas, tales como «$2 + 2 = 4$». Estas verdades son inmutables y no dependen de la voluntad divina.

Por otro lado, las verdades contingentes, que incluyen los hechos del mundo, son aquellas que podrían haber sido diferentes. El mundo que habitamos no es el único posible; Dios, en su absoluta libertad, podría haber creado un mundo distinto o incluso no haber creado nada. Esta capacidad de elección soberana de Dios es la que pone de manifiesto el carácter fáctico del mundo. El término «fáctico» alude, en este contexto, a los hechos que configuran la realidad: contingencias que no son necesarias en sí mismas y que, por tanto, dependen enteramente de la libre decisión divina. Lo fáctico es aquello que existe por una voluntad contingente de Dios, pero que podría no haber existido o haber sido de otro modo. De esta forma, la distinción entre lo necesario y lo fáctico que introduce Scoto destaca la dependencia absoluta de la creación respecto de la voluntad divina. La existencia del mundo no obedece a una necesidad intrínseca, sino que es producto de la elección libre de Dios. Así, lo que torna a la creación en contingente, y por ende fáctica, es precisamente la falta de una necesidad lógica o natural que determine su existencia; lo que existe es resultado de una libre decisión.

Esta distinción contrasta notablemente con el enfoque de pensadores previos como Tomás de Aquino, quien enfatiza la relación entre el ser necesario de Dios y el ser contingente de la creación, aunque subrayando la racionalidad intrínseca del mundo. Scoto, en cambio, sostiene que la libertad divina implica la ausencia de una razón necesaria que explique cada hecho en particular. Como hemos avanzado, Dios, en su libertad, podría haber dispuesto una realidad diferente, lo cual subraya y explica el carácter fáctico y no necesario de los acontecimientos que observamos. El concepto escotista de facticidad posee también una dimensión ontológica. Lo fáctico remite a lo que podría haber sido distinto, al mismo tiempo que también depende de un fundamento externo para su existencia. En este caso, ese fundamento último es Dios, cuyo ser es necesario y no depende de nada más. Así, por lo tanto, lo fáctico se refiere a aquello que, aunque presente en el mundo, eso es, aunque real, no existe de manera necesaria y podría no haber existido. Este carácter contingente se explica en función de la libertad divina, cuya decisión otorga ser a todo lo existente.

Capítulo 2: La historia del concepto

El análisis escotista de la facticidad tiene importantes implicaciones filosóficas, especialmente en los ámbitos de la ética y la teología. En el campo de la teología moral, la contingencia y la facticidad del mundo ofrecen una particular perspectiva sobre los mandamientos divinos. Según Scoto, no todos los preceptos morales son igualmente necesarios. Mientras que algunos preceptos son absolutos, como «no matarás», al que considera una ley natural inmutable, otros, como el mandato de observar el sábado, podrían haber sido diferentes o no haber existido. Esta distinción entre preceptos universales y contingentes refleja la flexibilidad de la normativa moral en función de la libertad divina y las circunstancias históricas.

Con la llegada de la modernidad, el debate sobre la naturaleza de los conceptos se intensifica, especialmente con la aparición del racionalismo y el empirismo. René Descartes sitúa los conceptos en el ámbito del innatismo, argumentando que ciertos conceptos, como el de «Dios» o el «yo», son innatos en la mente humana y no proceden de la experiencia. Para Descartes, los conceptos claros y distintos son esenciales para el conocimiento verdadero, y la razón humana, a través de estos conceptos innatos, es capaz de acceder a la Verdad. En contraposición, el empirismo británico, representado por John Locke, rechaza la idea de conceptos innatos y afirma que todos los conceptos provienen de la experiencia. En su obra *Ensayo sobre el entendimiento humano* (1690), Locke sostiene que, al nacer, la mente es una *tabula rasa*[10] (en latín 'pizarra en blanco'), y que los conceptos se construyen mediante la combinación de ideas simples obtenidas a través de los sentidos. Según esta perspectiva, el concepto de «gato», por ejemplo, se forma a partir de la observación de varios gatos concretos, que permite abstraer sus características comunes. Gottfried Leibniz, por su parte, intenta conciliar el racionalismo cartesiano con el empirismo de Locke. En su visión, los conceptos son predisposiciones innatas en el alma, aunque su desarrollo requiere la interacción con el mundo. Es a través de la experiencia que estas potencialidades se actualizan y perfeccionan, haciendo posible una síntesis entre la razón innata y los datos sensoriales.

El idealismo alemán introduce una verdadera revolución en la comprensión de los conceptos, especialmente con el pensamiento de Immanuel Kant y G.W.F. Hegel. Kant, en su *Crítica de la razón pura* (1781), sostiene que los conceptos no son meramente derivados de la experiencia ni innatos en un sentido empírico; al contrario, son formas *a priori* que el entendimiento utiliza para estructurar la experiencia. Las categorías del entendimiento, como causalidad, sustancia o unidad, son necesarias para que cualquier experiencia sea posible. Los conceptos, por tanto, no solo describen la realidad, sino que la constituyen. Sin ellos no podríamos

---

10. Locke, John. *Ensayo sobre el entendimiento humano.* Traducido por Pedro Bravo Gala. (Madrid: Alianza Editorial, 2000). Véase Libro II, sección I.

percibir el mundo de manera coherente. Hegel lleva esta concepción un paso más allá, al concebir los conceptos como entidades dinámicas que evolucionan a través de un proceso dialéctico. Para Hegel, los conceptos no son fijos ni atemporales. Estos se despliegan históricamente, reflejando el desarrollo de la realidad misma. El concepto de «ser», por ejemplo, solo puede entenderse en su relación con el «no ser» y el «devenir», y no como una entidad estática. En este sentido, y de manera parecida a Kant, para Hegel los conceptos participan activamente en la constitución y transformación histórica de la realidad, en vez de ser simples recursos que empleamos para describirla. Dicho aún de otro modo, a ojos del idealismo alemán, la realidad se constituye como tal al ser pensada y comprendida.

El siglo XX es testigo del desarrollo de dos enfoques filosóficos clave en torno a los conceptos: la filosofía analítica y la fenomenología. En la tradición analítica, figuras como Gottlob Frege y Bertrand Russell se centran en el análisis lógico de los conceptos. Para Frege, los conceptos son funciones que asignan valores de verdad a los objetos a los que se aplican.[11] El análisis conceptual, por tanto, consiste en clarificar las condiciones bajo las cuales un concepto puede aplicarse a un objeto particular, lo que permite una comprensión más rigurosa del lenguaje y su estructura. Más tarde, Ludwig Wittgenstein introdujo un

---

11. Frege, Gottlob. «*El pensamiento: una investigación lógica*». En *Lógica y semántica*. Traducido por Alfonso Gómez-Lobo. (Valparaíso: Ediciones Universitarias, 1972).

enfoque distinto, argumentando que los conceptos no son estáticos, y que su significado depende de su uso en el lenguaje o, más concretamente, de los juegos de lenguaje. Es decir, el contexto social determina el significado de los términos y, por ende, la naturaleza de los conceptos.

Por otro lado, la fenomenología de Edmund Husserl ofrece una perspectiva diferente. Para Husserl, los conceptos son fundamentales para la consciencia intencional, es decir, para la forma en que la mente se dirige a los objetos. A través de su reducción fenomenológica, busca desentrañar cómo los conceptos emergen de la experiencia y estructuran nuestra relación con el mundo. Su enfoque se centra en la subjetividad y en cómo los conceptos condicionan la manera en que percibimos.

En la filosofía contemporánea, el estudio del concepto ha sido transformado radicalmente por pensadores como Michel Foucault, Gilles Deleuze y Jacques Derrida. Foucault, en el desarrollo de su obra filosófica, explora la construcción lingüística de la realidad mediante un enfoque centrado en el análisis del discurso y las relaciones entre poder y saber. A diferencia de los enfoques filosóficos tradicionales, Foucault no entiende el lenguaje como un medio pasivo para describir una realidad objetiva e independiente. El discurso es más que un conjunto de palabras que refieren a objetos o hechos. Cada sociedad define reglas que determinan qué se acepta como «verdad». Para él, el lenguaje es una fuerza activa que participa en la creación y estructuración de la realidad. Este refleja las estructuras de poder que

CAPÍTULO 2: LA HISTORIA DEL CONCEPTO

determinan lo que puede ser dicho, pensado y conocido en una época y sociedad determinadas.[12] Así, en lugar de simplemente comunicar información, el lenguaje también impone límites sobre lo que constituye la realidad.

Estas categorías mediante las cuales comprendemos el mundo no son universales ni permanentes, sino históricas y contingentes, moldeadas por las relaciones de poder en cada periodo histórico. Un ejemplo emblemático de esta dinámica es la transformación del concepto de «locura». Antes de la Edad Moderna, la locura no se consideraba una enfermedad mental que requiriera diagnóstico y tratamiento por parte de expertos. Sin embargo, con el auge de las ciencias humanas y médicas, la locura fue «construida» discursivamente como una patología. Este cambio discursivo transformó la noción de locura. Al definirla como una condición que debe ser tratada, contribuyó directamente al establecimiento de hospitales psiquiátricos. Como vemos, el discurso no es neutral; al contrario, se trata más bien de un mecanismo de regulación y control social.

La relación entre poder y saber es fundamental en la obra de Foucault. Según su análisis, el poder y el conocimiento no son entidades separadas; donde hay producción de saber, hay simultáneamente una forma de poder que lo estructura. La creación de conocimiento, por tanto, está condicionada por configuraciones de

---

12. Foucault, Michel. *Historia de la locura en la época clásica*. Traducido por Juan José Utrilla. (México: Fondo de Cultura Económica, 1967), 18-24.

poder que catalogan como verdadero o falso. Discursos científicos, médicos o jurídicos determinan qué es verdadero y así crean normas que configuran la vida social y las relaciones humanas. De este modo, el poder-saber construye la realidad epistemológica, mediante la cual diseña la realidad social y política. Además, Foucault introduce el «orden del discurso» que son las reglas y las restricciones que determinan lo que puede decirse en un contexto determinado. Este orden abarca mecanismos de exclusión, como la censura y la prohibición de ciertos temas, así como prácticas de clasificación que determinan qué es significativo y qué debe ignorarse. Así, el discurso produce sujetos y objetos de conocimiento con los cuales establece las formas legítimas de comprender el mundo. Por ejemplo, los discursos médicos definen qué es un cuerpo sano y así construyen conceptos como salud y enfermedad.

Foucault emplea dos métodos, la arqueología y la genealogía del conocimiento, para entender cómo los discursos han configurado la realidad a lo largo del tiempo. La arqueología analiza las estructuras discursivas que han definido lo que se considera «saber» en diferentes momentos históricos.[13] Este enfoque no busca trazar una evolución lineal del conocimiento, sino identificar las discontinuidades que han transformado nuestra forma de pensar. Por su parte, la genealogía investiga los mecanismos de poder que sustentan y reproducen esos

---

13. Foucault, Michel. *Las palabras y las cosas: una arqueología de las ciencias humanas*. Traducido por Elsa Cecilia Frost. (México: Siglo XXI Editores, 1968).

discursos. Se propone demostrar cómo las relaciones de poder-dominio han configurado las prácticas discursivas y que la «verdad» está siempre mediada por luchas de poder. La teoría de Foucault sobre la construcción lingüística de la realidad plantea importantes implicaciones filosóficas. En primer lugar, cuestiona la idea de una realidad objetiva e independiente que pueda ser descubierta mediante la razón o la ciencia. Para Foucault, lo que denominamos «realidad» está siempre condicionado por luchas de poder. Esto conduce a una concepción relacional y contingente del conocimiento: no existe una verdad única, sino múltiples verdades que emergen en contextos históricos y sociales específicos. Así, la realidad se presenta como aquello que ha sido constituido y condicionado por el discurso y las relaciones de poder que prevalecen en un momento dado.

Este enfoque también implica una reconsideración de la noción tradicional del sujeto. Foucault rechaza la concepción de un sujeto autónomo y racional que controla el lenguaje y el conocimiento. Al contrario, argumenta que el mismo sujeto es un producto del discurso. Es decir, las categorías a través de las cuales definimos nuestra identidad, como el género, la raza, la clase o la salud, no son innatas, sino construcciones discursivas que varían con el tiempo y el lugar. De este modo, en lugar de ser un ente estable, el sujeto es el resultado de prácticas discursivas que lo constituyen y lo delimitan.

El planteamiento de Foucault se ve reforzado en las obras de posteriores autores, como Deleuze y Derrida, entre otros. Deleuze, en su obra con Félix Guattari, sostiene que los conceptos no son meras representaciones de lo existente; son creaciones filosóficas que producen nuevas realidades. Los conceptos, por tanto, están en constante transformación y creación, sirviendo como herramientas para nuevas formas de pensamiento. Por su parte, Derrida, desde la deconstrucción, investiga cómo los conceptos están estructurados por oposiciones binarias y cómo estas oposiciones son inherentemente inestables. Derrida sostiene que ningún concepto tiene una esencia fija y que su significado siempre depende de su relación con lo que excluye, con su otredad. Esta visión revela, confirmando el posicionamiento tanto de Foucault como de Deleuze, la indeterminación y la imposibilidad de fijar de manera definitiva el significado de los conceptos. La importancia de esta línea de pensamiento de la filosofía contemporánea es que cuestiona los fundamentos de la misma historia de la filosofía. Es decir, incluso las teorías y propuestas filosóficas son discursos de poder que, mediante el lenguaje, han diseñado y delimitado unos parámetros de pensamiento ontológicos y metafísicos, y en última instancia también éticos, a través de los cuales comprendemos el mundo. Foucault, Deleuze y otros autores siguen la «filosofía de la sospecha», considerando la filosofía un arma poderosa que el ser humano usa para entender el mundo en función de cada momento histórico.

«La filosofía de la sospecha» no debe entenderse como un mero intento de desprestigiar y arrinconar la filosofía ni la teología. Al contrario, la filosofía de Foucault, pero

Capítulo 2: La historia del concepto

también muy especialmente la de Nietzsche antes que él, nos permiten ejercer una actitud crítica que nos impulsa a regresar a filósofos anteriores. En el contexto de este libro, releer y analizar esas líneas de pensamiento nos ayudará a desentrañar giros discursivos y de pensamiento cuyas consecuencias han sido importantes, y en muchos casos negativas, para la cuestión del Ser y de Dios.

Capítulo 3

El alejamiento de lo divino

El periodo medieval fue testigo de una estrecha y compleja relación entre la filosofía escolástica y la teología, creando una estructura intelectual robusta que fomentó un sólido análisis sobre Dios y la conexión entre la divinidad y la humanidad.[14] El redescubrimiento de Aristóteles, impulsado por traducciones al latín hechas por eruditos como Guillermo de Moerbeke, tuvo un impacto considerable en la escolástica. Se integraron en el discurso escolástico principios aristotélicos como la distinción entre sustancia y accidente, acto y potencia, y la teoría de las cuatro causas. Estas proporcionaron herramientas para un examen más detallado de la estructura del Ser y su dependencia de un acto puro identificado con Dios, sin composición ni potencialidad

En esta época, arraigada en las contribuciones de Platón y Aristóteles, se abordaron cuestiones esenciales que impulsaron una renovación de los conceptos

---

14. Klima, Gyula, Fritz Allhoff, and Anand Jayprakash Vaidya, eds. *Medieval Philosophy: Essential Readings with Commentary*. (Oxford: Wiley-Blackwell, 2007), 3.

Sección I: La concepción ontoteológica de Dios

filosóficos y redefinieron los procesos de pensamiento abstracto. El objetivo era lograr una concepción más detallada y exacta del Ser y, al mismo tiempo, trazar un camino renovado hacia la comprensión de la esencia y la existencia de Dios. La escolástica empleó un método que unificaba el rigor de la lógica con la reflexión teológica, posibilitando un análisis minucioso y ordenado de la metafísica. Las contribuciones aristotélicas enriquecieron las nuevas teorías de la trascendencia divina y su relación con el cosmos. Se centraron en la causalidad y la lógica formal, y las ideas platónicas del dualismo entre el mundo de las Ideas y la realidad concreta. Este marco racional superaba la simple fe e integraba razón y teología en un discurso coherente. Las nuevas construcciones conceptuales trascendían la definición de Dios como principio absoluto y exploraban la interacción entre la finitud humana y lo infinito, entre el alma y la totalidad del Ser.

Entre los pensadores más destacados de esta época se encuentra Tomás de Aquino. Él combinó la lógica de Aristóteles con la doctrina cristiana para elaborar argumentos que demostraran la existencia de Dios y pudieran ser comprendidos tanto por la razón como por la fe. Las cinco vías del tomismo representan un ejemplo clave de cómo la reflexión racional y el conocimiento teológico podían converger para forjar un puente entre lo observable y lo trascendental.[15] Este método consolidó a la filosofía medieval como un espacio donde la investigación racional y la revelación compartían un propósito: ofrecer una comprensión más profunda y cohesiva tanto del Ser como de la relación del hombre con lo divino.

Este periodo enfocó su atención en la existencia de Dios y sus atributos, como la omnisciencia, la omnipotencia y la bondad absoluta. Los debates en torno a la esencia de Dios requerían utilizar un lenguaje analógico para referirse a lo divino, pero evitar una interpretación literal que confunda lo creado con el creador. La teoría de Aquino sobre la analogía del Ser se convirtió en una herramienta fundamental. Esta subrayaba la diferencia ontológica entre el Ser absoluto y los seres finitos, sin caer en contradicciones.

La influencia de la metafísica aristotélica se manifestó de forma clara en la obra del teólogo italiano, especialmente en su idea del *actus essendi*, o 'acto de ser', como el principio que fundamenta la existencia de todo lo que es. Este concepto transformó la percepción de la realidad al afirmar que, en Dios, el ser y la esencia son uno y lo mismo, mientras que en las criaturas estos elementos se distinguen. Esto resaltó la dependencia ontológica de lo contingente respecto a lo necesario, ofreciendo un marco explicativo para la participación de lo finito en lo absoluto. El planteamiento revitalizó

---

15. Tomás de Aquino. *Suma Teológica*. Traducción por una comisión de PP. Dominicos presidida por Francisco Barbado Viejo. (Madrid: Biblioteca de Autores Cristianos, 1947-1951).

Sección I: La concepción ontoteológica de Dios

la visión del universo como un orden jerárquico en el que cada ente ocupaba un lugar orientado hacia el Ser supremo.

Anselmo de Canterbury, con su célebre argumento ontológico, también ejemplificó el uso de la razón para tratar la existencia de Dios. Según Anselmo, la noción de un ser «del cual no puede pensarse nada mayor» [16] implicaba su existencia, ya que un ser que existe en la mente y en la realidad es superior a uno que solo existe en la mente. Este razonamiento provocó extensos debates y fue criticado por Gaunilo de Moutiers y, más tarde, por Tomás de Aquino, quien prefería un enfoque basado en la experiencia y la observación del mundo sensible, es decir, un análisis *a posteriori*.

Otro aspecto central en el desarrollo escolástico fue el intento de armonizar la libertad humana con la omnisciencia divina. Los filósofos medievales enfrentaron el reto de reconciliar el conocimiento absoluto de Dios con el libre albedrío. El dilema consistía en determinar si la presciencia de Dios influía en las decisiones humanas o si podía coexistir con la libertad. Tomás de Aquino propuso que Dios, siendo atemporal, ve todos los acontecimientos en un presente eterno, lo que preserva la autonomía del ser humano sin sacrificar la omnisciencia divina.

---

16. Oppy, Graham; Rasmussen, Josh; Schmid, Joseph (2023), "*Ontological Arguments*" in Zalta, Edward N.; Nodelman, Uri (eds.), *The Stanford Encyclopedia of Philosophy* (Fall 2023 ed.). Traducción propia del inglés.

Capítulo 3: El alejamiento de lo divino

La teoría de las Ideas de Platón también ejerció una influencia notable en la reflexión sobre los universales, un tema de gran relevancia en el pensamiento escolástico. Como defensor del realismo moderado, Tomás de Aquino sostenía que los universales existían en la mente de Dios como arquetipos eternos, mientras que los nominalistas, en contraste, los veían como simples constructos lingüísticos sin existencia independiente. Este debate fue crucial para definir las bases de la ontología y la epistemología de la época, y afectó la manera en que se concebía la relación entre el conocimiento humano y la realidad última. La contribución de la filosofía medieval al desarrollo de un pensamiento que integrara la fe y la razón fue fundamental. Este enfoque garantizó que la teología no se redujera a una creencia irracional. En su lugar, adquirió el estatus de disciplina sistemática, en la que la existencia y los atributos de Dios podían deducirse a partir de fundamentos lógicos y racionales.

Uno de estos debates es el «problema de los universales». La filosofía ha explorado la relación entre los objetos individuales y las cualidades generales que estos comparten. Este problema metafísico apunta a la dificultad de explicar cómo es posible que objetos diferentes compartan una misma propiedad o clase. De manera particular, busca dilucidar si las propiedades universales, tales como «rojo», «redondez» o «justicia», son realidades de objetos independientes de la mente o, más bien, construcciones mentales. Este dilema se plantea al observar que objetos particulares parecen compartir cualidades similares. Pongamos el caso de una rosa roja. Aunque cada rosa roja sea un individuo único, todas las rosas rojas presentan la cualidad compartida de ser rosas y de ser rojas o de pertenecer a las categorías «rosa» y «rojo». ¿Qué significa afirmar que algo es «rojo» o «justo»? ¿Existen «la rojez» o «la justicia» como entidades reales e independientes, o son únicamente proyecciones que la mente elabora a partir de la observación de los objetos empíricos que se nos presentan mediante los sentidos?

En el marco de esta discusión, distinguimos tres posiciones filosóficas clave: el realismo, el nominalismo y el conceptualismo. El realismo sostiene que los universales existen independientemente de los objetos particulares que los manifiestan. Dentro de esta postura, se destacan dos enfoques: el realismo platónico y el realismo aristotélico. El primero, tal como lo presenta Platón, defiende que los universales existen en un plano trascendente y separado del mundo material. Según esta visión, los objetos sensibles del mundo participan de las Formas o Ideas eternas.[17] Por ejemplo, todas las cosas rojas participan de la «Idea de la rojez», que existe en un plano abstracto más allá del espacio y el tiempo, y cuya existencia no es relativa a las cosas rojas que participen de ella como Idea. Aristóteles, por su parte, aunque discípulo de Platón, modificó esta perspectiva al sostener que los universales existen como presentes en los propios objetos

---

17. George, Grote. *Plato, and the Other Companions of Sokrates*, vol. 2, 2nd ed. (London: John Murray, 1867), 266, chap. XXV. Traducción propia del inglés.

CAPÍTULO 3: EL ALEJAMIENTO DE LO DIVINO

particulares en lugar de hacerlo en un reino separado. En este sentido, los universales no tienen existencia fuera de los individuos, sino que residen en ellos. Por ejemplo, la idea de humanidad está presente en cada ser humano, pero no como una entidad aparte e independiente de los seres humanos en los que se manifiesta. A pesar de esta diferencia importante, ambos conciben los universales como realidades ontológicas, ya sea de manera trascendente (Platón) o inmanente (Aristóteles).

El nominalismo, en contraste con el realismo, niega la existencia real de los universales. Para los nominalistas, los universales no son entidades en sí, ni dependientes ni independientes, y solo los individuos concretos tienen existencia real. Los universales no son más que nombres o etiquetas que utilizamos para agrupar objetos que presentan similitudes. Por ejemplo, llamar «rojo» a varios objetos no implica la existencia de una «rojez» independiente de ellos, ni inmanente a ellos. La rojez sería, en contraste, una convención lingüística derivada de la observación. Uno de los exponentes más influyentes de esta corriente fue Guillermo de Ockham, quien argumentó que no es necesario postular la existencia de entidades adicionales como los universales. Según él, únicamente los individuos concretos existen, mientras que los universales son términos generales que la mente emplea para describir y clasificar dichos individuos y sus similitudes.

El conceptualismo, por su parte, se sitúa entre el realismo y el nominalismo. Según esta perspectiva, los universales no son entidades autónomas que existan fuera del mundo físico, pero tampoco son meras palabras. Los universales existen como conceptos abstractos en la mente humana. En otras palabras, cuando observamos diversos objetos que comparten una misma propiedad, como la «rojez», formamos en nuestra mente el concepto de «rojez», aunque dicho concepto no tiene existencia fuera de la mente. Esta posición fue defendida por filósofos como Pedro Abelardo, quien sostuvo que, aunque los universales no existen en la realidad extramental, tampoco pueden reducirse a meros nombres y, por tanto, no brotan simplemente del lenguaje. Para Abelardo, los universales son conceptos mentales que nos permiten agrupar y clasificar, y así conocer, los objetos particulares de acuerdo con las propiedades que comparten.

El debate en torno a los universales tiene implicaciones significativas en diversas ramas de la filosofía, desde la ontología y la epistemología hasta la lógica y el lenguaje. En el ámbito ontológico, que es el ámbito del estudio del Ser en general, la postura que se adopte respecto a los universales condicionará directamente la concepción de la realidad. El realismo, en sus distintas versiones, postula la existencia de entidades abstractas o generales que trascienden el mundo físico, mientras que el nominalismo reduce toda existencia a los individuos particulares. En el ámbito epistemológico, la teoría de los universales influye en nuestra comprensión del conocimiento. Si los universales existen como realidades autónomas, entonces, al conocer propiedades como «justicia» o «rojez», estamos accediendo a aspectos objetivos del mundo. Sin embargo, si los universales son solo construcciones mentales, como sugieren el nominalismo o el conceptualismo, conocer estos universales sería más una operación intelectual sin un correlato extramental que un descubrimiento de realidades independientes.

Asimismo, el modo en que se utiliza el lenguaje para referirse a clases de objetos o propiedades está también directamente vinculado a la concepción de los universales. Si los universales son meros nombres, como sostiene el nominalismo, entonces el lenguaje tiene un carácter puramente convencional. Si, por el contrario, los universales son entidades reales, entonces el lenguaje refleja aspectos esenciales y estructurales del mundo. La teoría de los universales, por lo tanto, abre un debate entre el realismo, el nominalismo y el conceptualismo sobre las propiedades compartidas por los objetos particulares y cuál es su lugar dentro del orden metafísico.

En este contexto, prestaremos ahora especial atención a la tercera de estas posturas, la cual en cierto modo sintetiza las dos anteriores y empieza a asentar una base epistemológica en el seno de la filosofía moderna. Como hemos visto, el conceptualismo defiende la idea de que los universales son conceptos mentales que nos permiten agrupar, clasificar y, por tanto, conocer los objetos particulares de acuerdo con las propiedades que comparten. Esta posición se articula en torno a dos propiedades fundamentales: la extensión y la comprensión. Dichas propiedades establecen tanto el alcance como el grado de precisión con que un concepto puede incluir una multiplicidad de elementos y, al mismo tiempo, especificar las características esenciales que lo definen. En un marco filosófico de rigor, estas nociones resultan esenciales para delimitar el grado de inclusividad e inteligibilidad de un concepto, dado que su relación inversamente proporcional condiciona la forma en que el pensamiento conceptual se organiza. La extensión de un concepto se refiere al conjunto de individuos o entidades que este abarca. Un ejemplo pertinente de ello es el concepto de «animal», cuya extensión es considerablemente vasta al incluir una diversidad de seres vivos que van desde los insectos hasta los mamíferos. Esta propiedad permite que el concepto abarque un gran número de entidades, aunque con un nivel de detalle más general.

En contraste, la comprensión o intensión hace alusión a las notas definitorias que constituyen la esencia del concepto. Cuanto mayor sea la comprensión de un concepto, más precisas y detalladas serán las características que lo definen, pero su extensión disminuirá, aplicándose a un número más reducido de entidades. Por ejemplo, el concepto de «gato siamés» tiene una comprensión superior al de «animal», ya que especifica características únicas de una especie particular, aunque su extensión sea menor al referirse exclusivamente a los gatos. La interacción entre extensión y comprensión es de naturaleza inversamente proporcional. Esto implica que a medida que se amplía la extensión de un concepto, la comprensión se vuelve más vaga, ya que se hace necesario incluir un menor número de propiedades específicas. Un concepto con gran extensión tiende a ser más general, sacrificando la precisión.

Este fenómeno se manifiesta especialmente cuando se intenta abarcar totalidades, como el Ser, uno de los conceptos más amplios en la historia del pensamiento filosófico. El concepto de «Ser» es, por efecto, el más extenso que puede concebirse, ya que su campo abarca la totalidad de lo existente, de lo que es, de lo que hay, desde las entidades físicas hasta las abstractas e inmateriales. Debido a esta amplitud extrema, la comprensión del Ser se difumina, tornando difícil su aprehensión en términos conceptuales. Al intentar abarcar todo lo existente, el concepto de «Ser» se vacía de contenido específico, reduciendo significativamente su inteligibilidad. Esto pone de manifiesto, ya de buenas a primeras, los límites del propio pensamiento conceptual a la hora de tratar con nociones que exceden su capacidad de delimitación clara.

El concepto de universalidad en la tradición filosófica ha generado, desde tiempos remotos, una reflexión que se extiende más allá de la epistemología, adentrándose en terrenos ontológicos y metafísicos. La discusión sobre los universales no se limita a entender su función como instrumentos del conocimiento; más bien, se amplía hacia las cuestiones que atañen al Ser en su máxima expresión. Esta dimensión ontológica introduce un grado de complejidad que el conceptualismo, a pesar de sus valiosos aportes a la epistemología, lucha por abarcar. La capacidad cognitiva humana de organizar, categorizar y distinguir lo particular dentro de la experiencia sensible permite una forma de conocimiento útil para ordenar la multiplicidad del mundo perceptible. Sin embargo, esta estructura conceptual alcanza un umbral infranqueable cuando intenta abordar la totalidad del Ser.

Asimismo, en el ámbito puramente epistemológico, el conceptualismo, que postula la inexistencia independiente de los universales fuera del intelecto humano, proporciona un modelo explicativo efectivo para comprender cómo los individuos pueden identificar y relacionar entidades singulares en un entorno compartido. Este enfoque resulta esencial para entender la formación de categorías mentales que posibilitan el entendimiento del mundo fenoménico y la interacción con él. No obstante, su ámbito de aplicabilidad se ve restringido cuando se enfrenta a universales de índole trascendental, tales como el Ser en sí mismo o la noción de lo divino. El intento de aplicar la estructura categorial del conceptualismo a la comprensión del Ser conlleva una reducción que pierde de vista la profundidad ontológica que este posee.

En el examen del Ser como universal, las categorías producidas por el pensamiento conceptual resultan insuficientes porque no pueden capturar su verdadera esencia. Integrar al Ser en un sistema categorial implica reducirlo a un objeto más entre otros, despojándolo de su papel fundamental como base del ser y del conocimiento. Esto nos muestra que, por naturaleza propia, el Ser, como universal, trasciende cualquier intento de conceptualización que aspire a encuadrarlo dentro de las categorías humanas, desafiando así la capacidad de la razón de comprenderlo en su totalidad. Esta limitación revela además los confines intrínsecos de un modo de pensamiento que intenta clasificar la realidad sin aprehender su fundamento último.

La incapacidad del conceptualismo para abordar la universalidad del Ser nos lleva a explorar otras perspectivas filosóficas que logren una comprensión más integral de la realidad. El conocimiento que trascienda la mera categorización y se acerque a la esencia misma de lo existente tendrá que superar el marco estrictamente epistemológico del conceptualismo. Las limitaciones del conceptualismo se revelan con mayor claridad cuando el universal en cuestión es Dios, cuya esencia desafía cualquier intento de conceptualización racional. En este contexto, la reflexión ontológica y el pensamiento metafísico abren un espacio para investigar la naturaleza del Ser de manera más profunda, libre del análisis empírico o lógico. Intentar encerrar la noción de lo divino dentro de categorías cognitivas supone una reducción de una idea que, por su propia naturaleza, escapa a los parámetros de la razón. Por eso, la misma tradición metafísica clásica ha sostenido que Dios exige un enfoque diferente que trascienda las herramientas analíticas tradicionales. De lo contrario, definir a Dios mediante marcos categoriales oscurecerá más aun su verdadera naturaleza.

El reto filosófico de abordar estos conceptos no puede ser ignorado. Tanto el Ser como lo divino representan fronteras que cuestionan la suficiencia de las categorías y conceptos que resultan útiles para comprender lo múltiple y lo finito, pero incapaces de abarcar lo absoluto. Este límite, sin embargo, no implica la abdicación del esfuerzo por conocer. Al contrario, es un reconocimiento explícito de que existen dimensiones de la realidad cuya comprensión demanda un enfoque que trascienda las estructuras de pensamiento que intentan reducir lo inconmensurable a lo familiar, el Ser al ente. Solo así se puede proseguir en la búsqueda de una verdad que, aunque inalcanzable en su totalidad, sigue siendo la fuerza motriz del pensamiento filosófico más elevado.

La filosofía hermenéutica de Martin Heidegger se centra precisamente en la exploración rigurosa de la tensión entre la claridad conceptual y la complejidad de la existencia, cuestión que el mismo autor rastrea hasta las raíces del pensamiento de Platón. Como veremos de manera detallada más adelante, para Heidegger, el punto en que Platón redefine al Ser como una entidad abstracta constituye una inflexión decisiva en la trayectoria de la filosofía occidental. Esta reinterpretación platónica es clave porque, ya de por sí, marca una desviación respecto a los filósofos presocráticos como Heráclito y Parménides, quienes entendían al Ser como una realidad fundamental que escapa a las restricciones de la conceptualización abstracta. Esta transmutación platónica del Ser en una idea abstracta tiene implicaciones de gran importancia. En primer lugar, debilita la conexión intuitiva con lo divino y, a consecuencia de ello, despoja la comprensión de la divinidad de su carácter vital e inmanente. Así, lo divino se reduce a una construcción puramente intelectual, sin resonancia existencial. Heidegger ve en este giro un preludio al enfoque sistemático que caracteriza gran parte de la filosofía posterior, especialmente la analítica, donde la precisión conceptual y la eliminación de ambigüedades se erigen en los objetivos primordiales. Es precisamente este mismo afán por estructurar el conocimiento dentro de categorías universales el que lleva al «olvido del Ser».

La primera consecuencia de este olvido es la imposición de un sistema categorial que intenta abarcar la totalidad de la realidad, pero que, paradójicamente, excluye al Ser mismo, que se repliega y se evade. Este repliegue del Ser implica un conflicto irresoluble: los conceptos universales y abstractos buscan abarcar una esencia necesaria, pero la existencia humana concreta, con toda su singularidad y contingencia, no se deja capturar por tales estructuras. El Ser, resistiendo la encapsulación en un marco eidético, lleva consigo la existencia humana, que tampoco puede ser completamente definida por categorías universales. Como resultado, la existencia concreta termina siendo abordada a través de nociones generales por un lado y como datos empíricos cuantificables por otro. Esta disyuntiva conceptual, nacida de la transformación impuesta por Platón, culmina en la dificultad de concebir la relación entre la humanidad y lo divino fuera de esquemas puramente intelectuales.

Por ello, Heidegger sostiene que la reflexión sobre Dios y sobre la relación esencial entre el ser humano y lo sagrado exige un tipo de pensamiento que escape a las limitaciones de los sistemas conceptuales tradicionales. Esta reflexión trasciende la filosofía entendida como un mero análisis de conceptos y abre un camino hacia un pensamiento más integral, uno que pueda abarcar la totalidad de la existencia sin reducirla a fórmulas abstractas. En su propuesta, Heidegger llama a una ruptura con la filosofía entendida como simple categorización, invitando a una forma de pensamiento que reconozca la insuficiencia de las herramientas conceptuales para capturar la esencia del Ser. Esta renovación intelectual apunta a un acercamiento que revalorice la experiencia humana en toda su singularidad. También sugiere que la filosofía debe transformarse en un diálogo que supere los límites de la abstracción y reconozca la complejidad del Ser y de la existencia en su totalidad.

Capítulo 4

El nacimiento de la ontoteología

En estos primeros impases de nuestro estudio, podemos decir que la ontoteología, como categoría filosófica, intenta captar a Dios dentro de los parámetros conceptuales de la ontología. Esto implica *per se*, que se preconcibe a Dios como un ente al que se le puede asignar un lugar dentro del orden de lo existente. Este enfoque toma como punto de partida la intersección de dos campos. Por un lado, la ontología, entendida como el estudio del Ser en cuanto tal; y, por el otro, la teología, que es la disciplina que aborda cuestiones vinculadas a lo divino. Al integrar lo divino en el ámbito ontológico, la ontoteología introduce a Dios en el horizonte del pensamiento racional, sometiéndolo a las herramientas analíticas que históricamente han sido empleadas para estudiar la realidad en sus diversas manifestaciones. En este sentido, la ontoteología intenta hacer de Dios un objeto de estudio comparable a otros objetos de la realidad, abordándolo con las categorías del ente.

El término en sí mismo implica una transición de lo divino hacia el plano de lo pensable y lo clasificable dentro del sistema del Ser, en tanto que busca una aproximación comprensible desde el punto de vista de la razón. Esto significa que, en el esquema ontoteológico, Dios ya no es una instancia puramente trascendente e inabordable, sino un ente al cual se le puede atribuir existencia y esencia reales en un sentido similar al de cualquier otro objeto ontológico. Esta tentativa de inscribir a Dios en el espacio de lo inteligible se presenta en las grandes tradiciones filosóficas desde Aristóteles hasta Kant, configurando un proceso mediante el cual la metafísica se torna también teología racional.[18]

Como profundizamos en el capítulo anterior, esta tendencia ontoteológica tiene su origen en la síntesis medieval que realizó Tomás de Aquino, quien propuso una unificación de los principios aristotélicos con la doctrina cristiana. En este contexto, Dios es concebido como el acto puro de ser, un *actus essendi* que se constituye como el fundamento de toda realidad sin perder su carácter trascendental. Cuando Dios es visto como el primer motor surge la estructura ontoteológica, que tiende a pensar lo divino en términos de ser y existencia. La integración de Dios en el pensamiento metafísico supone, entonces, una doble articulación. Por un lado, Dios es el principio que da coherencia a la totalidad del Ser; por otro, su trascendencia se proyecta en términos inteligibles y estructurados que permiten su abordaje desde la racionalidad filosófica.

El impacto de la escolástica se extendió más allá de la Edad Media, sentando las bases para avances en la

---

18. Kant, Immanuel. *Crítica de la razón pura*. Traducido por Pedro Ribas. (Madrid: Alfaguara, 2007), A629/B657.

Capítulo 4: El nacimiento de la ontoteología

filosofía y la teología en siglos posteriores. Las discusiones sobre la naturaleza divina, la creación y la contingencia prepararon el camino para filósofos como Descartes y Leibniz, quienes exploraron nuevas maneras de integrar la reflexión filosófica con la metafísica y las ciencias emergentes. En Descartes, por ejemplo, la existencia de Dios es el principio que garantiza la certeza de todo conocimiento, mientras que, en Leibniz, Dios es concebido como el ente necesario que asegura la armonía preestablecida de un universo racional. En estos sistemas, lo divino es pensado como un ente que garantiza el orden del mundo; un fundamento que, si bien es absoluto, se convierte en objeto de demostración racional. Este enfoque racionalizador de Dios como un principio inteligible se hace evidente también en Kant, quien aun reconociendo que Dios es inaccesible como conocimiento teórico, lo considera como una necesidad de la razón práctica. Aquí, el concepto de Dios se convierte en una idea regulativa, un postulado que sirve de horizonte a la razón, pero que sigue siendo formulado en términos de Ser, dentro de la estructura del pensamiento humano.

Como veremos más adelante de manera detallada, el pensamiento de Heidegger problematiza esta estructura y la tradición en la que se enmarca. Su filosofía sugerirá que el acto de concebir a Dios como un ente instrumentaliza lo divino, ya que reduce su trascendencia para subsumirla dentro de los límites de la razón humana. Según Heidegger, la ontoteología es la culminación de la voluntad metafísica que busca enmarcar y delimitar lo absoluto dentro de los parámetros de lo racional. El resultado directo de esta desabsolutización de lo absoluto es la transformación de lo divino en un mero elemento del sistema ontológico, despojándolo de su carácter de «totalmente otro» o de «alteridad radical». Como detallaremos más adelante en este estudio, el pensamiento ontoteológico, en lugar de interrogarse por el Ser, se enfoca en sus representaciones. Colocar al Dios conceptualizado como fundamento termina ocultando al Ser. Así, el Ser queda eclipsado por la pretensión de hallar un principio último que otorgue coherencia al todo, dentro de un marco limitado por la comprensión humana.

La noción ontoteologizada de Dios implica una tensión intrínseca entre su carácter de fundamento y su trascendencia. Dios es abordado como un ente supremo, el ente que otorga sentido a todos los demás. Este carácter de fundamento, que lo presenta como el Ser que garantiza la totalidad de lo existente, es problemático desde la óptica heideggeriana, dado que implica una visión instrumental de lo divino, subordinándolo a la estructura del Ser en su totalidad. Esta crítica encuentra resonancias también en algunos desarrollos de la filosofía contemporánea, en la que se argumenta que la ontoteología representa una especie de «reducción» de lo divino, al incluirlo en el ámbito de lo decible y lo conceptual. En el pensamiento de Emmanuel Levinas, por ejemplo, hay una objeción a la ontoteología en tanto que considera que al reducir lo divino a un ente, se pierde la alteridad radical de Dios. Para Levinas, Dios

Capítulo 4: El nacimiento de la ontoteología

debe ser «comprendido» en su infinitud y no como un objeto del saber. De manera similar, Jean-Luc Marion se opone a la tradición ontoteológica al proponer una concepción de Dios que trasciende las categorías de ser. A ojos de Marion, Dios equivale a aquello que no puede ser reducido al objeto de comprensión humana ni ser objeto de apropiación racional.

Vemos que la actitud de la ontoteología ha impregnado el pensamiento occidental. Ha reducido la trascendencia del Ser a una representación ordenada y coherente dentro de los límites de la racionalidad. La subordinación del misterio y la trascendencia de lo divino a las categorías ontológicas constituye un doble problema. Por un lado, exhibe una forma de «violencia conceptual», en tanto que busca someter lo absoluto a los parámetros de lo inteligible. Por el otro, impide toda aproximación genuina a lo divino que no esté mediada por el aparato conceptual y lógico que define la tradición metafísica.

Ya desde la antigua Grecia, la exploración filosófica ha intentado encerrar lo absoluto en categorías definibles. Tratando de alcanzar una mayor comprensión, terminó por reducir lo infinito a lo finito. Este enfoque ha sido fundamental en la historia de la filosofía, y en la teología cristiana posterior, influenciando la manera en que se ha entendido y discutido la naturaleza de lo divino. La teología del cristianismo medieval cometió el error fundamental de interpretar el kerigma, el mensaje de Jesús, con una actitud ontoteologizadora que incorporó una concepción visual de la divinidad. Dios adquiere características ónticas a través de las cuales el cristianismo pretende explicarlo y conocerlo. La personificación de Dios reflejó —usando ahora la terminología de Foucault— un deseo de controlar y experimentar la divinidad en términos humanos y comprensibles, revelando la íntima conexión que existe entre la religión y la filosofía metafísica en su afán por explicar y aprehender lo absoluto.

Esta antropomorfización causó «el olvido del Ser». Heidegger sostiene que este olvido se debe a «la confusión ontológica», eso es, a confundir al Ser con un ente. Esta confusión es propia de una filosofía eminentemente epistemológica. Más aún, impregna la metafísica y, en última instancia, la misma concepción religiosa occidental de Dios. Según argumenta Heidegger en su texto *Identidad y diferencia* (1957), la filosofía tradicional se ha basado, ya desde Aristóteles, en la noción de ente.

A resultas de esto, la metafísica tradicional, anclada en la filosofía platónico-aristotélica, se despliega abriendo un doble campo de estudio. Por un lado, aborda el tema del ente en general, mientras que por otro, se apropia de Dios, que es percibido como el ente supremo. Este doble despliegue significa que, para Heidegger, la filosofía y metafísica medievales, que tanta influencia tuvieron en el cristianismo, vienen ya determinadas por una actitud onto-teo-logizadora de Dios. Como resultado, en lugar de acercarnos a Dios, adaptan a Dios a sus parámetros conceptualizadores. Es decir, esta concepción es incapaz de abordar la cuestión de Dios como una trascendencia más allá de un ente. Esto nos ha llevado al olvido del Ser y, más dramáticamente, al olvido de la misma diferencia ontológica entre Ser y ente.

Bibliografía de la sección I

- Burkert, Walter. *Greek Religion*. Cambridge, MA: Harvard University Press, 1985.
- Duns Scotus, John. *Duns Scotus: Philosophical Writings*. Editado y traducido por Allan B. Wolter. Indianapolis: Hackett Publishing Company, 1962.
- Foucault, Michel. *Historia de la locura en la época clásica*. Traducido por Juan José Utrilla. México: Fondo de Cultura Económica, 1967.
- Foucault, Michel. *Las palabras y las cosas: una arqueología de las ciencias humanas*. Traducido por Elsa Cecilia Frost. México: Siglo XXI Editores, 1968.
- Frege, Gottlob. «El pensamiento: una investigación lógica». En *Lógica y semántica*, traducido por Alfonso Gómez-Lobo. Valparaíso: Ediciones Universitarias, 1972.
- Grote, George. *Plato, and the Other Companions of Sokrates*. Vol. 2. 2nd ed. London: John Murray, 1867.
- Hegel, Georg Wilhelm Friedrich. *Encyclopedia of Philosophy*. New York: Philosophical Library, 1959.

- Heidegger, Martin. *Ser y tiempo*. Traducido por José Gaos. Madrid: Fondo de Cultura Económica, 1951.
- Kant, Immanuel. *Crítica de la razón pura*. Traducido por Pedro Ribas. Madrid: Alfaguara, 2007.
- Klima, Gyula, Fritz Allhoff y Anand Jayprakash Vaidya, eds. *Medieval Philosophy: Essential Readings with Commentary*. Oxford: Wiley-Blackwell, 2007.
- Locke, John. *Ensayo sobre el entendimiento humano*. Traducido por Pedro Bravo Gala. Madrid: Alianza Editorial, 2000.
- Nietzsche, Friedrich. *La voluntad de poder*. Traducido por Aníbal Froufe. Madrid: Editorial Edaf, 2006.
- Nielsen, Kai. *Reason and Practice: A Modern Introduction to Philosophy*. New York: Harper & Row, 1971.
- Oppy, Graham, Josh Rasmussen y Joseph Schmid. «Ontological Arguments». En *The Stanford Encyclopedia of Philosophy*, editado por Edward N. Zalta y Uri Nodelman. Edición de otoño de 2023.
- Plotino. *Las Enéadas*, trad. Jesús Igal. Madrid: Gredos, 1991.
- Siecienski, Anthony Edward. *The Filioque: History of a Doctrinal Controversy*. Oxford: Oxford University Press, 2010.

- Tomás de Aquino. *Suma Teológica*. Traducido por una comisión de PP. Dominicos presidida por Francisco Barbado Viejo. Madrid: Biblioteca de Autores Cristianos, 1947–1951.
- Watt, Stephen. «Introduction: The Theory of Forms (Books 5–7)». En *Plato: Republic*, traducido por Desmond Lee, vii–xxv. London: Wordsworth Editions, 1997.
- Wippel, John F. The Metaphysical Thought of Thomas Aquinas: From Finite Being to Uncreated Being. Washington, D.C.: Catholic University of America Press, 2000.

— SECCIÓN II —
TRASCENDIENDO EL DIOS PERSONAL

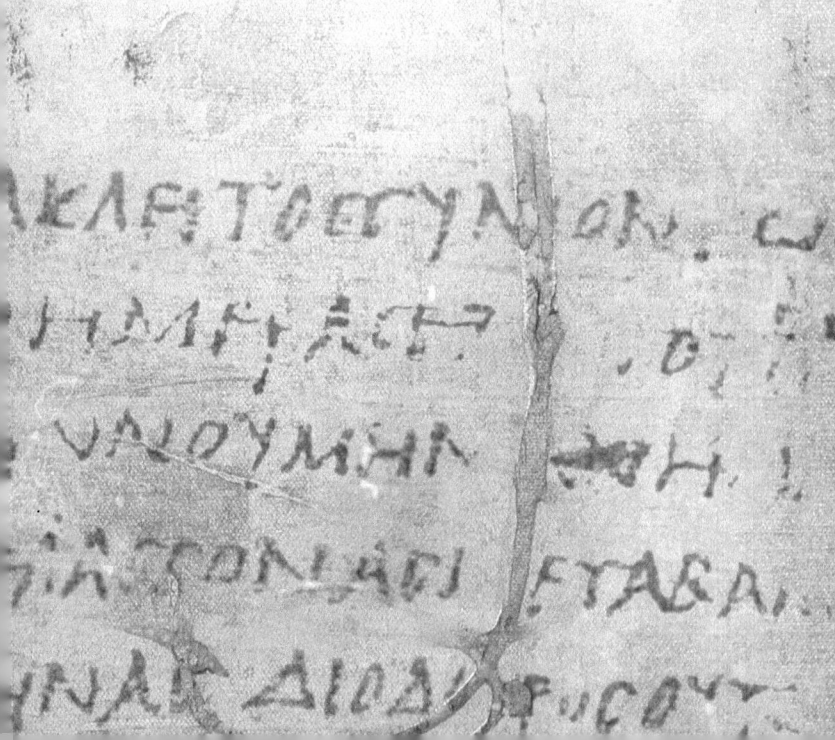

Capítulo 5

Excavaciones cristianas

El Ser, la nada y la creación desde una perspectiva filosófica

Comprender la noción de creación desde una perspectiva filosófica es esencial. En el Génesis, la creación está relacionada con el bien, ya que Dios, después de crear, dice:

וַיַּרְא אֱלֹהִים אֶת־כָּל־אֲשֶׁר עָשָׂה וְהִנֵּה־טוֹב מְאֹד [...]
(בראשית א', ל"א)

Y vio Dios todo lo que había hecho, y he aquí, que era muy bueno [...].
(Génesis, 1:31)

En primer lugar, cabe destacar la estrecha vinculación que señala el Génesis entre la creación y el bien. Esta vinculación, no obstante, debe entenderse a partir del Ser, que es el que relaciona ambos ámbitos. En otras palabras, todo lo que Dios ha creado es una entidad que posee existencia, que es, y, al tener existencia, al ser, es inherentemente bueno. Esta relación indica que la bondad es una cualidad fundamental de todo lo que existe, ya que su mera existencia es una manifestación del acto creativo divino. De esto se desprende que tanto la creación como el Ser son fuentes de bondad, pues ambos son atributos derivados de Dios. Sin embargo, esto no significa que todo lo que existe, todo lo que es, sea bueno por defecto. Pues, aunque Dios haya creado todo con bondad, el ser humano, al ejercer su libertad, ha optado por el no-ser en lugar del Ser, pervirtiendo así el bien y transformándolo en mal. El Ser está enlazado con la bondad divina y el no-ser con los humanos. Esta disyuntiva también se presenta en el Génesis, a raíz de la cual los humanos vacían al Ser de su plenitud, o *pléroma*. Esto se desprende del siguiente versículo, donde leemos:

וַתֵּרֶא הָאִשָּׁה כִּי טוֹב הָעֵץ לְמַאֲכָל וְכִי תַאֲוָה־הוּא לָעֵינַיִם וְנֶחְמָד הָעֵץ לְהַשְׂכִּיל וַתִּקַּח מִפִּרְיוֹ וַתֹּאכַל וַתִּתֵּן גַּם־לְאִישָׁהּ עִמָּהּ וַיֹּאכַל:
(בראשית ג', ו')

Cuando la mujer vio que el árbol era hermoso y los frutos que daba eran buenos para comer, y que además ese árbol era atractivo por la sabiduría que podía dar, tomó algunos frutos del árbol y se los comió. Su esposo se encontraba con ella, ella le dio, y él también comió.

(Génesis, 3:6)

La creación puede definirse como «dar ser», mientras que el pecado, en marcado contraste, puede interpretarse como «quitar ser». El pecado, en su esencia, representa una negación directa de la creación, oponiéndose a la participación en el Ser. Cuando hablamos de creación, nos referimos a un acto que implica una armonía con el Ser. Así, mientras que crear establece una integración en el Ser, pecar priva dicha integración, ya que el pecado despoja al Ser de su esencia, alineándose con la nada, eso es, con la negación de todo Ser.

Esta disyuntiva, como la hemos llamado aquí, calza perfectamente con el modo en que los antiguos griegos se referían al Ser y a la nada. Concretamente, para los antiguos griegos, la idea de la nada no tenía una existencia autónoma; solo el Ser existía. El idioma griego no contaba con una palabra específica para «nada». En su lugar, para negar el Ser se utiliza la expresión *me on*, compuesta de los términos *me y on,* que significan 'no' y 'ser' respectivamente. Por lo tanto, la expresión que utilizaban para referirse a la «nada» era «no ser». En este sentido, ya que la nada se entiende como una negación del Ser, no podemos conceptualizarla sin postular primero la existencia del Ser. Esto significa que la relación entre el Ser y la nada se configura en términos de participación y privación. Si la creación implica un proceso de afirmación y construcción, el pecado actúa como una fuerza de negación y destrucción. La creación y el pecado, por tanto, se posicionan como fuerzas opuestas en el devenir del Ser.

Desde un análisis filosófico, podemos resaltar la importancia del Ser como el fundamento ontológico primario, mientras que la nada se entiende exclusivamente como la negación de este fundamento. Del mismo modo, y en tanto que el Ser está enlazado con el bien, y el no-ser con el mal, podemos también afirmar que, si no presuponemos la existencia del bien, sería imposible concebir el mal. En este contexto, el mal se interpreta como un accidente del Ser, requiriendo la existencia de una sustancia para vaciarla de Ser. Por lo tanto, el mal no puede existir por sí mismo y no tiene entidad propia; su existencia depende del Ser que, como tal, le es ajeno o, también podríamos decir, le es **otro**. En esencia, el mal es al bien lo que el no-ser (la nada) sería al Ser, lo que en última instancia nos lleva a poder afirmar que el mal correspondería a la nada.

La afirmación de que la nada no goza de existencia ontológica propia es precisamente lo que lleva a Heidegger a formular su famosa expresión «la nada nadea». Esto implica que la nada, al manifestarse en el Ser, lo vacía progresivamente, despojándolo de su esencia. La nada, al actualizarse en el ámbito del Ser, nos priva paulatinamente de la plenitud de nuestro Ser, dejándonos cada vez más vacíos. Así la expresión: «la nada nadea» significa que la nada va disolviendo al Ser hasta convertirlo en nada, es decir, va «nadeándolo». O dicho todo de otro modo, si la nada tuviera existencia ontológica propia, el Ser no podría ser, pues la nada, que es justamente la negación del Ser, no permitiría su generación y existencia. Por eso, el debate ontológico sobre el Ser y la nada, enlazado con la cuestión del bien y el mal en el marco de la creación, no es un debate banal, sino una cuestión filosófica fundamental.

La consciencia individual y universal

Esta cuestión que acabamos de abordar, y que nos ha permitido conectar el Ser y el no-ser con el bien y el mal, tiene otras ramificaciones importantes. En concreto, en esta sección nos referiremos a la cuestión del «yo», del sujeto pensante, o a la consciencia individual. En virtud de lo dicho en los párrafos anteriores, podemos afirmar que el Ser se refiere a sí mismo de manera intrínseca, en tanto que Ser simplemente expresa existencia y ser de manera desindividualizada. En ese sentido, el Ser, como existencia, conlleva una negación de la consciencia individual. Esto es así porque la consciencia personal sitúa a un «yo separado» en el centro de las percepciones de lo bueno y lo malo. El «yo», o la consciencia personal, dirime entre el uno o el otro, definiendo lo bueno según lo que el «yo» mismo determina. Esto se muestra en la narrativa bíblica del árbol del conocimiento del bien y del mal. En este proceso, el «yo» se apropia del criterio del Ser, lo que implica que el Ser deje de ser el eje central de la existencia y se vea sustituido por un «yo histórico» o «yo separado». Más aún, al descentrar el hecho de la existencia en sí, del Ser, la consciencia individual se fortalece. A su vez, al afirmar la consciencia individual y apropiarse del criterio de moralidad, el «yo», por defecto, niega el Ser universal.

En cierta manera, ambos se niegan el uno al otro. Para afirmar el Ser universal, es fundamental rechazar la prerrogativa de la consciencia individual de definir lo bueno y lo malo de manera autónoma. Esto implica que la consciencia individual puede negar el Ser universal al «comer del árbol», apropiándose de un criterio que, en realidad, corresponde al Ser, como si esta norma fuera intrínseca a la consciencia misma. Alternativamente, la consciencia puede optar por no apropiarse de este criterio, resolviéndose en el Ser. Esta resolución se da en el Ser, ya que es el Ser quien establece el criterio para la consciencia, y no al contrario. Desde una perspectiva filosófica, el pecado equivale a negar el Ser universal para apropiarse de su bondad y corromperla. La consciencia individual impone un nuevo criterio de moralidad, de bien y mal, desvinculada de la consciencia universal, donde el Ser mismo late. Por eso, el latín tomó justamente prestado el término griego *diábolos* (en latín *diábólús*) para significar que diablo es aquello que desune o que separa.

El mal, en su esencia, se considera una privación del Ser. Esta privación, enraizada en una separación o desunión, equivale a una autoajenación que niega el Ser y, con ello, genera una consciencia individual con una identidad que pretende negarnos a nosotros mismos como seres del Ser. La existencia del ente es primordial, mientras que la nada se caracteriza por su capacidad de negación activa, despojándonos de nuestra esencia. Es crucial distinguir entre la destrucción de nuestras concepciones del Ser y el proceso gradual mediante el

CAPÍTULO 5: EXCAVACIONES CRISTIANAS

cual la nada nos despoja de nuestro Ser. Al ser vaciados de Ser, perdemos lo esencial de nuestra autenticidad, es decir, de aquello que realmente somos. Por este motivo, resulta imprescindible liberarnos de nuestras falsas creencias sobre nuestra identidad para redescubrir quiénes somos realmente.

Esta generación de la consciencia individual se conoce como fenómeno egoico, término que alude a la ausencia de nuestra verdadera esencia en el presente, más que a una persona específica o entidad concreta. Este despojo, provocado por la nada, nos priva de nuestra esencia, llevándonos a una existencia vacía de la plenitud del Ser que debería definirnos. El mal, en última instancia, se manifiesta como una carencia e implica la privación de lo esencial para que el Ser alcance su plena realización. Entender este proceso nos lleva a reconocer la interacción entre la nada y la existencia, y a entender cómo el fenómeno egoico está configurado por la ausencia de una presencia auténtica. La naturaleza del mal es la autoseparación o desunión (*diábolos*) del Ser que despoja al ente de su Ser, resultando en una existencia incompleta y carente de esencia. La existencia del mal es fundamentalmente un accidente del Ser, pues depende de la existencia del Ser para manifestarse. Esto reduce su plenitud y obstaculiza su completitud. En ese sentido, el mal actúa como un parásito del Ser, privándolo de su esencia completa y perfecta. Por esta razón podemos decir que, en esencia, el pecado, el pecado original, es una fuerza que sustrae Ser e impide su realización plena.

Sección II: Trascendiendo el Dios personal

El Ser y el Bien

Aún y lo dicho en los párrafos anteriores con relación al Ser y al Bien, la filosofía trascendental nos muestra que no se puede afirmar que ambos sean idénticos en un sentido absoluto. Esta íntima relación entre Ser y Bien sí muestra, no obstante, una copertenencia significativa que la filosofía ha denominado «el problema de los trascendentales».

Desde una perspectiva esencial, cada ente, en tanto que existe, se define por ser bueno, bello, verdadero, uno y ser. La existencia de cualquier entidad está inextricablemente ligada a su bondad; ser bueno implica realizar plenamente su propia naturaleza. En la filosofía clásica, una buena persona es sinónimo de una persona verdadera. De manera similar, consideramos que una silla es buena cuando cumple auténticamente con su esencia, es decir, cuando posee todas las cualidades esenciales que la definen como silla. Esta bondad intrínseca se manifiesta en su funcionalidad y en la realización completa de su propósito. La interrelación entre «Ser» y «bien» implica que la mera existencia de cualquier cosa incluye su bondad inherente, y esta bondad se mide en términos de autenticidad y plenitud en tanto que refleja ser lo que uno es. La complejidad de esta interrelación exige, no obstante, un enfoque analítico y una comprensión matizada. Reconocer esta distinción es fundamental para evitar simplificar en exceso conceptos filosóficos que, aunque relacionados, mantienen sus propias especificidades y significados dentro del marco del pensamiento trascendental.

Como hemos dicho, la bondad de cualquier ente se mide por su conformidad con su propia naturaleza y esencia. De esta manera, un ente se considera bueno cuando alcanza su potencial pleno y cumple con su verdadera identidad. Esta relación intrínseca entre «Ser» y «bien» pone de manifiesto la interdependencia de estos conceptos en la comprensión metafísica de la realidad. Las personas son bellas y buenas cuando realizan plenamente su esencia; en este contexto, los términos «bello» y «bueno» se vuelven casi intercambiables. Los conceptos de ser, belleza, verdad y bondad están íntimamente conectados y son, hasta cierto punto, intercambiables.

Al contrario que el bien, y como hemos argumentado más arriba, el mal es una forma de negación del ser, es decir, equivale a la ausencia de un bien que debería existir. Por ejemplo, una silla con dos patas no tendrá todas las cualidades que una silla debe tener para cumplir su propósito y naturaleza y, por tanto, podemos decir que le falta una característica esencial. Esta situación muestra que el mal consiste en negarle al ente sus cualidades esenciales en vez de añadírselas. Por lo tanto, la definición exacta de mal no es una presencia ontológica, sino la carencia de un bien necesario.

Según Santo Tomás de Aquino, el mal, estrictamente hablando, no puede considerarse una criatura, ya que no fue creado y, por lo tanto, carece de esencia ontológica.[19] En otras palabras, no hay ningún ente cuya esencia sea el mal. Más que ser una creación con una esencia independiente, el mal se concibe como ausencia de bien, un defecto en el Ser existente. Por eso antes hemos afirmado que el mal equivale a no ser. Esta perspectiva enfatiza que, en vez de tener una realidad positiva, el mal debe definirse por la falta de perfección o plenitud. Sin esta carencia, sin el mal, cualquier existencia o creación sería buena o completa por definición. Esto significa que la esencia del mal no es ontológica, sino que se manifiesta históricamente. El mal se introduce en la vida humana de la mano del mismo ser humano sin ser, no obstante, una creación de la humanidad.

El bien y el mal: el Ser y el no-ser

Hemos afirmado que el mal vacía gradualmente al ser humano de Ser. Con dicho vaciamiento de Ser, el ser humano introduce el no-ser en la historia. Así, el mal puede entenderse aquí como el Ser despojándose de sí mismo, enajenándose, permitiendo la prevalencia del no-ser en la existencia humana. Los seres humanos, a través de su naturaleza pecaminosa, abren paso al

---

19. Tomás de Aquino, *Suma contra los gentiles*, trad. Jesús M. Pla Castellano, vol. II, Libro III, cap. VII, «Que el mal no es una naturaleza ni una esencia» (Madrid: Biblioteca de Autores Cristianos, 1953).

no-ser y este fenómeno se integra en la experiencia histórica de la humanidad.

Si consideramos que el mal es la negación del Ser, el bien representará la afirmación del Ser. La norma que rige el bien es el Ser, mientras que la norma que rige el mal es el no-ser. Ser malo implicaría, como tal, no ser lo que uno realmente es y vivir desalineado de la propia esencia. Esta autoenajenación o desunión del Ser universal la hemos vinculado previamente al surgimiento de una consciencia individual. Al separarse de la consciencia universal, la consciencia individual ve surgir al ego en sí misma, eso es, un «yo-otro» con relación al «yo-Ser universal», que al separarse se convierte en carente, en incompleto. El fenómeno egoico es, precisamente, una falta o deficiencia. El bien se manifiesta en ser auténticamente lo que uno es, y, en consecuencia, ser bueno implica ser verdaderamente lo que uno es en esencia.

San Agustín afirma que el ser humano nace con la condición inherente de ser pero que, al ingresar a la especie humana, se sumerge en una profunda solidaridad. Esta solidaridad sugiere que todos somos uno, de modo que cualquier acción realizada por un individuo involucra a todos los demás. Esto se conoce como la unidad trascendental de la especie humana. Es decir, cualquier acto cometido por una persona es un acto en el que toda la humanidad participa. San Agustín denomina a esta participación absoluta el «ser federal de la humanidad», aludiendo a la unión de toda la humanidad en un pacto representado por Adán. Esto significa que las acciones de Adán tienen repercusiones en todos sus descendientes. Esta visión subraya la solidaridad y la unidad esencial de la especie humana en términos de responsabilidad y consecuencias morales y espirituales.

Desde esta perspectiva, la humanidad comparte un destino común donde las acciones de uno afectan a todos, reforzándose así la idea de una comunidad humana indivisible en la que nuestras decisiones individuales tienen implicaciones colectivas. Desde la perspectiva del cristianismo, Adán no actuó solo. Al contrario, todos estábamos en Adán, participando en su acción. Por esta razón, no podemos afirmar con certeza que habríamos actuado de manera diferente en su lugar. Esta visión agustiniana implica que todos los seres humanos estamos intrínsecamente conectados. Pertenecemos a una sola unidad, como las ramas o las raíces de un mismo árbol. Cualquier cosa que afecte a las raíces inevitablemente repercute a los tallos, los frutos y las hojas. San Agustín presenta la humanidad como un solo cuerpo, donde cualquier acción buena o mala realizada por una persona es efectivamente realizada por todos.

Así como las acciones de Adán tienen repercusiones universales, la gloria de Cristo, que es el segundo Adán, reside en toda la humanidad. Todos los seres humanos participaron en el pecado original de Adán y, de manera análoga, toda la humanidad está representada en Cristo, recibiendo así la vida. Desde esta perspectiva, en cada ser humano coexisten ambas naturalezas: la de Adán, que representa el no-ser, o la consciencia individual, y la de Cristo, que simboliza el Ser, o la consciencia universal. La clave está en trascender la naturaleza del primero, la separación e individuación egoica, para acceder a la naturaleza universal del segundo. En este contexto, las palabras de Juan el Bautista cobran claridad cuando este dice:

> Es necesario que él crezca, pero que yo mengüe.
> (Juan, 3:30)

Es esencial que la consciencia individual sea relegada, ya que cada ser humano nace con esta condición caída, manifestada en la consciencia centrada en el «yo». Solo al trascender esta condición y alcanzar o integrarse en una consciencia universal, podremos reparar esta fractura o des-unión existencial. Esta caída o fractura se refiere al hecho de que, al nacer, cada persona porta la consciencia individual que caracteriza al primer Adán. Sin embargo, todo ser humano está llamado al mismo tiempo a reducir la dominancia de su consciencia individual para (re)integrarse a la consciencia pura y universal.

Cabe decir, no obstante, que es imposible alcanzar esta consciencia universal sin antes negar la individual. En términos más claros, sin primero renunciar al estado del primer Adán, que nace de la carne, es imposible ingresar en el estado del segundo Adán, que nace del espíritu. Por eso la Biblia dice en la *Carta a los Romanos*:

> Sabemos que nuestra vieja naturaleza fue crucificada con él para que nuestro cuerpo pecaminoso perdiera su poder, de modo que ya no siguiéramos siendo esclavos del pecado; porque el que muere queda liberado del pecado.
>
> (Romanos, 6:6-7)

El núcleo de esta idea es la imperiosa necesidad de dejar morir al primer Adán para renacer como el segundo Adán. En la consciencia individual, también conocida como la carne, todos los seres humanos estamos destinados a la muerte, mientras que en la consciencia universal o el espíritu todos los seres humanos pueden alcanzar la vida eterna. Por ello, la trascendencia del espíritu se destaca en contraste con la carne, enfatizando la necesidad de superar nuestras limitaciones individuales para alcanzar una existencia plena y universal. El «morir al yo» es un concepto clave del Nuevo Testamento que simboliza la esencia de la vida cristiana. Subraya la importancia de abandonar a la consciencia individual, al mal, para acceder a una existencia más elevada, plena y bondadosa.

Esta transición significa que el Nuevo Testamento llama a tomar la cruz y seguir a Cristo, dando un paso crucial para el renacimiento espiritual. En este proceso, el hombre viejo muere y surge el hombre nuevo, como se menciona en Juan (3:3-7). Los cristianos experimentan un nuevo nacimiento en el momento de la salvación y continúan muriendo para sí mismos durante el proceso de santificación. Así, morir a uno mismo, o al «yo» separado, es un evento singular pero que también se extiende a lo largo de la vida de los verdaderos cristianos.

Jesús destacó repetidamente a sus discípulos la necesidad de tomar su cruz, un instrumento de muerte, y seguirlo. Cualquier persona que desee seguirlo deberá negarse a sí misma, es decir, renunciar a su propia vida egoica, a su individuación. Este era un requisito indispensable para ser considerado un verdadero discípulo de Cristo. Por eso, el mismo Jesús advirtió que intentar salvar nuestra vida egoica, o «yo» independiente, inevitablemente resultaría en perder nuestra vida al reino de Dios. Este contexto nos ayuda a entender a Jesús cuando, en voz de Lucas, afirmó claramente que aquellos que no estén dispuestos a sacrificar su vida personal por él no pueden ser sus discípulos (Lucas, 14:27). En cambio, aquellos que entreguen sus vidas, o consciencia individual, por su causa encontrarán la vida eterna (Mateo, 16:24-25; Marcos, 8:34-35).

La ética cristiana

En este capítulo hemos vinculado el Ser con la bondad divina, oponiéndolos al no-ser, es decir, a la nada y al mal. También hemos definido la nada y el mal como carencias de bondad y bien, asociándolos con la generación de un «yo» individual que, al afirmarse, vacía al Ser de su esencia. El cristianismo, en este sentido, predica que abrazar al Cristo es renunciar a nuestro «yo» particular para reunificarnos con el Ser y fundirnos con la bondad absoluta.

Este pequeño mapa nos abre ahora la puerta a la ética cristiana. En la primera carta de Pablo a los Corintios leemos lo siguiente:

> Todo está permitido, pero no todo es ventajoso.
> Todo está permitido, pero no todo es constructivo.
> (1 Corintios, 10:23)

En este versículo se manifiesta la esencia de la auténtica ética cristiana. Al decir que todo está permitido, se expone que la ética no reside en la dicotomía entre lo prohibido y lo permitido, sino en la libertad de discernir entre lo que es y no es beneficioso para la comunidad. Existen pensamientos, sentimientos, actitudes y acciones que contribuyen a nuestro crecimiento, desarrollo y elevación como seres humanos. De igual manera, hay otras que no contribuyen a ello porque simplemente favorecen al agente o a una comunidad en detrimento de los demás. La ética kantiana, en tanto que manifestación de la ética cristiana, no se define por una extensa lista de prohibiciones. Por el contrario, todo está permitido, pero el ser humano debe discernir y elegir siempre aquello que lo eleve espiritualmente, es decir, lo que aspiramos a convertir en ley universal. Por tanto, en lugar de simplemente evitar lo que está prohibido, se trata de adoptar una perspectiva que promueva activamente el bien y la prosperidad en todos los aspectos de la vida.

Capítulo 5: Excavaciones cristianas

¿Qué, pues? ¿Pecaremos, porque no estamos bajo la ley, sino bajo la gracia? En ninguna manera.
(Romanos, 6:15)

En este versículo de la Epístola a los Romanos, San Pablo se dirige a los cristianos explicando que ya no estamos bajo la ley, ya que la ley está subordinada a nosotros. Esto se debe a que, bajo el señorío de la gracia, Cristo ha cumplido perfectamente la ley en nuestro lugar, y nosotros participamos de ese cumplimiento a través de la fe. Así, el cristiano no está llamado a cumplir u obedecer la ley, sino a disfrutarla, renovándola en cada decisión moral. El cristiano se debe a lo absoluto y universal, y no a lo particular e individuado. El cristiano, mediante su libre albedrío, es responsable de cultivar una relación íntima con lo divino. En esta relación, el dios personal se trasciende y sublima, para dar paso al Dios impersonal, la consciencia absoluta y universal donde el ser humano se reintegra plenamente. La cuestión ética es totalmente inseparable de las cuestiones ontológicas y teológicas, al punto de que ninguna puede entenderse por sí sola, como se expresa claramente en la Carta a los Filipenses, donde se afirma:

Por lo demás, hermanos, todo lo que es verdadero, todo lo honesto, todo lo justo, todo lo puro, todo lo amable, todo lo que es de buen nombre; si hay virtud alguna, si algo digno de alabanza, en esto pensad.
(Filipenses, 4:8)

Cristo: el arquetipo universal

Más allá de ser una figura histórica, Jesús encarna un nivel de consciencia pura, conocida como la consciencia crística, y que Carl Jung denomina como «el arquetipo de la consciencia» o el «Sí-mismo». Los arquetipos son patrones innatos en la psique humana que ejercen una profunda influencia en nuestras percepciones y comportamientos. Los patrones fundamentales delineados por Carl Jung, conocidos como arquetipos, son partes esenciales de su teoría psicológica. Según sostiene Jung, los arquetipos habitan en el inconsciente colectivo y actúan como marcos universales que moldean nuestras experiencias y reacciones ante diversas situaciones. Estas estructuras inherentes a la mente humana se manifiestan en mitos, sueños y expresiones culturales de todas las sociedades, reflejando aspectos comunes de la condición humana. Además, guían nuestra comprensión del mundo, facilitando la conexión entre individuos de diferentes culturas y épocas que comparten símbolos y narrativas similares.

La verdad de Cristo no radica en la mera existencia fáctica de Jesús, sino en el arquetipo que representa, el cual constituye un modelo universal del ser humano conformado por la consciencia universal. La validez de este arquetipo es independiente de la existencia histórica de Jesús, ya que no depende de él. Aunque el Jesús histórico representa una manifestación completa

Capítulo 5: Excavaciones cristianas

de este arquetipo, lo fundamental es el arquetipo en sí y no el individuo específico. Este arquetipo de la consciencia universal supera las limitaciones de la existencia individual y se presenta como un modelo de perfección accesible para todos. Desafortunadamente, la mayoría de los cristianos se enfocan solo en la figura histórica y centran su devoción en el individuo llamado Jesús.

La consciencia crística representa un ideal espiritual al que todos podemos aspirar. Este ideal trasciende la creencia en los milagros y lleva a una comprensión profunda de un arquetipo esencial; se centra en una conexión y confianza arquetípicas, más allá de los hechos históricos y las personalidades. Tener fe en Cristo significa confiar en que podemos entregar nuestro espíritu con plena confianza.

En biología, se hace una clara distinción entre genotipo y fenotipo. El genotipo se refiere al conjunto completo de genes e información genética que constituye un individuo de cualquier especie. Esta composición genética se transmite de una generación a la siguiente, asegurando la continuidad de los rasgos hereditarios. El fenotipo, por otro lado, es la expresión física y observable de estas características en un individuo. Mientras que el genotipo permanece constante, el fenotipo puede variar debido a la interacción entre los genes y el entorno. Por lo tanto, el fenotipo es la manifestación externa y tangible de la información genética contenida en el genotipo. El gen es el genotipo, mientras que el individuo sería el modelo que porta ese tipo.

Siguiendo esta analogía, el Jesús histórico puede considerarse como el fenotipo y Cristo como el arquetipo. El fenotipo, como «fenómeno», es la manifestación visible, mientras que el arquetipo es el fundamento subyacente de lo que se muestra. Jesús sería la manifestación del Cristo, eso es, del arquetipo que es la base de esa manifestación. La relevancia de Jesús se encuentra en su capacidad para encarnar este arquetipo, mostrando cómo es posible vivir en consonancia con la consciencia universal. Mientras su existencia histórica proporciona un contexto valioso, lo esencial es el principio universal que él encarna. Este arquetipo sirve como una guía para la humanidad, indicando un camino hacia la elevación espiritual y la superación del «yo» separado. De esta manera, promueve una integración y una conexión con la totalidad del Ser. En este sentido, podemos afirmar que la consciencia crística trasciende las barreras del tiempo y el espacio, invitando a todos los seres humanos a reconocer y vivir según esta verdad universal.

La consciencia crística

La consciencia pura, o *logos endiatikos*, solo puede alcanzarse a través del *logos prosforikos*, o 'la palabra anunciada' o 'el lenguaje'. Este lenguaje no es estático, sino que se enriquece con las diversas consciencias y máscaras que asume en el proceso. La noción de *logos endiatikos* alude a un entendimiento interno que es fundamental y abstracto. Sin embargo, este estado de consciencia no puede alcanzarse ni comunicarse sin el *logos prosforikos*, es decir, mediante el uso del lenguaje articulado. En este contexto, el lenguaje se convierte en el medio indispensable para expresar y transmitir esta consciencia interna.

Cabe señalar que el lenguaje no es una entidad fija o inmutable. Al contrario, se enriquece continuamente mediante las diversas consciencias individuales y las múltiples «máscaras» que adopta en su uso. Estas «máscaras» representan las diferentes formas y contextos en los que el lenguaje puede aplicarse y comprenderse. En el proceso de comunicación, el lenguaje se adapta y se expande, integrando las diversas perspectivas y experiencias de los individuos. La consciencia pura depende del lenguaje para manifestarse, al mismo tiempo que este lenguaje se enriquece y evoluciona gracias a las diversas formas de consciencia y los contextos en los que se emplea.

El cristianismo, propiamente entendido, se centra en un encuentro con Cristo que se experimenta en el núcleo más íntimo del ser humano. Abarca tanto la esfera individual como la colectiva y se sitúa en el corazón de la realidad. Esta experiencia se manifiesta a través de una fe crística personal que emula la perspectiva y actitud de Cristo y que también adopta lo que se llama el «principio crístico». Este enfoque va más allá de la mera creencia y apunta a una transformación integral que altera esencialmente la comprensión y la vivencia de la existencia en su totalidad. Se trata de una fe que promueve la metamorfosis interior y que reconfigura tanto las percepciones del mundo como las interacciones con la realidad circundante.

Al abrazar, aceptar, entregarse y confiar en la consciencia crística a través de la fe, uno puede trascender su naturaleza egoica. Esta confianza permite superar las inclinaciones pecaminosas inherentes a la condición humana y transitar hacia la plena integración de la consciencia individual en la consciencia universal. A su vez, este tránsito permite que la vida del individuo resulte en una elevación por encima de las tendencias al pecado, logrando una transformación auténtica y significativa.

Capítulo 6

Cristofanía: la relación íntima con lo divino

Siguiendo todo lo dicho en el capítulo anterior, podemos entender el cristianismo como una «mutación eclesial» en la autocomprensión cristiana que supera tanto la cristiandad medieval como el cristianismo moderno. Visto desde esta perspectiva, Cristo, como núcleo místico de la fe, adquiere una relevancia mayor que la Iglesia en su dimensión sacramental y su aspecto social. Esta no es una idea completamente nueva. De hecho, han existido muchos destacados cristianos a lo largo de la historia, quienes, por este motivo, a menudo resultaron incómodos para la institución eclesiástica. Meister Eckhart, teólogo y místico alemán del siglo XIII, destaca entre los eminentes cristianos que trascendieron la cristiandad y el cristianismo institucional, e incluso corporativo, . Eckhart fue acusado de herejía por sus enseñanzas sobre la relación directa con Dios y su rechazo a la mediación eclesiástica. Aunque falleció antes de que se dictara una sentencia definitiva, varias de sus doctrinas fueron condenadas por la Iglesia. A continuación, enumeramos varios ejemplos:

- Marguerite Porete, mística francesa del siglo XIV que escribió *El espejo de las almas simples*. Fue ejecutada en la hoguera debido a sus enseñanzas, consideradas heréticas por la Inquisición, ya que rechazaba la estructura jerárquica de la Iglesia y enfatizaba la unión directa con Dios.
- Girolamo Savonarola, monje domínico del siglo XV que predicó contra la corrupción eclesiástica. Excomulgado y ejecutado, sus críticas a la autoridad papal y su llamado a una reforma moral y espiritual radical le costaron la vida.
- Jeanne Guyon, escritora y mística francesa del siglo XVII, que fue encarcelada por sus enseñanzas sobre la oración interior y la pasividad del alma, las cuales fueron vistas como peligrosamente quietistas.
- San Juan de la Cruz, ahora venerado como santo y doctor de la Iglesia, fue encarcelado en vida por sus propios compañeros carmelitas debido a sus experiencias místicas y sus esfuerzos por reformar la orden.
- Tertuliano, influyente teólogo del siglo II que se apartó de la Iglesia oficial para unirse al movimiento montanista, considerado herético debido a sus creencias rigoristas y proféticas.

- Orígenes de Alejandría, destacado teólogo y estudioso del siglo III cuyas enseñanzas sobre la preexistencia del alma y la eventual salvación de todos los seres fueron condenadas por la Iglesia después de su muerte.
- Joaquín de Fiore, monje del siglo XII, conocido por su visión apocalíptica de la historia y la llegada de una nueva era del Espíritu Santo; sus ideas fueron condenadas en el IV Concilio de Letrán en 1215.
- Dante Alighieri, el célebre autor de *La Divina Comedia*, fue excomulgado por razones políticas, aunque su obra tuvo una influencia determinante en la teología y el pensamiento cristiano.
- Nicolás de Cusa, conocido filósofo y cardenal del siglo XV cuyas ideas sobre la infinitud de Dios y su relación con el universo fueron vistas con sospecha.
- Santa Teresa de Ávila, aunque canonizada posteriormente, enfrentó resistencia y sospechas por sus experiencias místicas y sus reformas dentro de la Orden Carmelita.
- San Agustín, reconocido como uno de los más grandes doctores de la Iglesia, cuyas ideas, particularmente sobre la predestinación, generaron controversia.
- Santo Tomás de Aquino, cuyas enseñanzas sobre la filosofía aristotélica fueron inicialmente

recibidas con recelo y solo aceptadas plenamente después de su muerte.
- Teilhard de Chardin, jesuita y paleontólogo del siglo XX cuyas ideas sobre la evolución y el punto Omega fueron censuradas por la Iglesia.
- Thomas Merton, monje trapense del siglo XX cuyos escritos sobre misticismo y su interés por el diálogo interreligioso generaron controversia en algunos círculos eclesiásticos.
- Henri Le Saux (Abhishiktananda), sacerdote benedictino y místico del siglo XX cuyos esfuerzos por integrar la espiritualidad hindú y cristiana fueron vistos con sumo recelo.
- John Wycliffe, considerado un precursor de la Reforma, cuyas enseñanzas fueron condenadas *post mortem*. En un acto simbólico de rechazo, sus restos fueron exhumados y quemados.
- Jan Hus, cuyas ideas reformistas lo llevaron a ser excomulgado y, finalmente, a ser ejecutado en la hoguera.
- Giordano Bruno, filósofo y sacerdote del siglo XVI que fue quemado en la hoguera debido a sus revolucionarias ideas cosmológicas y teológicas.

Estos casos muestran que aquellos que han buscado una relación más directa e íntima con lo divino a menudo han entrado en conflicto con las autoridades eclesiásticas de su época debido a sus enseñanzas innovadoras y, en ocasiones, controvertidas. Esta forma de entender el cristianismo con apoyo en la existencia crística es simultáneamente antigua y contemporánea, y promueve una doble liberación. Por un lado, emancipa del orden político fijo y determinado que caracterizaba a la cristiandad; por otro, libera de la identificación del Ser cristiano con la mera aceptación de un conjunto específico de normas, leyes y regulaciones. Esta visión fomenta en general una relación más íntima y mística con Cristo, en la que la transformación personal y la conexión directa con lo divino son esenciales.

Desde hace muchos años, he dividido la religión en tres categorías distintas: religionismo, religiosidad y religión. El religionismo comprende los dogmas y creencias que forman la estructura teológica de una fe. Por otro lado, la religiosidad abarca la cultura y el arte que se desarrollan en torno a los templos, reflejando la influencia de la religión en la vida cotidiana y en las manifestaciones culturales. Finalmente, la religión se refiere a un acercamiento íntimo a Dios, donde la experiencia espiritual y la conexión directa con lo divino son fundamentales. A la religión podríamos también denominarla «religiofanía», un término que enfatiza la experiencia personal y mística de la fe, destacando la conexión íntima con lo divino y las manifestaciones trascendentales. Este término hace referencia, así pues, a la vivencia interna y profunda de la religión.

Esta división nos permite entender cómo la fe se manifiesta en creencias y prácticas, pero también en expresiones culturales y en la búsqueda personal de una relación con lo divino. Además, establece una clara distinción entre cristianismo, cristiandad y cristofanía. El cristianismo incluye los dogmas, doctrinas y creencias fundamentales que forman la base teológica de esta fe. Por otro lado, la cristiandad abarca la influencia cultural, histórica y sociopolítica del cristianismo, manifestada en su legado arquitectónico, artístico y tradicional. Finalmente, la cristofanía se centra en la experiencia mística de la fe, resaltando la conexión íntima con lo divino y la transformación espiritual del individuo. Quienes reducen el cristianismo a la única vía de salvación no comprenden ninguna religión, pues confunden lo relativo con lo absoluto. Pensar que Cristo es el único camino hacia Dios cierra sus mentes a otras formas de comprensión divina e incluso impide el acceso completo a la esencia de Cristo.

La etimología del término «cristofanía» proviene de la combinación de dos raíces griegas: Christós (Χριστός) y *phanía* (φανία). La palabra Christós (Χριστός) se traduce al español como 'Cristo', y a su vez, tiene su origen en el hebreo *mashíaj* (משיח) que significa 'ungido'. En el cristianismo, Cristo se refiere específicamente a Jesús de Nazaret, quien es considerado el Mesías y Salvador. Por otro lado, *phanía* (φανία) deriva del verbo *phaínō* (φαίνω), que significa 'aparecer' o 'manifestarse'. Esta raíz también está presente en términos como «teofanía» (manifestación de Dios) y «epifanía» (aparición o manifestación divina). Combinando estas dos raíces, obtenemos «cristofanía», que literalmente significa 'manifestación de Cristo'. «Cristofanía», por lo tanto, se refiere a la aparición de Cristo, ya sea en visiones, experiencias místicas o cualquier forma de revelación divina directa.

A la luz de lo explicado, consideramos que tanto la Iglesia como la religión cristiana deben evolucionar de estructuras colectivas y rígidas a una concepción más íntima. Esta nueva forma de vivir el cristianismo en el tercer milenio busca superar la cristiandad del segundo milenio. La Edad Media representó la era del cristianismo o religionismo cristiano. Luego vino el protestantismo o cristiandad, es decir, la religiosidad cristiana. Ahora proponemos avanzar hacia una cristofanía religiosa retroprogresiva que alude a una vivencia trascendente que nos revela a Cristo. Por lo tanto, la caída tanto del religionismo como de la religiosidad de toda creencia es sumamente positiva porque permite vivir la religión de una manera más íntima y auténtica. Como sujetos individuados, o como «Adanes», nos hemos ocultado con las hojas de higuera del fenómeno egoico. Este paso nos acercará al Ser, es decir, a la bondad absoluta de la creación.

Es necesario enfatizar la dimensión experiencial del cristianismo y subrayar que Cristo no es únicamente patrimonio de los cristianos. Hablar de cristofanía implica adoptar una identidad cristiana que va más allá de la pertenencia jurídica, social o institucional y del consenso doctrinal. Esta identidad, basada en una experiencia directa de lo divino, busca reflejar la misma confianza en el Espíritu que tuvo Cristo Jesús. En su esencia, la cristofanía promueve una conexión personal e íntima con la divinidad, fomentando una transformación esencial y significativa en la manera de entender y practicar la fe cristiana en la era contemporánea. Aspiramos a una transformación integral y retroprogresiva del cristianismo, trascendiendo la aceptación doctrinal hacia una experiencia espiritual que integre toda la existencia humana. Esto busca renovar y revitalizar la práctica de la fe cristiana en el tercer milenio. Más aún, solo la cristofanía permitirá que la experiencia religiosa auténtica abra los pasajes necesarios para superar el fenómeno egoico. Entonces, la consciencia individuada, separada, y mutilada, se reintegrará en la consciencia universal.

Capítulo 7

La muerte de Cristo

וַיֹּאמֶר אֱלֹהִים נַעֲשֶׂה אָדָם בְּצַלְמֵנוּ כִּדְמוּתֵנוּ וְיִרְדּוּ בִדְגַת הַיָּם וּבְעוֹף הַשָּׁמַיִם וּבַבְּהֵמָה וּבְכָל־הָאָרֶץ וּבְכָל־הָרֶמֶשׂ הָרֹמֵשׂ עַל־הָאָרֶץ:

(בראשית א', כ"ו)

Entonces dijo Dios: «Hagamos al hombre a nuestra imagen, conforme a nuestra semejanza, y tenga dominio sobre los peces del mar, las aves del cielo, el ganado, y en toda la tierra, y sobre todo animal que se desplaza sobre la tierra».

(Génesis, 1:26)

Según esta cita del libro del Génesis, Dios creó al ser humano a su imagen y semejanza. Si lo analizamos desde la perspectiva de Santo Tomás de Aquino y San Agustín, entenderemos que la «imagen» se refiere a un aspecto metafísico, mientras que la «semejanza» abarca una dimensión moral. Ser creados a imagen de Dios implica que reflejamos su esencia. Al igual que Él, somos seres racionales, libres, volitivos, espirituales, únicos y personales. Ser persona conlleva ser una sustancia racional. Por ejemplo, un perro, un gato o un burro, aunque son sustancias, carecen de racionalidad y, por ende, no pueden ser considerados personas. En contraste, al igual que un ser humano, un ángel es una sustancia racional y, por tanto, puede ser considerado una persona. La diferencia esencial entre ángeles y humanos radica en que los ángeles son espíritus puros, mientras que los humanos son espíritus ligados a la materia. A pesar de esta diferencia, ambos se reconocen como personas. Por ello, las tres sustancias que califican como personas son Dios, los ángeles y los humanos. Cada una posee la capacidad racional que define a una persona, aunque en niveles de existencia y con atributos esenciales diferentes.

A pesar de que Dios es una persona divina y nosotros personas humanas, compartimos características fundamentales. Este concepto se expresa como *ad imaginem Dei* o 'a imagen de Dios'. En el cristianismo, Jesucristo es visto como la representación perfecta y fiel del Dios Padre. Esta distinción es crucial. Ser *imago Dei* significa «ser la imagen de Dios», mientras que ser *ad imaginem Dei* implica «ser a imagen de Dios». Los seres humanos no somos «la» imagen de Dios, pero sí que existimos «a» imagen de Él, reflejando ciertos aspectos de su naturaleza divina.

Esta reflexión nos ayuda a comprender la relación especial entre la divinidad y la humanidad según el cristianismo. En primer lugar, se reconoce la existencia del Padre, al cual entendemos como Dios. En segundo lugar, se considera a Jesucristo como el modelo perfecto o la imagen de Dios. Finalmente, se reconoce al ser humano como el ser creado conforme a, o a imagen de, dicho modelo. Esta tripartición implica, no obstante, que, aunque hayamos sido creados según ese modelo divino, no somos el modelo en sí mismo; es decir, estamos hechos a imagen del modelo sin ser el modelo como tal. Esta diferencia reposa sobre un aspecto importante al que también cabe prestar especial atención; la imagen de Dios en el ser humano se considera metafísica, mientras que la semejanza se entiende en términos morales.

Según la teología cristiana, Dios posee dos tipos de atributos: los comunicables y los incomunicables. Los atributos comunicables son aquellos que Dios puede compartir con los seres creados. Por ejemplo, Dios puede comunicarnos su santidad, su inteligencia, su amor, su justicia y su misericordia. Por el contrario, los atributos incomunicables de Dios son aquellos que no pueden ser compartidos con los seres humanos, tales como su omnipotencia, su omnisciencia y su omnipresencia. Cuando afirmamos que hemos sido creados a imagen de Dios, estamos indicando que el ser humano posee los atributos comunicables de Dios. Esto significa que en nuestra naturaleza humana podemos reflejar, aunque de manera limitada, aspectos de la santidad, inteligencia, amor, justicia y misericordia divinas.

Este entendimiento subraya la dignidad y el propósito del ser humano en la creación, destacando nuestra capacidad para reflejar las cualidades de Dios en nuestra vida y acciones. Aunque no alcanzamos la perfección absoluta de sus atributos incomunicables, nuestra existencia está marcada por la posibilidad de manifestar los comunicables en nuestra interacción con el mundo y con los demás. La semejanza, por otro lado, es de carácter moral porque, a medida que participamos más de la santidad de Dios, más nos asemejamos a Él. Por ejemplo, el ángel caído y el arcángel Gabriel comparten la misma imagen metafísica, pero no la misma semejanza moral. Del mismo modo, un santo y un villano son ontológicamente idénticos, pero difieren en moralidad. Como seres humanos no podemos ser más o menos «personas» en sentido ontológico, pero podemos elevarnos o degradarnos moralmente. Esto implica que podemos esforzarnos por mejorar en virtudes y moralidad, sin que ello altere nuestra esencia ontológica. Mientras que la esencia de nuestra humanidad permanece inmutable, nuestras acciones y elecciones determinan nuestra excelencia moral. La vida religiosa no nos hace más personas, pero en cambio optimiza y eleva a cada individuo, fomentando un proceso gradual de semejanza a lo divino, divinizando nuestra existencia.

Al referirnos a Dios como persona desde una óptica cristiana, pretendemos indicar que en Él residen tanto la voluntad como la inteligencia, eso es, la racionalidad. Según las tesis del cristianismo, la interacción con Dios se basa precisamente en relacionarnos con Él como un ser personal. Sin embargo, este punto de vista no fue plenamente respaldado por Santo Tomás de Aquino ni por toda la cristiandad, y ciertamente no desde la perspectiva de la cristofanía religiosa que acabamos de presentar más arriba. En el ámbito del religionismo y la religiosidad, Dios es invariablemente concebido como un ente, aunque esta concepción no se aplica estrictamente en el ámbito religioso formal. Santo Tomás de Aquino sostiene que describir a Dios como persona es un uso impreciso del lenguaje, ya que, en un sentido estricto y adecuado, no poseemos un conocimiento completo sobre la naturaleza verdadera de Dios. Por ello, Santo Tomás adopta la teología negativa, destacando que desconocemos más de Dios de lo que conocemos. Este enfoque negativo enfatiza la trascendencia y el misterio de la divinidad, remarcando que la capacidad de comprensión humana es limitada frente a la inmensidad de lo divino.

Este debate nos conduce directamente a una de las cuestiones centrales del cristianismo: la doctrina de la Santísima Trinidad. Esta expresión y concepto se emplea para denotar que en la unidad del Altísimo existen tres Personas distintas: el Padre, el Hijo y el Espíritu Santo. Aunque sustancialmente iguales, difieren entre sí. La interrelación entre estas tres entidades se conoce como procesión, mientras que la unión entre ellas recibe el nombre de *pericoresis*. Esta palabra proviene de los términos griegos *peri* (alrededor), y *choro* (ceder o hacer lugar), con los cuales se expresa una unidad que se manifiesta en su diversidad. Por lo tanto, estaríamos hablando de tres personas distintas, porque el Hijo no es el Padre y el Espíritu Santo no es ni el Padre ni el

Hijo. Por ejemplo, consideremos a Julio, Daniel y Pedro: aunque son personas distintas, comparten la misma humanidad. No existen tres humanidades diferentes sino una sola. Sus personalidades pueden diferir, pero su naturaleza es idéntica El Padre es el creador, el Hijo es el redentor y el Espíritu Santo es el santificador. El Espíritu Santo representa el amor mutuo entre el Padre y el Hijo, y proporciona a los seres humanos la fuerza necesaria para cumplir los mandatos del Padre. Por su parte, el Hijo redime a la humanidad, permitiendo que se justifique ante Dios.

Aunque la Santísima Trinidad ha tenido como fin dar razón de la naturaleza de Dios desde la teología cristiana, consideramos que esta explicación, en última instancia, ha reducido a Dios a una naturaleza matemática. En esencia, Dios no es estrictamente ni tres ni uno, ya que el concepto de número no es adecuado para referirse a la divinidad. No es solamente uno, porque el Padre, Cristo y el Espíritu Santo son tres, pero tampoco es reducible a tres, porque como Jesús mismo dice:

> Jesús le dijo: «¿Tanto tiempo he estado con vosotros, y todavía no me conoces, Felipe? El que me ha visto a mí, ha visto al Padre; ¿cómo dices tú: "Muéstranos al Padre"?».
>
> (Juan, 14:9)

En esta cita, Jesús no dice «el que me ha visto a mí ha visto al Hijo», sino «el que me ha visto a mí ha visto al Padre». Esto indica una copertenencia entre ellos que trasciende toda relación matemática. Este aparente matiz causó un conflicto teológico significativo en el año 1000, conocido como el dilema del Filioque.[20] Los cristianos orientales sostenían que el Espíritu Santo procede solo del Padre y los cristianos occidentales afirmaban que procede tanto del Padre como del Hijo. La controversia radica en que, si el Espíritu Santo es el Espíritu del Padre, no podría ser el Espíritu del Hijo según la perspectiva oriental. En cambio, los cristianos occidentales argumentaron que el Espíritu Santo es el Espíritu tanto del Padre como del Hijo. En este misterio de copertenencia, el Espíritu Santo es en cierto modo lo mismo que el Padre y lo mismo que el Hijo. Así, quien recibe al Espíritu Santo, recibe tanto al Padre como al Hijo. Quien ama al Padre también ama al Hijo y viceversa. De acuerdo con esto, no son completamente tres ni completamente uno. Esta relación de amor mutuo sugiere una unidad compleja que trasciende las categorías numéricas tradicionales, reflejando una copertenencia intrínseca y esencial. El gran misterio consiste en que enfatizar la unidad sin reconocer la diferencia es erróneo, y lo mismo ocurre al destacar la diferencia sin la unidad. El equilibrio entre unidad y diversidad es clave para entender la naturaleza divina y su manifestación en las tres personas distintas. La paradoja es indispensable para preservar la integridad

---

20. Siecienski, Anthony Edward. *The Filioque: History of a Doctrinal Controversy* (Oxford University Press, 2010), 4-5.

del misterio teológico y evitar simplificaciones que distorsionen su esencia.

En un intento de explicar el misterio, ha surgido el modalismo, que sostiene que existe un solo Dios que se manifiesta de tres formas distintas: primero como el Padre, luego como el Hijo y finalmente como el Espíritu Santo. Según esta doctrina, se trataría de tres modos diferentes de ser del mismo Dios, como si tuviera tres vestimentas diferentes para revelarse. Sin embargo, según el modalismo, no hay tres personas distintas sino tres modos de manifestación de una sola persona divina. El modalismo, o el sabelianismo, es considerado una herejía por la Iglesia Católica. Cabe clarificar que una herejía es cualquier creencia que está en marcado desacuerdo con las costumbres o doctrinas establecidas, especialmente aquellas aceptadas por una organización religiosa. Estas desviaciones doctrinales son consideradas graves porque desafían la ortodoxia religiosa y pueden llevar a la excomunión u otras sanciones eclesiásticas.

Desde la cristología básica, Jesucristo es conocido como el Verbo Encarnado, lo que significa que es Dios hecho hombre. Desde la eternidad, ha existido como Dios, de la misma esencia y sustancia que el Padre. Conforme al plan divino, decidió encarnarse, asumiendo la naturaleza humana. Sin embargo, el cristianismo no lo considera un hombre como nosotros, ya que todos los seres humanos heredan el pecado original de Adán. Esta herencia pecaminosa se transmite a través de ambos progenitores, un padre y una madre. En contraste, Jesús no hereda este pecado porque, aunque nació de una madre humana, María, no tuvo un padre humano. De este modo, se exime de la transmisión del pecado original y, por lo tanto, se mantiene puro y libre de esta mancha original. Esta singularidad subraya su naturaleza divina y su misión redentora en el marco de la fe cristiana.

Jesús es claramente humano, pero no únicamente humano. Jesús es completamente humano y también completamente divino. El problema radica en la relación entre la humanidad y la divinidad de Jesús. Si decimos que Jesús es un verdadero ser humano (*vero homo*) y verdadero Dios (*vero Deus*), no podemos afirmar que Jesús sea dos personas distintas. Jesús es una sola persona que posee dos naturalezas: una humana y otra divina. La unión de ambas naturalezas se conoce como unión hipostática. La palabra *hipóstasis* significa aquello que subyace a las naturalezas. El sustantivo *hipóstasis* (ὑπόστασις) se deriva del verbo *hyphístēmi* (ὑφίστημι), o también *hypístēmi*: (ὑπίστημι), que intransitivamente significa 'estar debajo de' y, en un sentido más general, 'estar presente' o 'existir', y transitivamente significa 'colocar', 'poner debajo', o 'sostener'. Así, Jesús encarna una unión hipostática, lo que indica que María es la madre de esta unión hipostática, ya que no es solamente madre de la naturaleza humana ni únicamente de la divina.

María es la madre de la persona completa de Jesús, lo cual justifica que se la llame María Theotokos, es decir, María Madre de Dios. La noción de María como Madre de Dios se fundamenta teológicamente en un pasaje concreto del Evangelio de Lucas donde María es claramente designada como «Madre de Dios». En Lucas 1:43, concretamente, Isabel se dirige a María con las palabras: «¿Cómo es esto que la madre de mi Señor venga a mí?». Es crucial notar que Kýrios es el término griego reservado exclusivamente para Dios, traduciendo el nombre inefable de Dios, Yahveh. Por ende, al referirse a María como «la madre de mi Señor», Isabel la reconoce sin duda como «la madre de mi Dios». Nestorio, considerado un hereje, sostenía que María era madre solo de la naturaleza humana de Jesús y no de la divina. En respuesta, Atanasio argumentó que María es madre de la persona completa, no de una sola naturaleza.[21]

La *communicatio idiomatum*, o 'comunicación de propiedades', es un concepto técnico esencial en la teología de la encarnación. Este principio sostiene que las propiedades inherentes a la Palabra divina pueden atribuirse al hombre Cristo, y de manera recíproca, las propiedades del hombre Cristo pueden predicarse de la Palabra divina. Tal doctrina se legitima a través del lenguaje de las Escrituras y de los Padres de la Iglesia, quienes demuestran con claridad la posibilidad y coherencia de este intercambio mutuo de atributos. La comunicación de propiedades es de gran relevancia para comprender la naturaleza dual de Cristo ya que sostiene que todo lo que es propio de una naturaleza se torna también propio de la otra.

---

21. Nietzsche, Friedrich. *La gaya ciencia*. Traducido por Andrés Sánchez Pascual. (Madrid: Alianza Editorial, 2003).

Capítulo 7: La muerte de Cristo

En filosofía, la naturaleza se define como el principio de las operaciones. Por ejemplo, Jesús realizaba operaciones divinas, como hacer milagros y leer los corazones. Sin embargo, también mostraba principios de operaciones humanas, ya que bebía, comía y dormía. Dado que Él es una sola persona, aunque posea dos naturalezas, en esta comunión hipostática se comunican las propiedades, es decir, se comparten las naturalezas. En la unión hipostática, por la cual la persona es una sola y esa unidad es sustancial, todo lo que pertenece a una naturaleza le pertenece, por carácter transitivo, a la otra. En consecuencia, Jesucristo obraba milagros tanto en su calidad de Dios como en su condición de ser humano, puesto que, en virtud de la comunicación de propiedades, las propiedades de la naturaleza divina se atribuían también a la naturaleza humana. Por ello, cuando Jesús comía, bebía y dormía como cualquier ser humano, realizaba estas acciones de manera divina. Esta doctrina plantea una dificultad para los no cristianos: si aceptamos la comunicación de propiedades, entonces no solo murió la naturaleza humana de Jesús en la cruz, sino que, en ese acto, era Dios mismo quien estaba muriendo. La gran paradoja del cristianismo radica en la afirmación de que Dios ha muerto, idea que resuena con la famosa declaración de Nietzsche: «Dios ha muerto en la cruz».

Esta «comunicación de propiedades» a través de la cual el cristianismo defiende el intercambio de atributos humanos y divinos de Jesús, tiene cierta resonancia en la concepción de psique humana de Carl Jung.

Sección II: Trascendiendo el Dios personal

Jung dividió la psique en la consciencia individual, el inconsciente individual y el inconsciente colectivo. Estas tres dimensiones pueden correlacionarse con la realidad humana, la realidad divina y la unidad fundamental del Ser o lo Uno. Según esta perspectiva, el inconsciente individual solo puede ser plenamente conocido cuando la consciencia individual se disuelve o muere. La consciencia individual, que representa nuestra realidad humana cotidiana, abre camino al inconsciente individual, el cual Jung asocia con la divinidad o el aspecto crístico de nuestro ser. Este proceso de transformación sugiere que, en la muerte de la consciencia humana, se revela una realidad más profunda y trascendental. Es imperativo renunciar a lo crístico, ya que este concepto aún encarna una espiritualidad individual. Según la mística cristiana, el cristianismo, en su esencia, sigue siendo una religión centrada en el individuo. Para trascender la individualidad, es necesario que ese Cristo individual también muera.

El Cristo personal debe morir para que la gloria sea atribuida al Padre, a lo Uno. La verdadera gloria de lo Uno no puede manifestarse mientras Cristo no haya muerto, ya que Cristo representa la religión del «yo independiente», de la consciencia individuada e individual, y de la dualidad relativa. La transformación de la consciencia individual implica un movimiento hacia la integración con el inconsciente individual y, eventualmente, con el inconsciente colectivo, que es la unidad fundamental del Ser. En este contexto, la muerte

Capítulo 7: La muerte de Cristo

simbólica del Cristo personal refleja la trascendencia de la consciencia individual hacia una comprensión más universal de lo divino. Solo cuando el Cristo personal se disuelve, se puede experimentar la plenitud de lo Uno, donde ya no existe la dualidad ni la separación entre el individuo y lo absoluto. Este proceso de integración y trascendencia es fundamental para alcanzar una verdadera unión con lo divino, que está más allá de las limitaciones de la consciencia individual y de las manifestaciones personales de la espiritualidad.

Bajo esta perspectiva, lo crístico sigue siendo la exaltación de la consciencia individual, y por ello es esencial que el ser humano muera para que Cristo viva. Del mismo modo, es indispensable que Cristo muera para que Dios viva plenamente. La muerte de Cristo es necesaria para que Dios, el Ser Uno, el Uno de Platón, lo Uno de Plotino, el Uno absoluto, viva. Este Uno es tan trascendente que su nombre ni siquiera puede ser pronunciado y está más allá de toda imagen. Cristo, sin embargo, aún es un nombre, una imagen, una persona. Esta transición simboliza el paso de una espiritualidad individual a una experiencia de unidad absoluta con lo divino. En este sentido, el cristianismo es una religión que guía hasta el final, porque incluso el Dios persona debe morir para que podamos acceder a la unidad absoluta, a lo Uno. Así mismo se expresa en la primera carta de Pablo a los Corintios, donde leemos:

Sección II: Trascendiendo el Dios personal

> Pero luego que todas las cosas le estén sujetas, entonces también el Hijo mismo se sujetará al que le sujetó a él todas las cosas, para que Dios sea todo en todos.
>
> (1 Corintios, 15:28)

Este versículo del Nuevo Testamento nos enseña que el Padre ha sometido todas las cosas al Hijo, quien es la imagen perfecta del Dios personal. Sin embargo, esta imagen perfecta también se somete al absoluto Dios inmanifestado o la consciencia pura, lo cual permite que el Dios inmanifestado sea percibido como todo en todos. Lo absoluto impersonal, en su infinita sabiduría, desea que todo y todos se sometan al Dios persona. Para que esto ocurra, el Dios persona debe primero someterse al Dios inmanifestado o la consciencia pura. Este proceso asegura que lo absoluto pueda ser reconocido como todo en todos, abarcando incluso la manifestación del Dios persona. Esta enseñanza resalta la relación y jerarquía entre la manifestación personal de Dios y su esencia inmanifestada. A través de la sumisión del Hijo al Padre, se revela una verdad más profunda: la unificación de todas las cosas en Dios, que es el todo en todos. Esta fusión destaca la naturaleza trascendental de lo divino y la integridad de su presencia en cada aspecto de la realidad, incluido en la figura del Dios persona. Esta fusión, o reintegración como la hemos llamado, debe entenderse como un proceso de negación y afirmación, de renuncia y superación, como el que se describe en la siguiente cita de la Epístola a los Filipenses:

> Haya, pues, en vosotros este sentir que hubo también en Cristo Jesús, el cual, siendo en forma de Dios, no estimó el Ser igual a Dios como cosa a que aferrarse, sino que se despojó a sí mismo, tomando forma de siervo, hecho semejante a los hombres; y estando en la condición de hombre, se humilló a sí mismo, haciéndose obediente hasta la muerte, y muerte de cruz. Por lo cual Dios también le exaltó hasta lo sumo, y le dio un nombre que es sobre todo nombre, para que en el nombre de Jesús se doble toda rodilla de los que están en los cielos, y en la tierra, y debajo de la tierra; y toda lengua confiese que Jesucristo es el Señor, para gloria de Dios Padre.
> (Filipenses, 2:5-11)

Para alcanzar la exaltación, Jesús debe rebajarse y humillarse. La consciencia individual se convierte en Dios a través del Dios personal; el Dios personal debe morir para ser glorificado como el Dios inmanifestado, o la consciencia universal y pura. La consciencia absoluta eleva al Dios personal solo cuando Este se niega a sí mismo, no cuando se afirma. Por otro lado, el Dios inmanifestado no requiere negarse porque es la unidad absoluta. La afirmación del Dios impersonal, o la consciencia, se logra mediante la negación de Cristo, quien representa la perfección de la consciencia individual.

Esto queda claramente establecido en los Evangelios, donde el cristianismo se revela como un sendero que nos guía hacia una realidad unitaria, utilizando la interacción y el contraste entre el Hijo que, cual sendero directo, conduce a la Verdad. En otras palabras, solo a través del Hijo, eso es, el Dios personal, es posible acceder al Padre, que representa el Uno absoluto, tal como exponen las siguientes citas:

> Jesús le dijo: «Yo soy el camino, y la Verdad, y la vida; nadie viene al Padre, sino por mí».
>
> (Juan, 14:6)

Porque quien ha visto al Hijo ya ha visto al Padre:

> Yo y el Padre uno somos.
>
> (Juan, 10:30)

Y para mayor clarificación todavía, en el libro de Pedro encontramos la siguiente cita:

> Porque también Cristo murió por los pecados una sola vez, el justo por los injustos, para llevarnos a Dios, muerto en la carne, pero vivificado en el espíritu.
>
> (1 Pedro, 3:18)

Así, a través de sus enseñanzas y prácticas, el cristianismo permite superar la separación aparente y comprender la unidad esencial que subyace en toda existencia. Porque, al transitar correctamente el sendero del Dios personal, este eventualmente conducirá al Dios impersonal.

Este mismo movimiento que aquí hemos descrito con los términos de negación y afirmación, o de renuncia y superación, es uno de los momentos clave de la filosofía de la historia de Hegel. El mismo Hegel describe el despliegue del espíritu absoluto mediante un proceso que recibe el nombre de *Aufhebung*, o 'recoger negando'. *Aufheben* (ˈʔaʊ̯fheb̩), o *Aufhebung* (ˈʔaʊ̯fhebʊŋ), es un término alemán que encierra varios significados aparentemente opuestos, tales como cancelar, abolir, suspender, levantar, trascender y preservar. Concretamente, Hegel utilizó el término *aufheben* en sus trabajos sobre el concepto de dialéctica, en cuyo contexto se ha traducido predominantemente como 'sublimar'. El uso del término *Aufhebung* implica una negación que asimila y eleva, es decir, trasciende, en lugar de negar para después descartar lo negado. Este es precisamente el proceso que realiza el Dios impersonal con el Dios personal: no lo niega para desecharlo, sino para sublimarlo.

La trascendencia de la personalización divina también aparece en el budismo zen. Sus koans, parábolas destinadas a romper el pensamiento discursivo, buscan facilitar el acercamiento al despertar. Entre los *koans* más renombrados se encuentra uno atribuido a Linji: «Si te encuentras con el Buda, mátalo (逢佛殺佛)». El *koan* en cuestión suele acompañarse de la frase «en el camino», resultando en la expresión completa: «Si te encuentras con el Buda en el camino, mátalo». Esta aclaración indica que el *koan* se refiere a un encuentro del Buda concebido como una figura externa y objetivable, y no como representación de nuestra verdadera naturaleza búdica. No es sorprendente que este *koan* haya sido percibido como herético por muchos. A pesar de su abundante riqueza interpretativa, resulta evidente si consideramos el principio fundamental del Mahāyāna, tal como fue formulado en el tercer giro del *dharma*: la naturaleza búdica de todas las cosas, conocida como *tathāgatagarbha*. Este principio se complementa con la doctrina del segundo giro de la rueda del *dharma*, que establece la vacuidad, es decir, que todos los fenómenos carecen de existencia inherente. El maestro zen llamado Shunryu Suzuki, en su obra *Mente Zen, mente de principiante*, ofrece una explicación elocuente:

> Mata al Buda si el Buda existe en otra parte. Mata al Buda, porque debes volver a asumir tu propia naturaleza búdica.[22]

---

22. Sheng-yen. *Hoofprint of the Ox: Principles of the Chan Buddhist Path as Taught by a Modern Chinese Master.* Translated by Dan Stevenson. (New York: Oxford University Press, 2002). Traducción propia del inglés.

Un movimiento parecido acontece en el tercer giro del *dharma*, donde se subraya que la naturaleza búdica está inherentemente presente en todos los seres. Esto sugiere que la iluminación no se obtiene del exterior, sino que se revela al disipar las ilusiones y los velos que la ocultan. En contraste, el segundo giro del *dharma* enfatiza que todas las cosas son vacías y nada posee una esencia fija o independiente. Esta enseñanza es crucial para comprender tanto la interdependencia como la impermanencia de todos los fenómenos. Shunryu Suzuki, en su célebre exhortación a «matar al Buda», no propone una acción literal; al contrario, emplea una metáfora para animar a los practicantes a liberarse de las ideas preconcebidas y de las imágenes rígidas que puedan haberse formado sobre el Buda. Enfatiza la experiencia directa e íntima. La iluminación y la comprensión espiritual no se encuentran en la idolatría de figuras religiosas, sino en el reconocimiento de nuestra propia naturaleza esencial. Esta perspectiva fomenta una práctica zen que es dinámica y personal, en lugar de estática y dependiente de íconos externos. Suzuki nos insta a mirar más allá de las representaciones simbólicas para encontrar nuestra naturaleza búdica intrínseca.

El concepto del Cristo al que hemos prestado especial atención en este capítulo es en cierto modo equivalente al Īśvara del *vedānta*, lo cual significa que Él representa lo absoluto desde la perspectiva de la consciencia individual. Esta concepción encuentra eco tanto en la teología cristiana como en la filosofía vedántica. Según el *vedānta*,

Sección II: Trascendiendo el Dios personal

Īśvara el Señor supremo es una manifestación personal del absoluto en su relación con el mundo fenoménico y los individuos. De manera similar, el *Bhāgavata Purāṇa* relata la muerte de Kṛṣṇa, que es otra manifestación del absoluto. Se subraya la transición de una comprensión individual y personal de lo divino hacia una realización del absoluto que trasciende cualquier forma o identidad personal. Este momento de sublimación que trasciende la forma individuada y personal aparece también detallado en el siguiente fragmento:

मुषलावशेषाय:खण्डकृतेषुर्लुब्धको जरा ।
मृगास्याकारं तच्चरणं विव्याध मृगशङ्क्या ॥

muṣalāvaśeṣāyaḥ-khaṇḍa-
kṛteṣur lubdhako jarā
mṛgāsyākāraṁ tac-caraṇaṁ
vivyādha mṛga-śaṅkayā

Justo entonces, un cazador llamado Jarā, que se había acercado al lugar, confundió el pie del Señor con la cara de un ciervo. Pensando que había encontrado a su presa, Jarā atravesó el pie con su flecha, que había fabricado con el fragmento de hierro que quedaba del garrote de Sāmba.

(*Bhāgavata Purāṇa*, 11.30.33)

Capítulo 7: La muerte de Cristo

श्रीभगवानुवाच
मा भैजेरे त्वमुत्तिष्ठ काम एष कृतो हि मे ।
याहि त्वं मदनुज्ञात: स्वर्गं सुकृतिनां पदम् ॥

*śrī-bhagavān uvāca
mā bhair jare tvam uttiṣṭha
kāma eṣa kṛto hi me
yāhi tvaṁ mad-anujñātaḥ
svargaṁ su-kṛtināṁ padam*

El Señor Bendito, dirigiéndose a Jarā, dijo: «Mi querido Jarā, no temas. Por favor, levántate. Lo que ha ocurrido es, en realidad, parte de Mi deseo divino. Con Mi permiso, dirígete ahora a la morada de los piadosos, el mundo espiritual».
(*Bhāgavata Purāṇa*, 11.30.39)

Este pasaje del *Bhāgavata Purāṇa* ilustra el momento significativo en el que Kṛṣṇa, como encarnación del absoluto, consuela al cazador a Jarā, que lo hirió de muerte sin intención. La afirmación de Kṛṣṇa resalta que incluso los eventos que pueden parecer trágicos o accidentales están bajo el control divino y forman parte del plan cósmico. En este contexto, la muerte de Kṛṣṇa simboliza la trascendencia de la forma individual del absoluto, señalando un avance hacia una comprensión más rica de lo divino, que trasciende la dualidad y la consciencia individual. Tanto la muerte de Kṛṣṇa como de Cristo resaltan que, para revelar la unidad absoluta y trascendental, la divinidad debe abandonar su forma individualizada. El Dios personal cristiano no es una deidad que proclama que todo finaliza en Él; justamente al contrario, el Dios personal como tal trasciende hacia lo absoluto. La dualidad adquiere significado solo cuando se subordina a la unidad. Así, tanto en el cristianismo como en el *vedānta* se subraya la importancia de trascender la consciencia individual para alcanzar una experiencia directa y no dual de lo Uno, lo absoluto.

Bibliografía de la sección II

- Aquino, Tomás. *Suma contra los gentiles*. Vol. II, Libro III, cap. VII, «Que el mal no es una naturaleza ni una esencia». Traducción dirigida y revisada por Jesús M. Pla Castellano. Madrid: Biblioteca de Autores Cristianos, 1953.
- Nietzsche, Friedrich. *La gaya ciencia*. Traducido por Andrés Sánchez Pascual. Madrid: Alianza Editorial, 2003.
- Sheng-yen. *Hoofprint of the Ox: Principles of the Chan Buddhist Path as Taught by a Modern Chinese Master*. Traducido por Dan Stevenson. Nueva York: Oxford University Press, 2002.
- Siecienski, Anthony Edward. *The Filioque: History of a Doctrinal Controversy*. Nueva York: Oxford University Press, 2010.

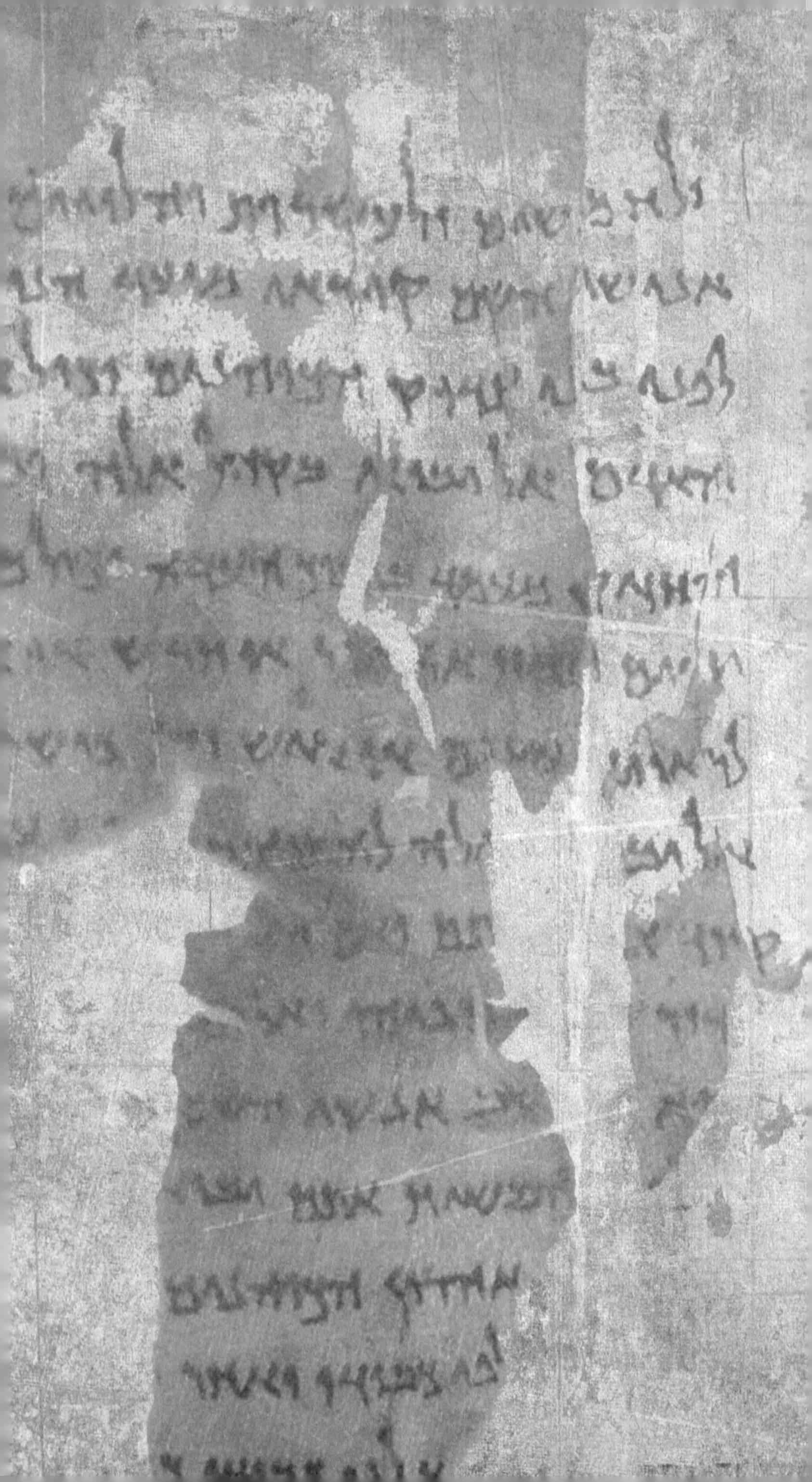

SECCIÓN III
DE LA PARTICIPACIÓN A LA EMANACIÓN

Capítulo 8

El camino de la participación:
el dualismo tomista

En la sección anterior hemos hablado de la trascendencia de la individuación a lo absoluto, y la hemos definido como un proceso de (re-)integración. Es decir, es un movimiento que, aun partiendo de la unidad, primero se separa creando dualidad, para luego reunificarse y converger en la unidad.

Para explicar más detalladamente este movimiento de autotrascendencia o sublimación abordaremos un concepto central al que la teología y la filosofía han prestado también especial atención: la participación. El concepto de participación encuentra sus fundamentos en las filosofías de Platón y Aristóteles. Posteriormente, San Agustín dejó una huella significativa en su desarrollo, al igual que lo hicieron el Pseudo Dionisio y Boecio. Sin embargo, fue Santo Tomás de Aquino quien consolidó su versión teológica definitiva en el contexto de la teología cristiana. Desde entonces, el concepto de participación como tal ha preservado su continuidad y sigue siendo un pilar en el pensamiento teológico contemporáneo.

Sección III: De la participación a la emanación

En primer lugar, cabe decir que la participación no se relaciona ni con el panteísmo ni con el nihilismo. Desde la perspectiva panteísta, si partimos del axioma de que Dios es todo, estaremos diciendo que no existe nada más que Dios, lo que ya de por sí niega la posibilidad de cualquier participación.[23] Es decir, si Dios lo abarca todo, entonces el ente no es nada. En contraste, el concepto de participación sostiene que existe un Ser cuya esencia es ser y otros entes que existen por participación. Esto no implica que el ente esté fuera de Dios. La esencia de «participar» implica que el ente es en Dios, pero es distinto de Dios.

Por otro lado, la participación difiere del nihilismo, que postula que Dios es completamente otro al ser humano. Es decir, si el ser humano es algo, entonces Dios sería una nada. Para el nihilismo, el fundamento no es nada, lo que implica la negación de toda metafísica. Este enfoque es, en cierto modo, similar al de Plotino, quien afirma que el ente es, pero Dios no es.[24] Ambas perspectivas argumentan que o el Ser es el ente y no Dios, o el Ser es Dios y no el ente. La doctrina de la participación, sin embargo, establece una relación en la que los entes existen en Dios, pero son distintos de Él, permitiendo una coexistencia que el panteísmo y el nihilismo no contemplan.

---

23. Véase H. P. Owen, *Conceptos de la teología moderna* (Madrid: Ediciones Cristiandad, 1971).
24. Plotino. *Las Enéadas*, trad. Jesús Igal (Madrid: Gredos, 1991), V.2.1.

Capítulo 8: El camino de la participación: el dualismo tomista

Desde una perspectiva cristiana, Dios es el «Todo» de manera esencial en sí mismo y Dios es en el ente de manera participada. En su propia naturaleza, Dios es por esencia, mientras que en el ente es a través de la participación. El pensamiento cristiano no puede negar la participación metafísica ni la realidad del ente como algo existente. En verdad, toda criatura existe por participación. Toda criatura participa del Ser de Dios, pero cada una lo hace según su propia naturaleza. Existe, por lo tanto, una distinción fundamental: Dios es por esencia, mientras que los entes son por participación. Bajo la óptica de la teología cristiana, los seres espirituales son inmortales porque lo espiritual no se corrompe. Únicamente la materia es susceptible de corrupción, mientras que el alma es inmortal.

Para ilustrar que todo ente participa del Ser, tomemos una flor a modo de ejemplo. Una flor es un ente que, a su manera, participa del Ser. La flor tiene partes que pueden clasificarse en dos categorías fundamentales: las que poseen una función reproductora y las que carecen de ella. La parte de la flor sin función reproductora se denomina perianto, y está formada por varias estructuras estériles como sépalos y pétalos. Otras partes tienen función reproductora. La primera es el androceo, que está constituido por los estambres, que contienen los granos de polen, actuando como los órganos reproductores masculinos. Y el segundo el gineceo, que comprende los pistilos, que contienen los carpelos, desempeñando el papel de órganos reproductores femeninos. Los carpelos, a su vez, se dividen en tres componentes específicos: ovario, estilo y estigma. De este modo, la estructura de la flor se organiza en una combinación de elementos estériles y reproductores, cada uno con su función particular dentro del proceso de reproducción y el desarrollo de la planta.

Si consideramos que una flor participa del Ser y reconocemos que está compuesta de múltiples partes, es evidente que cada una de esas partes también debe participar del Ser. No hay nada que no participe del Ser; de lo contrario, no existiría. Sus pétalos están formados por moléculas y estas por átomos que, a su vez, están compuestos por partículas subatómicas como protones, neutrones y electrones. Por tanto, estos átomos y moléculas también deben participar del Ser para existir. Si continuamos nuestro análisis de la flor a nivel cuántico, hallamos quarks, leptones, bosones de gauge, mesones y bariones, entre otros. En consecuencia, toda la flor y cada una de sus partes participan del Ser. Sin embargo, al enfocarnos intensamente en la flor, esta parece desvanecerse o diluirse en el Ser. Esto se debe a que tanto la flor como cada una de sus numerosas y diversas partes existen en cuanto que participan del Ser.

«Participar» significa que una parte se desprende del Ser, para luego integrarse nuevamente en este. En su plenitud, el Ser extrae algo de sí mismo que, aunque no es idéntico a él, reside en su interior. En este sentido, el ente fue creado con la intención de ser siempre diferente del Ser. Es una entidad que permanece en el Ser, pero sin ser el Ser mismo. En este contexto, la creación es distinta del creador, pero permanece en este. Según Santo Tomás de Aquino, la creación, es decir, lo «otro», se mantiene como una entidad distinta e independiente del Creador, el Ser. Lo «otro» es precisamente «otro» porque difiere de aquello de lo que brota o procede. Pero no podría serlo sin una relación de dependencia, porque no podría ser «otro» con relación a nada. Esta dependencia ya dibuja una relación, precisamente, de participación. En este sentido, los entes particulares participan del Ser de una forma limitada y específica, sin fusionarse por completo con la fuente del Ser y, por tanto, participando de Dios, pero siendo «otro» con relación a Él. Este planteamiento sugiere que, aunque todas las criaturas reflejan en cierto grado la existencia divina, mantienen su propia identidad y diferenciación de la divinidad creadora de la que proceden.

La distinción ontológica entre el creador y su creación es un principio esencial en la filosofía de Santo Tomás. Esto enfatiza la imposibilidad de una unión completa o una integración total con la fuente originaria del Ser. En su interpretación del cristianismo, el concepto del Ser abarca la totalidad, aunque de manera distinta. El Ser es absoluto en sí mismo por su esencia y se manifiesta en los entes particulares mediante la participación. Esto significa que el Ser, en su forma más completa, se identifica con Dios, quien posee el Ser por su propia naturaleza. En contraste, los entes creados no tienen el Ser en sí mismos, y únicamente lo reciben en la medida en que participan del Ser divino. Así, existe una distinción esencial entre el Ser en su máxima plenitud, que es propio de Dios, y el Ser participado, que es característico de las criaturas. Esta diferenciación subraya la dependencia ontológica de los seres creados respecto a la fuente divina del Ser y pone las bases de la filosofía tomista en general.

En primer lugar, la filosofía tomista se caracteriza por una identificación directa entre Ser y Dios. En segundo lugar, asigna también una concepción plenamente personal a Dios como creador. Y, finalmente, describe la relación del Dios personal con los demás entes y criaturas a través de la participación. Estas tres premisas llevan a Santo Tomás a presentar una visión dualista de la existencia, que ha influido significativamente en la filosofía occidental y en la comprensión del cristianismo.[25] Por tanto, la filosofía tomista define parámetros que presentan a Dios como un ser personalizado e inteligible, con quien podemos relacionarnos racionalmente a través del pensamiento. Es más, y para que esto sea posible, Santo Tomás acaba inscribiendo la fe en este mismo dualismo. Además, esta estructura, tan rígida y robusta, confina a Dios a estos parámetros, impidiendo que los seres humanos nos abramos a Él más allá de esos mismos límites.

Este problema ya ha sido abordado en otras creencias religiosas. Algunas de estas, no obstante, han sabido ver también cómo la finalidad no es el culto a un Dios

---

25. Moreland, J. P. "*The Origin of the Soul in Light of Twinning, Cloning, and Frozen Etnbryos*" (PDF). Journal of the International Society of Christian Apologetics. (Volume 3, Number I, 2010), 4.

personal en sí, sino trascender ese límite para retornar a Dios o a la divinidad absoluta. Para ello, no obstante, debe ser necesario superar cualquier planteamiento dualista que ha dado pie o ha generado ese Dios personalizado. Sin embargo, esta trascendencia implica asumir enfoques que superen la experiencia personal y nos guíen hacia la realización de lo absoluto. Adoptar estas posturas nos permitirá establecer una relación más estrecha con las dimensiones inmanifestadas de la espiritualidad y nos facilitará una comprensión más refinada de lo divino.

Para superar este estadio y aventurarnos hacia horizontes impersonales, es fundamental que primero experimentemos una relación con un Dios personal. En este sentido, el límite impuesto por los planteamientos dualistas puede considerarse una etapa necesaria en el camino, ya que sin una comprensión clara de esta estructura dualista y del Dios personal, sería imposible percibir la necesidad de la (re-)unificación con el Absoluto. Dicho con la terminología de los evangelios, el único camino al Padre es a través del Hijo, que es el Dios personal dualista que permite al ser humano concebirse como tal en esa relación. Por tanto, en una etapa inicial, es crucial avanzar hasta el límite de dicha dualidad a través de una relación devocional con el Dios personal. Este recorrido comienza con la relación dual entre un devoto que se percibe a sí mismo como «alguien» y su divinidad personal. Para quien se considera «alguien», Dios será considerado inevitablemente como un individuo divino. En última instancia, nuestra concepción de lo divino y la forma en que nos relacionamos con Dios dependerán directamente de nuestra autopercepción como partícipes de Dios que es y está en todo.

La superación del dualismo, no obstante, exige «re-flexión», indagación en uno mismo, abriendo así un camino a otra forma de «pensar» diferente, como más adelante detallaremos. Por ahora, basta señalar que la sublimación del Dios personal en el Absoluto y la reunificación de lo particular en el Ser se logran a través de la meditación y la contemplación. En estas vías, la dualidad se disuelve y lo divino se manifiesta con claridad. El desvanecimiento de la estructura dualista conllevará la sublimación tanto del Dios personal como del fenómeno egoico. Superará al sujeto racional que la tradición ontoteológica y filosófica ha erigido como el eje de toda existencia y verdad.

El desvanecimiento de la estructura dualista no implica la desaparición del Ser; por el contrario, marca el inicio de la primera manifestación genuina de la seidad. Cuando el ego se extingue, se experimenta el verdadero Ser por primera vez. Lo ilusorio se disipa y lo genuino se revela en toda su magnitud. Este proceso es parte de la voluntad de Dios. Dios anhela que alcancemos una liberación absoluta. En esta instancia, uno experimenta una gratitud infinita hacia Dios. Sin su insistencia, uno se habría quedado en ese estado placentero pero limitado. Su mensaje final es trascender todo apego, que incluye la liberación de la imagen de Dios mismo.

Capítulo 8: El camino de la participación: el dualismo tomista

Y conoceréis la Verdad, y la Verdad os hará libres.
(Juan, 8:32)

Capítulo 9

La emanación y el retorno a lo Uno en Plotino

Hasta aquí hemos visto el cristianismo explicado y entendido desde la filosofía de Santo Tomás de Aquino. En el presente capítulo ofreceremos una lectura alternativa que, ha hecho mella en algunas interpretaciones dentro (del cristianismo, pero especialmente fuera de este. Esta otra vía es la teoría del emanatismo en la filosofía de Plotino. El emanatismo, doctrina central de la filosofía neoplatónica, es atribuida principalmente a Proclo y Plotino.[26] Fue seguida por numerosos filósofos, entre ellos Avicena, quien tuvo un papel destacado en la filosofía árabe. En el contexto cristiano, esta doctrina también influyó posteriormente en autores como el Pseudo Dionisio y San Agustín. Asimismo, en diversas teologías religiosas, como la cábala judía, se sostiene también la idea de una emanación jerárquica descendente y sucesiva de entidades espirituales intermedias entre la cúspide divina y el mundo material. Plotino es reconocido como el fundador

---

26. Samuel Enoch Stumpf, *Philosophy: History and Problems* (New York: McGraw-Hill Inc., 1983), 122-123.

del neoplatonismo en la historia y la filosofía modernas. En sus escritos, establece tres principios esenciales: lo Uno, el Intelecto y el Alma. Para Plotino, la filosofía no era meramente una disciplina abstracta, sino un modo de vida y una forma de religión. Se dispone de poca información detallada sobre su vida, pues la única fuente fidedigna es el prefacio que su discípulo Porfirio escribió en *Las Enéadas*, una recopilación que hizo con las obras de su maestro. A pesar de la escasez de datos biográficos, la influencia de Plotino se extendió ampliamente y perduró a través del tiempo, desde la Antigüedad tardía hasta la Edad Media y el Renacimiento. Su pensamiento fue fundamental para dar forma a los primeros desarrollos de la teología cristiana, al mismo tiempo que iluminó el camino de muchos místicos paganos, gnósticos, judíos e islámicos a lo largo de los siglos. La filosofía de Plotino, con su especial énfasis en la trascendencia y la unidad, se convirtió en una fuente de inspiración para diversas tradiciones espirituales y filosóficas, marcando un impacto duradero en la historia del pensamiento humano.

Más que un simple pensador, Plotino fue un maestro, uno de aquellos seres que conforman el último umbral en el sendero a la Verdad. Expiró en el verano del año 270, a la edad de sesenta y seis años. Solo Eustoquio, su médico y leal discípulo, logró llegar justo a tiempo para escuchar las últimas palabras del venerado maestro:

Μέλλων δὲ τελευτᾶν, ὡς ὁ Εὐστόχιος ἡμῖν διηγεῖτο, ἐπειδὴ ἐν Ποτιόλοις κατοικῶν ὁ

Εὐστόχιος βραδέως πρὸς αὐτὸν ἀφίκετο, εἰπὼν
ὅτι σὲ ἔτι περιμένω καὶ φήσας πειρᾶσθαι τὸ ἐν
ἡμῖν θεῖον ἀνάγειν πρὸς τὸ ἐν τῷ παντὶ θεῖον,
δράκοντος ὑπὸ τὴν κλίνην διελθόντος ἐν ᾗ
κατέκειτο καὶ εἰς ὀπὴν ἐν τῷ τοίχῳ ὑπάρχουσαν
ὑποδεδυκότος ἀφῆκε τὸ πνεῦμα.

Cuando (Plotino) estaba a punto de morir, según
nos contaba Eustoquio, una vez que Eustoquio,
que vivía entonces en Putéolos, llegó a su lado con
retraso, Plotino le dijo: «A ti te estoy esperando
aún». Y tras haberle recomendado que se
esforzara por hacer elevar lo que de divino hay en
nosotros hacia lo que hay de divino en el universo,
en el momento en que una serpiente se deslizó
por debajo del lecho en que yacía aquel y se coló
en una hendidura que había en la pared, exhaló
su hálito.[27]

Estas últimas palabras, de carácter eminentemente
exhortativo, aluden a la necesidad de elevar el alma en
un movimiento ascendente y de retorno a su origen. Sin
embargo, pueden interpretarse en un contexto más amplio,
aplicándose a toda la humanidad. Esto es comparable
a la teoría de los círculos concéntricos de Hierocles en
relación con la doctrina de la *oikeiosis* (οἰκείωσις). La
lectura de *Las Enéadas* incita a la práctica de la *anagogē*

---

27. Porfirio. *Vida de Plotino*. Traducido por Antonio Guzmán
Guerra. (Madrid: Gredos, 1990) 2.23–29 H-Sl.

Sección III: De la participación a la emanación

(ἀναγωγή), término que se traduce como 'elevación' y 'retorno' del alma a sus principios originarios. Este concepto abarca dos significados fundamentales del verbo *anagō* (ἀνάγω): 'devolver' o 'restituir' y 'elevar' o 'alzar'. En la noción plotiniana de *anagogē* (ἀναγωγή), ambos sentidos se integran, representando simultáneamente una 'subida' y un 'retorno'. Es decir, implica tanto una elevación del alma como su restitución o reconducción a su fuente primordial.

La relevancia de Plotino en nuestro estudio radica en su sustitución de la noción de participación por el concepto de emanación. En el pensamiento griego, los términos traducidos como emanación (προεῖναι o *proeinai*, ἀπορρεῖν o *aporrein*) evocan la idea de un «desbordamiento». Es una causación donde el efecto surge inevitablemente de la causa, pero conservando con ella una continuidad o gradación.

Este concepto, fundamental en la filosofía neoplatónica y minuciosamente desarrollado por Plotino, describe un proceso mediante el cual lo superior genera lo inferior debido a su abundancia intrínseca, pero sin experimentar pérdida alguna en dicho proceso. Este proceso de causación por emanación se basa en la idea de que todo ser, simplemente por existir, produce inevitablemente una realidad que se proyecta hacia el exterior, actuando como una manifestación de los arquetipos de los cuales proviene. Este proceso sería similar a cómo el fuego emite calor, o al del mismo sol que, aunque ilumina, no por ello disminuye su energía. Según Plotino, así pues, en la emanación, lo Uno permanece sustancialmente íntegro a pesar de su capacidad generativa. Es decir, la capacidad generativa innata del Uno, derivada de su perfección absoluta, permite la generación de diversidad sin disminuir su esencia. Así, del Ser perfecto emana necesariamente un Ser eterno, pero de menor calidad ontológica. Esto se debe a que, aunque no hay disminución de esencia, sí que hay una degradación ontológica, dado que los seres emanados son siempre de una naturaleza inferior respecto a su fuente originaria. Esta misma idea de la emanación también se presenta en la invocación del *Īśāvāsya Upaniṣad*:

ॐ पूर्णमदः पूर्णमिदं पूर्णात् पूर्णमुदच्यते ।
पूर्णस्य पूर्णमादाय पूर्णमेवावशिष्यते ॥
ॐ शान्तिः शान्तिः शान्तिः ॥

> *oṁ pūrṇam adaḥ pūrṇam idaṁ*
> *pūrṇāt pūrṇam udacyate*
> *pūrṇasya pūrṇam ādāya*
> *pūrṇam evāvaśiṣyate*
> *oṁ śāntiḥ śāntiḥ śāntiḥ*

Eso es el Todo, esto es el Todo; desde ese Todo, este Todo se manifiesta. Cuando este Todo es extraído, ese Todo permanece siendo el Todo. *Oṁ* paz, paz, paz.

(*Īśāvāsya Upaniṣad*, Invocación)

Sección III: De la participación a la emanación

El emanatismo o emanantismo sostiene que todo el universo, incluidas las almas individuales, surge por emanación o flujo de la totalidad divina,[28] el Uno primordial, ya sea de forma mediata o inmediata. Esta perspectiva difiere radicalmente del creacionismo antes descrito, ya que no alude a un comienzo temporal del mundo ni a una creación *ex nihilo*. Tampoco es una noción teológica o religiosa, aunque con frecuencia se ha asociado a la idea de creación. Según el emanantismo, Dios es concebido como el Uno, la realidad absolutamente trascendente y la fuente de todo lo existente. Del Uno, emana el *Nous*, o 'inteligencia', una entidad que contiene todas las formas o ideas del universo. En la emanación, los seres emanados brotan del mismo origen que Dios, sin separarse de este. La distinción entre el Uno, Dios u Origen, y sus emanaciones, radica en su desarrollo y, en el caso de los seres humanos, en su falta de pureza. Es diferente del creacionismo, en el que existe una marcada separación entre criatura y divinidad, donde lo creado es siempre Otro respecto al creador.

En las doctrinas emanacionistas, el énfasis no recae en la voluntad de Dios, sino en que, al ser partes descendientes de Él, nuestra condición es derivada, pero no intencionada. Además, los efluvios del Ser emanan de su propia esencia. Al no ser esencialmente distintos del Ser del cual proceden, estos efluvios, en última instancia, retornarán a Él. Dichas emanaciones, aunque parecen

---

28. Plotino. *Enéadas*. Traducido por Jesús Igal. Buenos Aires: Editorial Losada, 2006), II.2.

separadas y muestran una clara diferencia ontológica, conservan una conexión esencial con su origen, evitando cualquier duplicidad dualista. El Ser y lo que emana del Ser son uno y lo mismo.

Capítulo 10

Las tres hipóstasis fundamentales de Plotino

La cosmología platónica tiene tres hipóstasis o realidades fundamentales, a saber, el Uno, el Intelecto y el Alma.[29] En la cúspide, por encima del Ser y de cualquier idea, se sitúa el Uno Absoluto, inspirado en el Bien platónico. Esta es la primera de las tres hipóstasis divinas y el origen de la «procesión» que genera las otras dos desde su propia superabundancia: el Logos, también conocido como Intelecto o *Nous*, y el Alma del Mundo. A partir de estas tres hipóstasis se originan los seres inferiores, que van desde las almas individuales hasta la materia inerte. Veámoslo detenidamente.

El Uno absoluto

El Uno, en su tendencia natural a expandirse, irradia su Ser como una fuente de luz o calor. La existencia implica

---

[29]. Lloyd P. Gerson and James Wilberding (eds.). *The New Cambridge Companion to Plotinus* (Cambridge University Press, Cambridge, 1996), 38-39.

determinación, pues ser significa ser algo concreto, particular y definido. Sin esta especificidad, la existencia no es posible, ya que, para Plotino, no es viable ser nada. Lo que es nada simplemente no es. Ser implica ser «un» algo, y este algo es «uno» porque tiene existencia y participa de la unidad. La esencia del Ser radica, por lo tanto, en su especificidad; «ser» es necesariamente «ser algo concreto y particular», siendo esta concreción el motivo por el cual el trascendente absoluto se identifica como lo Uno. Es por el Uno que el Ser se define como algo. La existencia misma del Ser depende de lo Uno. Por ende, ese Uno que confiere identidad al Ser debe estar más allá del Ser mismo, pues sin esta trascendencia, el Ser no podría existir. Si lo Uno no fuera lo que es, el Ser no podría ser un algo definido. Por lo tanto, es la unidad del Uno lo que permite al ser manifestarse como algo concreto y específico. Esta misma idea aparece en el judaísmo, como puede apreciarse a continuación.

שְׁמַע יִשְׂרָאֵל ה' אֱלֹהֵינוּ ה' אֶחָד:

(דברים ו', ד')

Oye Israel, el Señor es nuestro Dios; el Señor es uno.

(Deuteronomio, 6:4)

De esto se desprende:

Capítulo 10: Las tres hipóstasis fundamentales de Plotino

וְהָיָה ה' לְמֶלֶךְ עַל־כָּל־הָאָרֶץ בַּיּוֹם הַהוּא יִהְיֶה ה' אֶחָד וּשְׁמוֹ אֶחָד:

(זכריה י"ד, ט')

Y el Señor será rey sobre toda la tierra; aquel día el Señor será uno, y uno Su nombre.

(Zejariá, 14:9)

Más aún, según Plotino, lo Uno no **es** *per se*, lo que significa que ese Uno absoluto **no puede ser** ni algo ni alguien determinado, pues si así fuera perdería su cualidad de absoluto. Por tanto, deberemos decir que lo Uno **no es nada** (concreto) en absoluto. Y es precisamente por su naturaleza de no ser nada (concreto), eso es, de no ser un algo determinado, que el Uno se convierte en el fundamento del Ser. Heidegger denominará más tarde a este Uno que no es nada como «la nada originaria», la cual es el fundamento del Ser que, a su vez, funda al ente.

El núcleo de las enseñanzas de Plotino radica, así pues, en lo Uno que trasciende tanto la realidad como el pensamiento. Su naturaleza de unidad lo hace indescriptible. Frecuentemente, Plotino se refiere a lo Uno como Dios único e infinito. Lo Uno es la base y fundamento de todo y todos, constituyendo así el eje central de su filosofía.[30] Además, en lugar de enfrascarse en debates y correcciones, Plotino prefería guardar silencio al ser preguntado por el Uno. Adoptaba una actitud

---

30. McInerny, Ralph. *A History of Western Philosophy, Volume I: From the Beginnings of Philosophy to Plotinus* (Chicago: Regnery, 1963), 342.

introspectiva, pues la trascendencia absoluta del Uno dificulta hallar palabras precisas para describirlo. Dado que, para Plotino, la noción de Uno trasciende el concepto de Ser, ninguna definición positiva puede capturarlo en su totalidad. Esta trascendencia absoluta sitúa a lo Uno más allá de cualquier categoría o descripción que nuestras capacidades cognitivas puedan formular. Al estar más allá del Ser, de la sustancia y de la persona, lo Uno se convierte en una entidad que desafía cualquier intento de ser definida o comprendida plenamente mediante el lenguaje humano o la lógica convencional. Dicho de otro modo, Dios es inconcebible e indefinible.

La inefabilidad y trascendencia de lo Uno imposibilitan definirlo positivamente, llevando a Plotino a adoptar la vía negativa. Así, en lugar de intentar definirlo mediante afirmaciones concretas, Plotino enfatiza lo que lo Uno no es. De este modo, se evita la limitación de las definiciones y se preserva la integridad de lo Uno como entidad suprema e incomprensible. Lo Uno es el origen y el fin de todo. Lo Uno es principio y fundamento de toda realidad, fuente de existencia ilimitada y eterna que trasciende la comprensión humana, identificándose con lo divino y eterno. Su indefinibilidad no es una debilidad, sino una señal de su naturaleza perfecta y trascendente, además de también expresar su carácter esencial para la existencia y el orden del cosmos. Esta perspectiva nos invita a contemplar lo Uno con un reconocimiento de su infinita grandeza y a aceptar la limitación de nuestras capacidades cognitivas frente a una realidad tan sublime.

Capítulo 10: Las tres hipóstasis fundamentales de Plotino

A diferencia de lo Uno, el Ser sí que implica ser algo o alguien determinado y, por lo tanto, debe ser fundamentalmente una noción, eso es, una idea que se define por completo cuando se explica a sí misma. No podemos comprender la idea de Ser sin añadir que es una. Por ejemplo, no podríamos explicar la belleza o la bondad sin la idea de ser, porque la belleza y la bondad son. Al mismo tiempo, la idea de belleza está vinculada a la noción de bien, porque la belleza es buena. Del mismo modo, la idea de bien está relacionada con la noción de Ser, porque el bien **es**. Finalmente, la idea de Ser está intrínsecamente ligada a la idea de uno, porque el Ser es uno, y es el Uno lo que lo determina y le otorga su propia unidad como algo concreto. No obstante, y a diferencia del Ser, lo Uno no se puede asociar con ninguna idea, ya que no es ni bello ni feo, ni bueno ni malo, ni ser ni no ser. Lo Uno trasciende todas estas cualidades y determinaciones. Para ser el Uno absoluto, debe ser completamente indeterminado. Por lo tanto, Plotino presenta lo Uno como lo inmediato indeterminado. Es inmediato porque se encuentra presente en cada cosa como el aspecto desconocido de esa cosa. Es inmediato porque se encuentra en cada emoción, pensamiento y experiencia. Podemos reconocer que algo es bello, feo, único, grande, pequeño, bueno, malo, y que existe. Todos estos predicados son comprensibles. Sin embargo, aunque entendemos la unidad de una cosa, es decir, lo que hace que una cosa sea una cosa, no comprendemos lo Uno que unifica todas y cada una de las cosas. Lo Uno es lo que otorga unidad a las ideas de Ser, belleza y bien. En esencia, y como hemos visto, ser implica ser uno, pero nada puede ser uno sin la intervención de lo Uno. Cabe destacar que, mientras, por un lado, lo Uno es lo que confiere el Ser, porque ser **es** fundamentalmente ser uno, por el otro lado es el Ser el que proporciona existencia. Por lo tanto, lo Uno se sirve del Ser para que la idea de belleza se manifieste, lo que significa que es a través del Ser que lo Uno se revela. Por su parte, el Ser adquiere su concreción de lo Uno, pero se muestra únicamente en los entes, pues solo los entes pueden estar presentes.

Al mismo tiempo, Plotino insiste en que lo Uno trasciende la mera presencia de los entes, dado que mientras el Ser representa la manifestación evidente de la presencia, lo Uno corresponde a su faceta no manifiesta. Se puede argumentar que lo Uno es ni presente ni no presente, en tanto que lo subyace todo como lo absolutamente inmanifiesto debido a su indeterminación. Esto implica que nada específico puede conocerse sobre él. Por ello, no es posible calificarlo como feo o hermoso, ni como malo o bueno. El concepto de «Ser», por otro lado, implica necesariamente ser algo específico, lo cual conlleva estar determinado, al menos por dos ideas: la de «ser» y la de «algo». Así, «ser» puede manifestarse como belleza, bondad, inteligencia, silla, persona, Cristo o Dios. Cuando afirmamos que «lo Uno» es, estamos asignándole una existencia ontológica, a pesar de que «lo Uno» trasciende el Ser. Esto no implica que «lo Uno» no exista, sino que va más allá de la dicotomía del Ser y no ser, ya que ambos son características del ente. El ente, en su naturaleza esencial, se define necesariamente como existente o no existente. Sin embargo, «lo Uno» se sitúa fuera de esta dualidad y no puede ser catalogado ni como «es» ni como «no es» porque se mantiene en una completa independencia de ambas categorías. La nada puede afectar o anular al ente, pero nunca puede alcanzar o influir en «lo Uno», que siempre trasciende las limitaciones que la existencia y la no existencia imponen al Ser, situándose en una esfera completamente diferente e inalterable.

El *Nous* como expresión intelectual de lo Uno

Dentro de este sistema filosófico, los niveles descendentes que emanan de lo Uno se organizan en tres grados distintos de perfección. La primera emanación o realidad que surge del Uno es el *Nous*. Aunque carecemos de una traducción exacta, hay autores que lo identifican con el espíritu, mientras que otros prefieren hablar de inteligencia pura próxima a lo Uno. Para explicar el *Nous*, Plotino utiliza la analogía del sol y la luz: lo Uno sería como el sol, y la luz, como el *Nous*. La función del *Nous* es permitir que lo Uno se vea a sí mismo, actuando como una imagen de lo Uno y la puerta a través de la cual podemos percibirlo. El *Nous*, al pensar sin separarse del Uno, produce el Alma del mundo, de la cual derivan las almas individuales. Estas almas se manifiestan en el mundo sensible, donde las ideas pueden encarnarse. En este contexto, la materia se percibe como una sombra, un debilitamiento de la luz original.

Según Plotino, el *Nous* puede ser observado dirigiendo la mente en sentido contrario a los sentidos, es decir, en su internalización, lo cual Patañjali y el sistema de *rāja-yoga* denominan *pratyāhāra* en sánscrito. Por ello, la búsqueda de la Verdad debe enfocarse en el interior, rechazando toda mediación y objeto, incluso el propio «yo», lo cual lleva a una contemplación mística. Plotino sostiene que el *Nous* surge del contacto con lo Uno. Antes de que existiera el *Nous*, o espíritu, era simplemente una idea indeterminada. Sin embargo, al estar en presencia de lo Uno, se definió como espíritu y adoptó la idea de las formas de los entes existentes. Como hemos visto antes con relación al concepto de emanación, el *Nous* no surge de lo Uno por un acto de voluntad, ya que lo Uno es trascendental a todo acto volitivo. Todo lo que procede de lo Uno es un modo de «desparramarse» en su acto de autogeneración. Por esta razón, la analogía del sol y la luz debe ser vista simplemente como una imagen ilustrativa.

El Alma: inmortalidad y fusión con el *Nous*

El alma constituye la tercera hipóstasis y posee una naturaleza dual. Esta dualidad se manifiesta en su conexión tanto con el *Nous* como con el mundo sensorial, del cual actúa como moduladora. Según Plotino, la Naturaleza es el resultado de un flujo descendente desde el alma, a la cual considera como la autoridad suprema de la realidad tangible y concreta, en el ámbito de los objetos así como de los pensamientos. Dado que la mera producción de ideas y su ejecución no son suficientes, una de sus funciones principales es la generación de materia. Siguiendo el argumento presentado en el *Fedón* de Platón[31], Plotino sostiene que el alma humana es de naturaleza inmortal.[32] No obstante, su afirmación no se detiene en la mera inmortalidad del alma, y destaca una tendencia inherente a esta: su fusión con el *Nous*. Este proceso de integración sugiere que, en su búsqueda de lo trascendental, el alma termina perdiendo su individualidad al unirse con el *Nous* como intelecto divino. Así, para Plotino, la inmortalidad, más que equivaler a la continuidad de la identidad personal, implica un retorno a una fuente superior en la cual la individualidad se disuelve en pro de una existencia más elevada y unificada.

A pesar de su aparente imperfección, en la filosofía de Plotino, la materia anhela retornar a lo Uno del que emana. Para ello, no obstante, debe emprender un movimiento regresivo o desplazamiento inverso en búsqueda de una reunificación con su principio fundamental. En el contexto de este proceso retroprogresivo hacia lo Uno, es crucial mantenerse alerta ante la ilusión generada por la fascinación con la diversidad objetual. Para progresar en la búsqueda de la Verdad, debemos orientar nuestro

---

31. Véase *Platón. Fedón*. Traducido por Carlos García Gual. (Madrid: Alianza Editorial, 2000).
32. Plotino. *Enéadas*. Traducido por Jesús Igal. (Buenos Aires: Editorial Losada, 2006), Libro IV. 7, 492 y ss.

enfoque hacia la fuente y origen primordial de nuestra propia realidad. Esto requiere una atención consciente a lo esencial, a lo Uno inmanifiesto en todo, superando así las distracciones superficiales que desvían la atención de lo auténtico y verdadero. En el retorno a nuestro origen, a lo Uno de todo, la capacidad para distinguir entre lo aparente y lo real se vuelve crucial a la hora de lograr una comprensión más profunda y unificada de la existencia. Siguiendo las enseñanzas de Plotino, este proceso exige de manera ineludible la meditación como camino de ascensión al origen. Por ello, el objetivo final del alma es regresar a lo Uno, la fuente primigenia de su emanación. Esta búsqueda espiritual, basada en la introspección meditativa y el autoconocimiento contemplativo, conduce al individuo a una reconexión con su esencia primordial, superando las ilusiones de la diversidad y alcanzando una unidad superior.

Este regreso al origen, al Uno de todo, es un proceso que consta de varios niveles. El primer nivel de esta ascensión se centra en la adquisición de virtudes y el autodominio. El segundo nivel implica una íntima comunicación intuitiva con el Espíritu. En el nivel más elevado, el alma alcanza la integración total con lo Uno mediante el éxtasis, culminando su viaje espiritual en la plenitud de su naturaleza divina. Este ascenso es un proceso complejo de liberación del alma, la cual inicialmente está atrapada por las ataduras materiales y las ilusiones sensoriales. Cada fase de este viaje espiritual representa un avance gradual hacia la completa unificación, en el cual el alma va trascendiendo sus limitaciones aproximándose cada vez más a una simbiosis total con lo Uno.

Las diferencias entre emanación y participación

La exposición hecha hasta ahora sobre Tomás de Aquino y Plotino nos ofrece una base sólida como para distinguir con claridad entre la emanación y la participación. A fin de profundizar en este tema, Plotino retorna en su obra *Las Enéadas* a la cuestión de la unidad, donde explica que la emanación, a diferencia de la participación, implica la entrega del Ser en su totalidad. En el contexto de la participación, lo creado no constituye el Ser en sí mismo, sino que se manifiesta como un ente distinto, como un producto. Sin embargo, en el proceso de emanación, todo lo que identificamos como ente es, fundamentalmente, el Ser mismo. El concepto de participación en Santo Tomás establece una dualidad entre el Ser y lo creado. En cambio, la emanación según Plotino permite superar la dualidad, percibiendo el Ser como una realidad indivisible en todo lo que **es**. De esta manera, la multiplicidad de los entes no contradice la unidad del Ser.

Esta diferencia tiene consecuencias, especialmente para el cristianismo y, más concretamente, para la idea de Dios. En este sentido, la proposición de la participación tomista está vinculada a la noción de un Dios Persona, como hemos visto antes. La adhesión a la fe en el Dios Persona nos mantiene en una estructura dual cerrada cuyo marco es, filosóficamente hablando, imposible de trascender. El trayecto de Santo Tomás jamás desembocará en una realidad no dual. La concepción de Dios como persona constituye la última barrera en la búsqueda de la Verdad. Podemos desprendernos de todas nuestras posesiones y relaciones, pero mientras no logremos trascender la idea del Dios personal, esta seguirá siendo el cimiento y la raíz del fenómeno egoico, o del «yo» separado, escindido. Aunque renunciemos a todo lo demás, la presencia del Dios personal mantendrá intacta la base del ego y la percepción de dualidad, impidiendo la completa trascendencia hacia la realización de nuestra autenticidad. A través de la doctrina del Aquinate, es viable explorar y comprender la dualidad hasta sus límites. Sin embargo, para superarla y dar el salto cuántico hacia lo absoluto, manteniéndose dentro del cristianismo, es necesario acudir a filósofos como Plotino, cuyos textos nos permiten una comprensión trascendente del Ser. Por tanto, aunque la teología tomista proporciona un marco para la exploración dentro de la dualidad, la filosofía plotiniana es esencial para trascenderla.

La estructura no dualista que Plotino nos proporciona nos permite leer las tesis del cristianismo desde una visión diferente. De manera resumida podemos decir que, bajo el planteamiento de Plotino, lo Uno puede interpretarse como el Padre, el Ser como el Hijo y el *Nous* o alma como el Espíritu Santo. Bajo esta óptica, el cristianismo proporciona una trayectoria de *teshuvá* (regreso) retroprogresiva que progresa desde el tercero

(Espíritu Santo) al segundo (Hijo), y a través de este, al primero (Padre o lo Uno). Esta progresión, diferente de la lectura tomista, nos muestra que lo Uno une dos compuestos, como ya se afirma en el Génesis:

וַיִּקְרָא אֱלֹהִים לָאוֹר יוֹם וְלַחֹשֶׁךְ קָרָא לָיְלָה וַיְהִי עֶרֶב וַיְהִי בֹקֶר יוֹם אֶחָד:

(בראשית א', ה')

Llamó Dios a la luz: día y a las tinieblas llamó: noche. Acaeció la tarde y le sucedió la mañana: Día uno.

(Génesis 1:5)

Esta unión de dos compuestos, no obstante, debe entenderse como una re-unión o, mejor aún, una restauración de la unidad que el mismo Uno lleva a cabo mediante una conversión, un despliegue hacia dentro de sí mismo. Esta conversión, término que proviene del latín *convertio* y que, como tal, incluye el prefijo *con* (juntos, unidos), no equivale a juntar o transformar unidades diferentes o ajenas la una a la otra. Por el contrario, implica la reunificación de lo uno consigo mismo, imposible de reducir a una estructura de acto. No surge de la libertad ni del libre albedrío, bases del dualismo tomista.

En este sentido, la conversión o repliegue en sí mismo, según Plotino, antecede a la libertad. Al no darse entre entidades distintas, ajenas la una a la otra, no se reduce a un acto. La conversión es más un flujo, como el paso de la noche al día y viceversa, según el Génesis. El movimiento «conversional», desde la perspectiva de Plotino, no surge de una dualidad separadora, sino de un desbordamiento que no fragmenta. Esto permite reinterpretar el cristianismo y a Dios más allá del dualismo tomista. La tesis emanantista, con sus implicaciones, invita a interpretar la muerte de Cristo como su conversión al Uno, del que emana y al que regresa. La filosofía de Plotino explica cómo el dualismo que sustenta el cristianismo oficial dificulta la reunificación con el Absoluto. Este dualismo mantiene al cristiano atrapado en una dialéctica insuperable entre bien y mal, creación y pecado.

Como se indicó antes, para restaurar la unidad del Padre, lo Uno, es esencial la muerte de Cristo. Mientras Cristo vive, operamos bajo el marco de Santo Tomás de Aquino, cuya teología gira en torno al Cristo viviente. Sin embargo, con la muerte de Cristo en la cruz, Dios deja de ser persona. Tras la conclusión de la encarnación divina, necesitamos abordar la divinidad desde una perspectiva distinta.

En este nuevo contexto, las nociones neoplatónicas de Plotino ofrecen un marco filosófico adecuado para comprender la trascendencia divina en ausencia de la figura histórica de Cristo. Al llegar al punto culminante de la religión personal, entramos en una fase donde la dualidad se convierte en el medio a través del cual la persona se purifica hasta alcanzar la perfección en Jesucristo. Dentro de una perspectiva estrictamente personal, la conexión con el cristianismo impide la trascendencia de Jesús para llegar al Padre. Solo al completar el trayecto de la religión personal hacia la perfección, Cristo puede morir, permitiendo así un salto cuántico más allá de la existencia individual.

BIBLIOGRAFÍA DE LA SECCIÓN III

- Gerson, Lloyd P., and James Wilberding, eds. *The New Cambridge Companion to Plotinus*. Cambridge: Cambridge University Press, 1996.
- McInerny, Ralph. *Una historia de la filosofía occidental*. Madrid: Ediciones Encuentro, 2000.
- Owen, H. P. *Conceptos de la teología moderna*. Madrid: Ediciones Cristiandad, 1971.
- Platón. *Fedón*. Traducido por Carlos García Gual. Madrid: Alianza Editorial, 2000.
- Plotino. *Las Enéadas*. Traducido por Jesús Igal. Madrid: Gredos, 1991.
- Porfirio. *Vida de Plotino*. Traducido por Antonio Guzmán Guerra. Madrid: Gredos, 1990.
- Stumpf, Samuel Enoch. *Philosophy: History and Problems*. Londres: McGraw-Hill Inc., 1971.

淨水金剛

奉請八大金剛

奉請青除災金剛

奉請辟毒金剛

奉請黃隨求金剛

奉請白淨水金剛

般若波羅蜜經

如是我聞一時佛在舍衛國祇樹給孤獨園與大比丘眾千二百五十人俱爾時世尊食時著衣持鉢入舍衛大城乞食於其城中次第乞已還至本處飯食訖收衣鉢洗足已敷座而坐時長老須菩提

SECCIÓN IV
EL OLVIDO Y EL DEVENIR DEL SER

Capítulo 11

El divorcio entre ser y pensar

En las secciones anteriores del presente estudio, hemos ofrecido una explicación de los fundamentos teológicos y filosóficos sobre los que se ha erigido el cristianismo como ontoteología, y se ha consolidado como religión. Esto nos ha permitido esbozar un pequeño mapa conceptual que describe cómo el cristianismo ha concebido a Dios y, en virtud de ello, al ser humano dentro del ámbito de influencia del Dios personal. Asimismo, hemos introducido la figura de Plotino, cuya filosofía nos ha abierto la puerta a reconsiderar el cristianismo desde un enfoque filosófico distinto del tomismo y la teología escolástica. Al cerrar la sección previa y con la visión alternativa de Plotino, planteamos comprender el cristianismo y al ser humano más allá de un Dios personal, antropomorfizado y ontificado, enfocándonos en su sublimación y reunificación con el Dios absoluto.

La cuarta parte de este libro se inicia precisamente aquí y lo hace desde la perspectiva de la filosofía de Martin Heidegger. A través de ella, detallaremos cómo puede ocurrir el acontecer de este Uno de Plotino, o Dios absoluto al que Heidegger ha denominado el «Último Dios», y exploraremos sus implicaciones para el ser humano. Antes de abordarlo, examinaremos una cuestión clave en la filosofía heideggeriana: «el olvido del Ser». Veremos cómo este olvido constituye el núcleo del problema que nos ha conducido a la actual crisis de significado.

En su destacada obra *Introducción a la Metafísica*, Martin Heidegger sostiene que el inicio del pensamiento filosófico radica, precisamente, en la apertura que los griegos realizaron hacia el Ser. Este Ser, esencia de todo lo existente, se manifiesta como aquello que se despliega y se abre por sí mismo en un surgimiento continuo que se mantiene y persiste en su propia esencia.

Según Heidegger, el Ser es el Ser de las cosas y, como tal, es aquello que, a través de su propia apertura, configura su destino, consolidándose y permaneciendo en un autodespliegue que no es ajeno al ser humano. Esta forma de comprender el Ser se inicia en la filosofía presocrática, especialmente en las obras de pensadores como Parménides, Heráclito y Anaximandro. Sus enseñanzas representan uno de los fundamentos de la filosofía occidental. Heidegger advierte que esta primera concepción del Ser, identificada con la Verdad, enfrentó una crisis profunda con la irrupción de la filosofía como disciplina. Platón y Aristóteles en especial, mediante sus enfoques epistemológicos, generaron una confusión ontológica respecto al Ser y al pensamiento del Ser. Esta confusión, podríamos decir, es la raíz de lo que Heidegger más tarde llama el «olvido del Ser». En su crítica a Platón y a la filosofía griega, sostiene que la filosofía, nacida para pensar el Ser, paradójicamente terminó olvidándolo. En su obra *La historia del Ser*, Heidegger explica cómo se produce este olvido:

> El primer comienzo es la *physis* (φύσις) misma. El «Ser» no ha sido diferenciado de la verdad. Ambos «son» lo mismo, por lo cual en seguida se dice la esencial sentencia de Parménides: «porque lo mismo es pensar y ser» (*to gar auto noein estin te kai einai* - το Υαρ αυτο νοειν εστιν τε και ειναι). El Ser no ha sido diferenciado del «devenir» (El Ser es también Tiempo), que a través de Parménides y Heráclito es visto desde la esencia de la *physis* (φύσις) y es dicho diferentemente. Para ambos la *physis* (φύσις) es logos (λοΥος).[33]

El pensamiento filosófico presocrático se apoya sobre una doble premisa fundamental. Por un lado, ser es sinónimo de pensar y por el otro, ser es sinónimo de verdad. Así pues, ser y verdad son equivalentes. Desde la óptica presocrática, la verdad es, de manera intrínseca, el ser mismo y este no precisa de ser pensado para adquirir veracidad. Lo que es, **es**, y en tanto que es, es verdadero.

---

33. Martin Heidegger, *La historia del Ser*, traducido por Dina V. Picotti C. (Buenos Aires: El Hilo de Ariadna, Biblioteca Internacional Martin Heidegger, 2011), sección XI, «La estructura del decir», §115, «La historia del ser [Seyn]», 163.

Esta misma idea, aunque expresada de modo diferente, aparece en el Nuevo Testamento, donde leemos:

> Jesús le dijo: Yo soy el camino, y la Verdad y la vida.
>
> (Juan, 14:6)

Según Heidegger, la filosofía de Parménides sugiere que cuando observamos un objeto, como podría ser una mesa, lo esencial no es la mesa como objeto, sino el hecho de que **es**. Similarmente, al identificarnos como seres humanos, chilenos o hindúes, hombres o mujeres, cristianos o judíos, lo verdaderamente esencial es la consciencia de que **somos**. La Verdad, por tanto, reside en el Ser, que según Parménides es uno, inmutable e indivisible.

La filosofía presocrática enfatiza que lo fundamental es la existencia en su forma más pura, es decir, el simple hecho de ser. Sin embargo, la irrupción de la filosofía de Platón y Aristóteles trajo transformaciones significativas. Según ellos, la Verdad implica una correspondencia entre lo pensado y lo que la cosa es. Así, abren una primera escisión entre el ser y el pensar y, por tanto, entre el ser y la verdad.

En el caso de Platón, Heidegger sitúa el origen del problema en un doble movimiento que se desarrolla en su filosofía, particularmente en el diálogo del *Fedro*. Este movimiento implica un olvido de la noción de *physis* (φύσις), entendida por los presocráticos como la naturaleza en su totalidad, es decir, la totalidad de los entes. Asimismo, para los pensadores presocráticos, había un consenso fundamental respecto al Ser, y es que este se revelaba por sí mismo en todo lo que es. El Ser, como Ser, no se prestaba a ser pensado activamente mediante conceptos o ideas, como si fuese una característica u objeto más. Por el contrario, el Ser era comprendido como aquello que subyace a todo pensar y existir.

Sin embargo, en el intento de descifrar al Ser como fundamento de todo lo que es, la filosofía comienza a pensarlo como un objeto más del conocimiento humano. Este enfoque conduce a someter al Ser a estructuras específicas de pensamiento y razonamiento, que además de obstaculizar su comprensión también lo convierten en una construcción conceptual. En lugar de permitir que el Ser se manifieste libre y espontáneamente, la filosofía lo reduce a una idea producida por el pensamiento. De esta manera, el pensamiento se transforma en actividad productiva, es decir, en el proceso que elabora sus propios objetos con una técnica, o en griego, *techne* (τέχνη). Cuando aparece esta noción técnica del pensar, el Ser queda subsumido bajo las categorías de la producción y la objetivación.

La irrupción filosófica de Platón implica, así pues, una primera distinción entre *physis* y *techne*. Mientras que *physis* equivaldría a una noción de brotar por sí mismo, *techne* hace referencia a la técnica o arte empleado por el ser humano para hacer brotar algo. La planta, por ejemplo, surge naturalmente, mientras que la mesa es producida por la intervención humana. Lo que surge por sí mismo correspondería a la *physis*, mientras que aquello que el ser humano hace brotar sería la *techne*. Así, para los pensadores presocráticos, el Ser sería la *physis* misma, es decir, aquello que brota por sí mismo y que se manifiesta como tal sin intervención ni necesidad de conceptualización ajena.

No obstante, desde esta perspectiva platónica, *physis* ya no lo es todo, porque la misma filosofía ha extraído al Ser de la *physis* y lo ha convertido en un objeto de la conceptualización humana. Esto significa que la misma noción de filosofía, y más concretamente de metafísica, se despliega como una técnica mediante la cual los humanos intentan hacer brotar el Ser definiéndolo por medio de conceptos. Más aún, a consecuencia de esta ruptura entre *physis* (φύσις) y *techne* (τέχνη) a raíz de la irrupción del pensamiento (*noein* - νοειν), la Verdad (*alétheia* - ἀλήθεια) deja también de ser equivalente al Ser y la *physis*. Así, se transforma en opinión o creencia (*doxa* - δόξα), es decir, en lo que existe únicamente como pensado o creído.

Bajo esta concepción, solo lo que se presenta ante los ojos o la mente es aceptado como Verdad. Esto implica que, tras esta doble separación, la realidad deja de ser el Ser (la *physis* presocrática) y se convierte en composición conceptual elaborada por la razón. Según Heidegger, a consecuencia de esta separación entre el pensamiento y el Ser, la noción original de Verdad (*alétheia*) queda reducida únicamente a ser la desocultación (*a-letheia*) de una idea. El análisis inicial de Heidegger indica que esta doble separación —entre *physis* y Ser, y luego entre Ser y *alétheia*— da origen al dualismo que estructura el

Capítulo 11: El divorcio entre ser y pensar

pensamiento filosófico de Platón, Aristóteles y la tradición occidental, influyendo profundamente en Santo Tomás. Aunque Platón inaugura la escisión entre Ser y pensar, Aristóteles la consolida al definir la Verdad como lo que luego se denominó en latín *Adaequatio rei et intellectus*, es decir, la correspondencia entre la realidad conocida y el concepto formulado por el intelecto.

La Verdad se convierte en una adecuación del pensamiento a la realidad, dejando de ser equivalente al Ser en sí mismo para convertirse en una relación de adecuación con el Ser. Así, la Verdad pasa a estar fundamentada en la concordancia entre el pensamiento y la cosa, en un proceso que armoniza el pensamiento con el objeto. La Verdad ya no reside en el Ser mismo, sino en la precisa correspondencia entre nuestras concepciones y la realidad ontológica. Esta perspectiva sugiere, por lo tanto, que la Verdad se basa en la precisión con que nuestros conceptos y juicios reflejan la auténtica naturaleza del Ser. Así, esta se desplaza del ámbito ontológico al epistemológico, eso es, del Ser al conocer. Pasa a depender de la capacidad del intelecto humano para capturar y representar la esencia del Ser con fidelidad. Este cambio de paradigma afirma que la Verdad no es el Ser, sino que reside y depende del enunciado del pensamiento humano. Aristóteles lo confirma al definir la Verdad como «decir de lo que es que es y de lo que no es que no es»[34], sugiriendo implícitamente que esta radica en la precisión del lenguaje.

---

34. Aristóteles. *Metafísica*. Libro IV, 1011b. Traducido por Valentín García Yebra. (Madrid: Editorial Gredos, 1997).

Este mismo argumento aparece directamente mencionado en *La historia del Ser*, donde Heidegger dice:

> El *noein* (νοεῖν) y el *legein* (λέγειν) mismo son arrancados a la *physis* (φύσις) y entregados al hombre, este mismo recibe ahora su esencia como *zōon logon echon* (ζώον λογον εχον).[35]

Según esta cita, al extraer el Ser de la *physis*, la filosofía vacía la *physis* también de una noción presocrática de *noein* (νοεῖν), que significa 'pensamiento', y de *legein* (λέγειν), que quiere decir 'hablar' o 'decir'. Esto da pie a la expresión *zōon logon echon* (ζώον λογον εχον), que significa 'animal racional'. Así, la filosofía platónica y aristotélica redefinen el pensar y hablar, transformándolos en «actos» cuya estructura permite objetivar al Ser como si se tratara de un objeto o de un ente más. *La historia del Ser*

El divorcio entre ser y pensar se establece como uno de los pilares de la filosofía occidental para los siglos venideros. Esta concepción del Ser, del conocer y el ser humano encuentra su más radical culminación en la teoría neokantiana de los valores de Rudolph Hermann Lotze. Según esta teoría, las entidades lógicas no son, sino

---

35. Martin Heidegger, *La historia del Ser*, traducido por Dina V. Picotti C. (Buenos Aires: El Hilo de Ariadna, Biblioteca Internacional Martin Heidegger, 2011), sección XI, «La estructura del decir», §115, «La historia del ser [Seyn]», 163.

que valen.[36] En otras palabras, el pensamiento ya no es sobre el Ser mismo, sino que se reduce a la utilización de conceptos. Esta concepción choca frontalmente con la concepción presocrática. Para Heráclito, por ejemplo, el pensamiento no piensa el Ser; más bien, el pensamiento es del Ser, porque es el Ser quien piensa. En contraste, Platón concibe al Ser como lo pensado, convirtiéndolo en objeto del pensamiento de un sujeto. Esto lleva a Lotze a sostener que el Ser no es nada por sí mismo, más allá de ser solo un valor atribuido a las cosas. En su visión, el mundo del Ser se transforma en el mundo de los valores. Es en este contexto precisamente donde surge la pregunta: ¿dónde se encuentra el valor de la vida? La vida existe, pero el valor es una entidad diferente que pertenece a otro orden de realidad.

Como acabamos de ver unos párrafos más arriba, la filosofía de Platón introduce el concepto de técnica (*techne*) como un modo orientado a desocultar mediante la «maquinación» o la «producción». Heidegger, en *La historia del Ser*, la define como: «una insidiosa actividad calculadora externa o también solo frenética hacia el enredo y destrucción». Lo que la filosofía platónica realmente inaugura, así pues, es el empoderamiento del ser humano como sujeto capaz de crear categorías que, al no poder explicar completamente, intenta justificar utilizando otras categorías. Este proceso se repite una y

---

36. Vagnetti, Michele. "*Rudolph Hermann Lotze's philosophically informed psychology*." Journal of The History of the Behavioral Sciences. (Wiley Periodicals LLC, 2023), 1.

otra vez, generando nuevas categorías para explicar las anteriores. Así, la filosofía se convierte en la creación de un mapa jerárquico de conceptos destinado a aclarar otros conceptos que el mismo mapa engulle.

Este enredo complejo surge, precisamente, porque el ser humano ha perdido su pertenencia al Ser, al que ha convertido en un objeto más de conocimiento. Heidegger emplea la palabra *machbarkheit*, que proviene de *machen* (hacer) y *bar* (capacidad), para referirse a la aptitud de introducir la lógica subjetiva en el proceso ontológico de apertura inicial, similar al concepto de *Deus Ex Machina*. El término *Deus Ex Machina* se refería, en el teatro griego, a la intervención de un personaje externo a la trama para resolver situaciones complicadas y dar sentido a la obra. Esta técnica introducía una figura divina o sobrenatural que, de manera inesperada, solucionaba los conflictos y proporcionaba una conclusión coherente a la narrativa. Esta es exactamente la actividad calculadora de Platón. La técnica es *machbarkheit* o 'la actividad creadora' del ser humano, ahora exaltado como sujeto «creador» o «productor» del Ser. Este ser humano irrumpe en la historia del Ser para otorgarle, o incluso imponerle, una coherencia que le es ajena, pues no le pertenece.

Por estas razones, Heidegger afirma que «el primer aparecer, aún por entero encubierto, fue en adelante soterrado». Es decir, la primera manifestación del Ser quedó oculta porque el ser humano se aferró a sus propios conceptos del mismo y solo supo «ver» el Ser a través de estos. Al imponer al Ser una coherencia ajena, los

CAPÍTULO 11: EL DIVORCIO ENTRE SER Y PENSAR

humanos se perciben como «hacedores».Por eso, Platón afirma que el ser humano es el único garante de la Verdad y que la Verdad depende exclusivamente de la filosofía. En *La doctrina platónica de la verdad*, Heidegger profundiza en su análisis crítico del giro (*kehre*) platónico y sostiene que es Platón quien inaugura la subjetivación de la Verdad. Este giro platónico de la filosofía implica el establecimiento de una estructura epistemológica basada en la dualidad entre sujeto y objeto, concebidos como polos opuestos, donde el objeto es entendido como «otro» frente al sujeto. Con ello, se instaura una concepción del conocimiento que rompe de manera radical con la visión presocrática del Ser como aquello que se revela por sí mismo.

Esta nueva perspectiva epistemológica, introducida por Platón, se desarrolla posteriormente en la filosofía medieval, especialmente con Tomás de Aquino, y encuentra un énfasis más marcado en la filosofía moderna con Descartes. La consecuencia de esta transformación es que el Ser, ahora «objetivado» como «otro» al sujeto, ya no se manifiesta en su propio modo de ser, sino bajo el horizonte de significado que el sujeto proyecta mediante sus capacidades cognitivas. En este marco, la Verdad deja de ser la manifestación del Ser en su espontaneidad para convertirse en un correlato de la actividad cognitiva del sujeto, subordinando así el Ser a las estructuras del pensamiento humano. Este cambio, según Heidegger, representa un punto de inflexión que define el curso de la metafísica occidental, marcando el inicio del olvido del Ser.

Capítulo 12

La Verdad como corrección (*orthótes*) en Platón

Este nuevo horizonte de significado, cimentado en la estructura dual de la relación sujeto-objeto, supone un cambio de paradigma que Heidegger analiza a través de los términos *orthótes* (ὀρθότης) y *alétheia* (ἀλήθεια). Como mencionamos anteriormente, la introducción de una concepción del conocimiento basada en esta dualidad extirpa la Verdad del Ser, vinculándola al pensamiento del sujeto y transformando por completo el significado de Verdad. Para los presocráticos, la Verdad era entendida como desocultamiento (*alétheia*), intrínsecamente arraigada en el Ser mismo.[37] Sin embargo, con la introducción del pensamiento del sujeto platónico y su estructura dual, surge una nueva concepción de Verdad como *orthótes*, término que podemos traducir como 'corrección' o 'exactitud' de una representación. En este nuevo esquema, el pensamiento del sujeto, limitado por

---

37. Most, Glenn W. "*The poetics of early Greek philosophy.*" In A. A. Long (ed.). *The Cambridge Companion to Early Greek Philosophy.* (Cambridge University Press, 1999), 332-362.

su propia estructura de adecuación del objeto al sujeto, encasilla el Ser dentro de los parámetros de un objeto que, como tal, siempre es para el sujeto. Dentro de los parámetros de la estructura dual que hemos descrito, el Ser es 'correcto' o 'exacto' cuando se adecúa a lo que el sujeto prevé encontrar en su Idea del Ser. *Orthótes* implica, por tanto, que el Ser debe expresarse o revelarse de una manera particular. Es precisamente esta perversión de la Verdad, que reduce la noción de *alétheia* a la de *orthótes*, la que hace que el Ser se desvanezca. La Verdad deja de ser inherente al Ser y pasa a depender de la representación formulada por el sujeto a través de su acto de pensar.

Bajo este enfoque, que se consolida en la filosofía cartesiana y moderna, la Verdad no se encuentra en el Ser del objeto o ente en sí mismo, sino en la interpretación y declaración del sujeto que lo percibe.[38] Este desplazamiento traslada también el énfasis a la perspectiva del sujeto, quien se convierte en eje y árbitro principal de toda Verdad. Por tanto, debemos evitar el debate que intenta decidir si la Verdad pertenece al sujeto o al objeto. Heidegger sostiene que el debate filosófico esencial no radica en determinar si la Verdad pertenece al sujeto o al objeto, sino en reconocer que la filosofía ha establecido una estructura epistemológica dual que ha distorsionado la noción original de Verdad. El auténtico problema filosófico es doble. Por un lado, yace en que esta dualidad ha desplazado al Ser como objeto central

---

38. Descartes, René. *Meditaciones metafísicas*. Traducido por Manuel García Morente. (Madrid: Tecnos, 2011).

de estudio, reemplazándolo por un «ser» (en minúsculas) ontificado, reducido a mero objeto de pensamiento que simplemente se ajusta a las estructuras cognitivas del sujeto. Por otro lado, este proceso ha llevado al grave problema del olvido del Ser, pues la Verdad, subordinada a la perspectiva subjetiva, ha perdido su vínculo esencial con el Ser mismo.

Hablar de olvidar al Ser es hablar de ocultarlo, es decir, dejarlo fuera del campo de visión del sujeto. Esta terminología no es casual, y su uso responde a que, este paradigma filosófico post-socrático se estructura a través de un esquema visual del mundo. En la tradición filosófica, conocer es ver, físicamente (percepción) o intelectualmente (intuición). El sujeto ve lo que es, y lo que es **es** porque es visto o comprendido. Esta estructura epistemológica del conocimiento lleva al sujeto a renunciar a ver para creer, y se reduce únicamente a la posibilidad de ver para entender. Según la filosofía post-socrática, nunca se considerará verdadero aquello que no pueda percibirse o entenderse a través del prisma del sujeto. Por tanto, verdadero es aquello que corresponde correctamente (*orthótes*) al ojo o la mente que lo contempla. Aquello que no se ve, aquello que no se comprende, porque no se adecua a los parámetros del pensamiento, permanece oculto. Es en este preciso contexto epistemológico donde surge el sujeto como «yo separado». Con el fenómeno egoico. aparece la maquinación de la era de la técnica, establecida por los atenienses. Ellos alteraron el destino del Ser al conferir a los humanos la capacidad de corregir la presentación del Ser, a expensas del mismo Ser que, como tal, se desvaneció y se ocultó más allá de la visión perceptual y cognitiva del sujeto.

Esta noción de exactitud (*orthótes*) está estrechamente vinculada a la cuestión de la técnica (*techne*), un vínculo clave que ahora nos permitirá desentrañar con mayor detalle el problema de esta nueva estructura filosófica. Según Heidegger, esta estructura ha conducido al ser humano en Occidente a una alienación de su propio Ser y de Dios. En este contexto, *orthótes* (ὀρθότης) se presenta como la proyección ontológica de la *techne* en el ámbito ético, constituyendo una manifestación de la *alétheia* (ἀλήθεια). Como ya hemos observado, la *orthótes* es una forma de la Verdad mediante la cual el ser humano corrige la representación del Ser. Al convertirse en el controlador de la realidad, de lo que es, del Ser, y de la Verdad, ahora entendida en términos de exactitud, el ser humano se personifica en la técnica (*techne*). De este modo, la técnica sirve para controlar a los entes con fines prácticos, al mismo tiempo que también se extiende al dominio del Ser. La técnica revela también lo que está oculto, aquello que no se produce por sí mismo y aún no está presente, permitiendo que pueda aparecer de diversas maneras. La técnica busca extraer del Ser lo que este (aún) no muestra. Por ejemplo, al construir una casa, un barco o forjar una copa sacrificial, el ser humano trae a la luz «lo-que-debe-traerse-al-frente». Sin embargo, este proceso no se limita al hacer técnico o al saber práctico del artesano, sino que se extiende al arte en su sentido más elevado y a las bellas artes. *Techne*, por tanto, pertenece al ámbito del «traer-al-frente», de la *poiesis* (ποιέσις), lo cual se refiere a lo poiético o producido. Así, mientras que la *physis* brota por sí misma, la *techne* representa la intervención subjetual que hace brotar o aparecer aquello a lo que se dirige.

Para profundizar en esta relación entre técnica y Verdad, y para esclarecer aún más el impacto de este desplazamiento ontológico, analizaremos con detalle este pasaje crucial de Heidegger:

> La transformación de la corrección (*orthótes* ὀρθότης) en la certitud trae la determinación esencial de ser como *representatio* (subjetividad). Ahora queda solo el despliegue del representar en la incondicionalidad del «pensar» (como espíritu absoluto), respectivamente el despliegue del hombre a «ultra-hombre»: Cada vez va el último recurso a la «actividad», sea de la razón que se piensa a sí misma, sea de la voluntad como voluntad de poder.[39]

Analicemos este pasaje por partes:

---

39. Martin Heidegger, *La historia del Ser*, traducido por Dina V. Picotti C. (Buenos Aires: El Hilo de Ariadna, Biblioteca Internacional Martin Heidegger, 2011), sección XI, «La estructura del decir», §115, «La historia del ser [Seyn]», 164.

La transformación de la corrección (*orthótes* ὀρθότης) en la certitud trae la determinación esencial de ser como representatio (subjetividad).

Convertir la manifestación del Ser en certeza subjetiva, denominada *orthótes* (ὀρθότης), implica situar al ser humano como nuevo garante del Ser, estableciendo un esquema a través del cual el Ser se revela. La Verdad ya no reside fuera de la consciencia individual, sino que es creada y representada en la mente. Este ser humano, al posicionarse como garante y fundamento de la aparición del Ser, se transforma en un superhombre en cuanto al ente. Con su razón, conoce toda la realidad (para decirlo con Hegel), y con su voluntad aspira a todo el poder (como diría después Nietzsche). Objetivar la realidad, el Ser, significa colocar algo ante la consciencia y convertirlo en su objeto. Esta operación, no obstante, tiene consecuencias ya que, al objetivarlo, el Ser mismo escapa dicha maquinación y se oculta. Dicho de otro modo, al intentar pensar la realidad (lo que es) a través de las estructuras epistemológicas que propone Platón, la filosofía occidental misma ha contribuido activamente a la ocultación del Ser de toda realidad. Al intentar pensarlo como objeto del pensamiento, de la consciencia, ocultamos su verdadera esencia, quedándonos únicamente con aquello que la consciencia ve, que no es más que una Idea, una forma, pero no el Ser en sí. La consciencia permanece con la «Idea de Ser». El pensamiento tecnificado del sujeto percibe al Ser como una entidad y provoca la retirada del Ser. Ante esto, Heidegger continúa diciendo:

> **Ahora queda solo el despliegue del representar en la incondicionalidad del «pensar» [...].**

A consecuencia de todo esto, Heidegger arguye que este pensamiento objetivador con el que Platón inaugura la filosofía occidental como disciplina ya no tiene otra condición más que el propio acto de pensar. Es decir, se trata de la autorreferencia del pensamiento humano, el solipsismo de la mente. La mente humana, encerrada en sí misma, reflexiona únicamente sobre aquello que ella misma crea y ve, sobre lo que coloca ante sí. En palabras de Hordeling, la mente solo recoge aquello que previamente ha proyectado. Ya no es que todos los seres humanos no habitemos el mismo mundo, sino que nos movemos dentro de nuestro propio universo mental que, aunque pueda ser compartido, sigue siendo una realidad creada en nuestra soledad. Eso es, el sujeto no conoce más que aquello que el propio sujeto construye. En palabras del propio Heidegger:

> **Cada vez va el último recurso a la «actividad», sea de la razón que se piensa a sí misma, sea de la voluntad como voluntad de poder.**

La consecuencia de que objetivar signifique situar algo ante la consciencia es que el Ser se transforma y se confunde con un objeto óntico. En dicha confusión, el Ser en sí escapa el pensamiento que pretende envolverlo y se oculta más allá de los poderes técnicos del sujeto. En sus respectivos intentos de resolver este problema, Hegel representó primero al sujeto como la razón que se piensa a sí misma, mientras que Nietzsche encarnó más tarde al sujeto como voluntad de poder. Para Heidegger, no obstante, tanto Hegel como Nietzsche representan la culminación de la inmanencia que parte de la certeza subjetiva y vuelve a esta, de la que el pensamiento, en tanto que técnica (*techne*), no puede escapar. Por ello, podemos considerar a estos pensadores como los últimos filósofos de la técnica. A pesar de invertir los postulados de Platón, Nietzsche sigue siendo platónico porque en el fondo perpetúa la separación entre ser y pensar, otorgando a la voluntad la custodia de la dignidad del ser humano. De esta manera, el sujeto racional volitivo extrae el poder del Ser y se lo transfiere a sí mismo, estableciendo que el poder reside ahora en el ser humano como sujeto del cual toda realidad predica.

Además, según Heidegger, el proceso de ontificación del Ser mediante la corrección representativa (*orthótes*) consolida la estabilización de la seidad (*ousía* - ουςια) como presencia (*parousía* - παρουσία). Es decir, al intentar comprender el Ser desde sus propios horizontes, los sujetos filosóficos le asignan una temporalidad que corresponde a un «advenir presentante que va siendo sido» en formación

Capítulo 12: La Verdad como corrección (orthótes) en Platón

constante. Sin embargo, esta temporalidad le es ajena al Ser. Al intentar encerrar el Ser dentro de un concepto para poseerlo y comprenderlo, el sujeto filosófico descoloca tanto al Ser como al Tiempo.

Dicho de otro modo, al Ser se le atribuye una temporalidad ontificada, que es una temporalidad lineal que procede del pasado y avanza hacia el futuro pasando por el presente. Esto había despojado al Ser de su propio Tiempo, sustituyendo el Tiempo del Ser por la temporalidad del sujeto pensante. Como consecuencia, el Ser se manifiesta y se concibe como una entidad dentro del marco de temporalidad creado por el ser humano. Este sujeto axial se eleva ahora como el centro alrededor del cual todo gira y adquiere significado. El «Ser» sin Tiempo se convierte en el «ser» (con «s» minúscula) del sujeto, es decir, en una entidad— concebido según su temporalidad cotidiana y empírica, cuya realidad consiste en mostrarse presente ante el sujeto que lo piensa. Dicho de otro modo, la entidad es todo aquello del Ser que cabe dentro de la presenciabilidad (temporabilidad) en que los objetos pueden pensarse en la consciencia.

El ser humano, como el controlador del mundo, transforma a Dios en una entidad para dominarlo. El Ser, al estar ontificado y oculto, solo puede comunicar lo que los humanos pueden percibir en el ámbito de lo objetual, es decir, de lo óntico. La ontificación del Ser nos lleva, en última instancia, a la ontoteologización de Dios. El Dios ontoteológico es literalmente una creación y una posesión humana, que da nacimiento a la idolatría.

En esencia, así pues, la filosofía platónica y buena parte de la filosofía occidental en general, identifica el Ser con el pensar o la consciencia individual, aunque aquí se traten como dos entidades distintas. El ocultamiento al cual se somete al Ser, que ocurre dentro de los parámetros del conocimiento de la filosofía de Platón y Aristóteles, ocurre mediante la percepción humana, corrigiendo aquello que no se percibe claramente. El sujeto posee el poder y la técnica para determinar, mediante su método, si la representación es correcta o incorrecta. Todo lo que corresponde al ente es considerado verdadero, en tanto que es exacto o correcto, mientras que lo que no se corresponde con el ente se considera falso. Dicho de otra manera, y como la ciencia ha asimilado perfectamente, la determinación de toda verdad tiene, y solo puede tener, una base empírica.

En este sentido, la filosofía de Heidegger es demoledora y pone en tela de juicio a la misma tradición filosófica occidental que nace en los diálogos de Platón, a la que acaba atribuyendo el olvido del Ser. Este es un punto crucial que plantea la necesidad de reconsiderar la filosofía en su totalidad. Esta crítica constituye una invitación a repensar la filosofía desde sus fundamentos, explorando la posibilidad de un «pensar-otro» que no replique las mismas estructuras epistemológicas y metafísicas tradicionales, ni los errores que de ellas se derivan. El propósito final de este replanteamiento es recuperar la capacidad de atender al Ser y entender qué significa ser humano, trascendiendo la estructura sujeto-

Capítulo 12: La Verdad como corrección (orthótes) en Platón

objeto. Como se abordará en la sección final del libro, este retorno al Ser es el camino que permite una renovada aproximación a Dios.

Capítulo 13

La apertura al Ser:
un nuevo comienzo

Heidegger propone un nuevo comienzo, contrario a la estructura platónica donde el Ser se oculta tras las sombras del ente-objeto del pensamiento humano. Esta apertura del ser humano al Ser no se basa en la acción de un sujeto poderoso que prevé y diseña la realidad en función de sus propias estructuras y horizontes de significado. Al contrario, la apertura al Ser está basada en una pasividad que permita al Ser mostrarse en tanto y cómo es, es decir, en sus propios términos. Cualquier intento humano de intervenir activamente en este proceso creará una nueva maquinación (*machenschaft*).

La invitación de Heidegger, por tanto, propone suspender el pensamiento objetivador y adoptar una actitud de pasividad y sosiego que permita lo que aquí podemos denominar «simplemente esperar». Esta espera conlleva una actitud meditativa, diametralmente opuesta a la del sujeto tradicional, que le permita al ser humano observar sin la intervención del pensamiento objetivador. Meditar no es sustituir una actividad por otra. Al contrario, significa precisamente la ausencia de toda actividad. Es suspender nuestra propia subjetividad, nuestro propio afán de definir. Meditar es esperar, pero sin esperar nada en concreto. Meditar es dejar que el Ser sea y escuchar pasivamente sin haber previsto ninguna comunicación.

El mayor beneficio de la meditación, entendida así, reside en desprenderse tanto de la mente objetivadora como de la tentación de verla como técnica orientada a alcanzar una meta. El meditar auténtico es lo opuesto a la técnica, porque implica liberarse de nuestras prácticas cognitivas. Igualmente, aquellos que tienden a aferrarse tenazmente a la meditación como práctica, acaban convirtiéndose en esclavos de la meditación misma. Esta práctica llega a ser su posesión más valiosa y una fuente de orgullo personal, aunque con ello solo se conseguirá transferir la dependencia de un objeto a otro. En ambos casos, el problema sigue siendo el mismo: pensar o meditar como una metodología que apunta a una finalidad solo nos llevará a seguir ocultando el Ser. Meditar, por tanto, no puede ser una técnica, un método, una corrección. Meditar debe ser una «manera de ser», un estado de ánimo, que no pretende más que dejar que el Ser se manifieste en su máxima plenitud. La propuesta de Heidegger es, en última instancia, una invitación a suspender nuestras capacidades cognitivas para descubrir al Ser como realidad primigenia. Dicho en términos filosóficos, suspender la epistemología y optar por la ontología como *prima philosophia*. Antes que

Capítulo 13: La apertura al Ser: un nuevo comienzo

humanos pensantes, somos el Ser. Entender la filosofía como ontología, y no solo como epistemología, implica centrarnos en el Ser para permitir su desvelamiento como Ser y no como objeto de nuestro conocimiento.

Bajo la óptica de la ontología heideggeriana, solo cuando el ser humano logre dejarse engullir por su pasividad contemplativa, podrá abrirse al Ser y repatriarse en él para acceder a un estado de paz y silencio auténticos. Porque solo en ese estado, que es más primordial que el pensamiento y la objetivación, el sujeto mismo, como un «alguien», se desvanece. Esto significa que, al trascender los poderes cognitivos de nuestra mente, queda atrás una parte fundamental de nuestra identidad, apareciendo una dimensión diferente del ser humano. Con el desvanecimiento de la mente, nuestro ego mundano se disipa y nos liberamos de nuestro ego cognitivo y también religioso o espiritual. Sin el pensamiento técnico-correctivo, dejamos de ser una mente, un alma (*psyché*), en el sentido aristotélico y filosófico. Además, al trascender el pensamiento y la meditación como técnica, renunciamos a toda estructura y orden, entregándonos a lo desconocido. Estamos llamados a exiliarnos de nosotros mismos. Este dejar ir nos permite trascender toda dualidad estructural. Liberados de las limitaciones impuestas por las estructuras duales del pensamiento, podemos ser absorbidos por la auténtica plenitud del Ser.

En este marco filosófico se comprende la noción de *Dasein* como punto de partida. El *Dasein*, es decir, el ser humano entendido como ser-ahí-en-el-mundo, con su facticidad y con todo su Ser, se presenta despojado de las condiciones históricamente atribuidas por la filosofía epistemológica: consciencia, ego trascendental o incluso sujeto. ¿Qué queda del ser humano al abolir estos atributos impuestos por la filosofía? ¿Qué o quién es este ser-ahí-en-el-mundo? Heidegger define al *Dasein* más por lo que no es que por lo que es, especialmente al escribir:

> El ser-ahí no es el Nous (νους), ni la psique (ψυχη), no es el hombre, ni la «consciencia», el «sujeto», el espíritu y la «vida práctica». Ser-ahí es el esenciarse del desocultar y reclama un inicial encuentro de la esencia del hombre desde su referencia a la verdad del Ser […].[40]

Heidegger señala que existe un ente en el cual cabe el Ser: el ser humano. Sin embargo, no lo concibe como un ego trascendental, sino como *Dasein*, es decir, como ser-ahí-en-el-mundo. Entre el Ser y el «yo», sí existe una relación ontológica, pues el Ser habita plenamente en el «yo», otorgándole una triple preeminencia: óntica, ontológica y óntico-ontológica. Para explicar esta triple preminencia, Heidegger recurre a Aristóteles, quien sostuvo que el alma es en cierta manera todas las cosas. Retomará esta afirmación en su obra *Ser y Tiempo* diciendo que, para

---

40. Martin Heidegger, *La historia del Ser,* traducido por Dina V. Picotti C. (Buenos Aires: El Hilo de Ariadna, Biblioteca Internacional Martin Heidegger, 2011), sección XI, «La estructura del decir», §115, «La historia del ser [Seyn]», 165.

acceder al Ser, debemos identificar al ente que posee una preminencia sobre los demás entes que le permita cuestionarse sobre el Ser. Por un lado, la preeminencia del *Dasein* es óntica porque, a diferencia de otros entes, tiene una «relación de ser con su Ser». Por otro lado, su preeminencia ontológica se evidencia en su capacidad de cuestionar y desarrollar una ontología de su Ser. Esta preeminencia óntico-ontológica se establece en que, en el Ser del *Dasein*, están implícitos todos los entes.

En esta breve cita, Heidegger repasa de manera crítica algunas de las concepciones previas de la esencia humana formuladas por los ámbitos de la filosofía y la psicología. Platón definió al ser humano como un alma, mientras que Descartes lo concibió como pensamiento y Marx como materia. Heidegger, en cambio, afirma que el ser humano no es esencialmente consciencia, materia ni alma en el sentido platónico. El ser-ahí (*Dasein*), individuado pero desubjetivizado, se caracteriza más por la negación, por lo que no es, que por lo que es.

En este sentido, podemos decir que Sartre se alinea con esta tradición al postular que el ser humano es precisamente todo aquello que no es. Definir de forma negativa permite explorar la esencia humana desde una perspectiva que desafía categorizaciones simplistas. Esto facilita una comprensión de la existencia que, en nuestro contexto, permitirá explicar mejor la relación auténtica de meditación, espera y escucha ante el Ser. Así, al afirmar que «el ser humano es todo aquello que no es», Jean-Paul Sartre se está refiriendo a su interpretación de la existencia y la libertad en su filosofía existencialista. Aunque esta afirmación es compleja, puede desglosarse para facilitar su comprensión.

En su existencialismo, es esencial distinguir entre ser-en-sí (*l'être-en-soi*) y ser-para-sí (*l'être-pour-soi*). El ser-en-sí corresponde a los objetos inanimados que simplemente existen sin consciencia ni capacidad de cambio; estos objetos están en un estado de completa determinación, siendo exactamente lo que son. Por otro lado, el ser-para-sí se refiere a los seres humanos, que poseen consciencia y la capacidad de reflexionar sobre su propia existencia. Esta autoconsciencia conlleva libertad y la habilidad de trascender su estado actual. Para Sartre, los seres humanos no tienen una esencia predeterminada; no hay un «ser» fijo en el centro de su existencia. En lugar de esto, el ser humano es un proyecto en constante desarrollo y transformación.

Este proyecto, no obstante, parte precisamente de la cuestión de la nada, eso es, de lo que no es. Según Sartre, a diferencia de los objetos, los seres humanos nacen con la libertad de definirse a sí mismos a través de sus acciones y decisiones. Esta libertad implica que siempre estamos sumergidos en el proceso de convertirnos en aquello que aún no somos, superando continuamente nuestra condición actual. La «nada», en la filosofía de Sartre, simboliza la ausencia de una esencia fija en los seres humanos, al mismo tiempo que posibilita la libertad y el cambio, haciendo del ser humano un vacío que puede llenarse con infinitas posibilidades. En ese sentido, somos lo que no somos porque siempre estamos en camino de convertirnos en algo nuevo. Por ejemplo, pensemos en una persona que actualmente trabaja como empleado de oficina, pero aspira a ser músico. Según Sartre, esta persona no se define únicamente por su trabajo actual; también es todas las posibilidades que aún no ha realizado, como ser músico, escritor o viajero. Su ser actual incluye todas las potencialidades no actualizadas en el presente, pero que pueden realizarse en el futuro. Cuando Sartre afirma que «el ser humano es todo aquello que no es», se refiere a la capacidad de los seres humanos para definirse a sí mismos a través de sus acciones y elecciones. Así, empleando la noción de la nada sartreana[41], podemos imaginar un ser humano abierto a lo que no es, a lo que no percibe ni comprende. Un ser humano que vive como testigo de su existir es capaz de escuchar la llamada del Ser sin prejuicios ni maquinaciones.

Lo relevante de este argumento es que plantea que la capacidad del sujeto egoico para trascenderse yace en su propia naturaleza, en su apertura original hacia lo que aún no es. En otras palabras, este trascender solo es viable a partir de la cuestión ontológica que el sujeto mismo tiene la capacidad de plantearse. Proponer la ontología como *prima philosophia* implica, por tanto, un repliegue que permite iniciar un nuevo comienzo. Este punto de partida ofrece al ser humano la posibilidad de realizar un salto existencial hacia la apertura al Ser, un movimiento que

---

41. Jean-Paul Sartre, *El ser y la nada: Ensayo de ontología fenomenológica*, trad. Juan Valmar. (Barcelona: Ediciones Cátedra, 2005).

lo acerca a una comprensión más profunda de sí mismo, más allá de sus «propias» estructuras epistemológicas.

Capítulo 14

Analítica existencial, poesía y la manifestación del Ser

Como se expuso en el capítulo anterior, Heidegger propone un nuevo comienzo de la mano de la ontología, a la que denomina «la analítica existencial»[42] del mismo *Dasein*. Su ontología dirige la atención a la dimensión más fundamental del ser humano, el ser-ahí, alejándose de la investigación epistemológica que presupone una estructura dual sujeto-objeto para estudiar nuestras capacidades cognitivas. Su análisis está basado en la experiencia fáctica y concreta del ser humano como ser finito y situado. En este marco, Heidegger enfrenta las limitaciones inherentes al uso de conceptos tradicionales. Aunque no abandona del todo los conceptos, reconoce su insuficiencia para captar plenamente la riqueza de la experiencia humana. Esto lo impulsa a explorar formas alternativas de comprensión que trasciendan la mera abstracción. Sostiene que las categorías abstractas,

---

42. Heidegger, Martin. *Ser y tiempo*. Traducido por José Gaos. (Madrid: Fondo de Cultura Económica, 1951), 53 y ss.

por más exactas (*orthótes*) que sean, no logran captar la especificidad del *Dasein*.

Un ejemplo claro de esta tensión es la categorización del ser humano como «animal racional y político», que, al asumirse como universal y necesaria, se aplica indiscriminadamente a todos los contextos. Pero esta misma universalidad, desvincula al ser humano de la particularidad de su existencia individual. Pues, como hemos mostrado anteriormente, aún y siendo un ser racional, social y político, el ser humano no es únicamente eso. En efecto, al ser válida para todos, deja de ser relevante para alguien en particular. En este contexto, más que un método, la «analítica existencial» de Heidegger es un esfuerzo filosófico, concretamente ontológico, orientado a mostrar la existencia singular, la cual no puede ser subsumida en una categoría abstracta como «animal racional». El *Dasein* concreto, con sus miedos y penas, es la verdadera preocupación, pues es en esa íntima vulnerabilidad donde el ser humano se empieza a mostrar como *Dasein*, como ser-ahí, y menos como sujeto de conocimiento abstracto.

Reconocer las limitaciones de los conceptos abstractos no implica rechazar el rigor filosófico, pero sí exige redefinir qué implica ser riguroso. Para Heidegger, el rigor no radica en crear conceptos claros y distintos. Por el contrario, su rigor se expresa en la búsqueda de una comprensión profunda y auténtica de la vida humana, que evite diluirse en abstracciones y permanezca fiel a la complejidad y contingencia de la existencia. En este sentido, y en su afán por trascender las limitaciones de las categorías filosóficas tradicionales, Heidegger busca crear categorías que, por encima de todo, sean válidas para la experiencia concreta y finita del *Dasein*. Estas categorías, conocidas como «existenciarios», buscan abordar la vida del ser humano de manera fáctica y no solo abstractamente.

De este modo, Heidegger introduce términos como ser-ahí, ser-ahí-en-el-mundo, ser-con-los-otros y ser-para-la-muerte, entre otros. Estos intentan capturar lo específico e íntimo de la existencia humana en su dimensión más singular. Es importante señalar que, al avanzar en esta tarea, el propio Heidegger enfrenta una limitación intrínseca. La experiencia concreta resiste ser comprendida plenamente, incluso mediante lo que él denomina «categorías existenciarias». En otras palabras, la analítica existencial de Heidegger, como enfoque ontológico, enfrenta la contradicción de intentar describir la realidad particular, la hecceidad, como la llamó Duns Scoto, mediante estructuras que, en última instancia, siguen siendo formales.

Esta evolución se hace patente en *Ser y Tiempo*, donde Heidegger sigue operando dentro de los marcos tradicionales de la filosofía occidental, utilizando conceptos abstractos para analizar al ser humano concreto. A pesar de introducir las «categorías existenciarias», reconoce que el problema no radica en los conceptos mismos, sino en la imposibilidad de conceptualizar lo inconceptualizable. Los conceptos, por muy novedosos que resulten, permanecen limitados por su carácter universal y abstracto, lo que los hace inadecuados para captar la singularidad de la existencia humana.

Es precisamente a raíz de esta problemática, que el mismo Heidegger empieza a plantear la posibilidad de introducir la poesía como *modus operandis* de la analítica existencial. A diferencia de la filosofía y la lógica formal, la poesía no está limitada por la necesidad de precisión conceptual. Esto le permite una interpretación abierta y personal de la existencia, que es precisamente lo que la convierte en un medio más rico para expresar la singularidad ontológica de la experiencia humana. La poesía, en su capacidad para ser «cargada de contenido» por cada lector, brinda una forma más flexible y adaptable de acceso a las vivencias humanas que los rígidos conceptos filosóficos. De esta manera, Heidegger no rechaza la filosofía *per se*, pero sí que reconoce que sus límites se hacen evidentes al tratar de abordar la particularidad del *Dasein*. Gracias a su ambigüedad y capacidad para resonar con la experiencia fáctica, la poesía se convierte en un vehículo más eficaz para expresar lo que la filosofía no puede captar completamente.

En este contexto, centrado en la ontología y la poesía, Heidegger se acerca especialmente a poetas como Hölderlin. El lenguaje de sus obras puede rescatar lo que Heidegger llama la «analítica existencial», es decir, el estudio de las estructuras fundamentales de la existencia finita. La poesía, al ser no conceptual en el sentido de responder a estructuras regidas por la lógica formal, permite a Heidegger abordar la «diferencia ontológica» y preservar la peculiaridad del *Dasein* sin caer en la abstracción.

Concretamente, Heidegger encuentra en la poesía una reflexión capaz de evitar las categorías tradicionales de la metafísica, tales como acto, potencia, sustancia y accidente. Una reflexión así consiste en una observación pura, despojada de la intervención del intelecto. No obstante, la poesía no es simplemente la creación de versos, con una métrica y normas concretas, sino la expresión de la meditación auténtica, el testimonio, el lenguaje y lo que el mismo Heidegger llama la «morada del Ser». Uno de los puntos clave del último Heidegger es su propuesta de que el lenguaje poético inaugura nuevos caminos de entendimiento, desplazando a los conceptos formales. En este sentido, la poesía trasciende su carácter meramente artístico para convertirse en un medio privilegiado de revelación del Ser, permitiendo desentrañar aspectos de la realidad que suelen permanecer ocultos. Para Heidegger, el lenguaje es la morada del Ser.[43] Sin embargo, es a través del lenguaje poético que el Ser se manifiesta, superando las limitaciones del lenguaje cotidiano y técnico, y abriendo nuevas formas de comprensión. La esencia de la poesía radica en su facultad de nombrar y hacer presente, pero sin abstraer ni caricaturizar, lo que permite que las cosas se perciban en su verdadera realidad.

En este punto, Heidegger retoma el término griego *alétheia* (desocultamiento), mencionado anteriormente, y

---

43. Martin Heidegger, *Carta sobre el humanismo*, trad. Helena Cortés y Arturo Leyte (Madrid: Alianza Editorial, 2000).

lo asocia con la poesía. A este le atribuye la capacidad de desvelar una verdad profunda del Ser y de la existencia, que va más allá de la mera transmisión de información. El poeta desempeña un rol crucial como guardián del Ser. Es quien protege y revela la esencia de las cosas, resistiendo las tendencias de la modernidad que conducen a su olvido y encubrimiento. En última instancia, la poesía brinda la posibilidad de entrelazar el pasado, el presente y el futuro en un horizonte no lineal. En este espacio, el Ser se despliega como tiempo, en lugar de situarse dentro del tiempo o de la temporalidad del sujeto. Esto permite alcanzar una comprensión más profunda y plena del Ser como tal, sin reducirlo a un ser ontificado.

Para Heidegger, la poesía permite pensar más allá de la estructura tecnológica del pensamiento epistemológico, que ha impregnado la filosofía, la cultura occidental, las ciencias e incluso la religión. Pensar a través de la poesía es resistirse a la tendencia a reducirlo todo a meros recursos, desconectándonos del Ser. En este sentido, la poesía proporciona un camino para recuperar esta conexión y resistir la objetivación y dominación de la naturaleza (*physis*). Esto equivale a erigirse como un medio esencial para la revelación del Ser como *physis*, permitiéndonos experimentar y comprender el mundo de una manera más auténtica y plena.

Desde la perspectiva de Heidegger, este pensar-otro[44] o pensar poético corresponde a la actitud contemplativa del

---

44. Heidegger, Martin. *¿Qué significa pensar?* Traducido por Jorge Eduardo Rivera. (Madrid: Trotta, 1997).

poeta, que permite pensar sin las estructuras objetivantes del intelecto. El pensar poético posibilita un auténtico meditar, libre de conceptualizaciones abstractas propias del dominio de la técnica. Esto es posible porque, como mencionamos antes, la poesía no intenta extraer el Ser de la *physis*. De este modo, recupera la palabra, el logos, que la filosofía presocrática entendía como inseparable de la *physis* y del Ser.

Como bien nos recuerda Heidegger en su seminario sobre Heráclito, cuanto más inicial es el pensar más está unida su reflexión a la palabra. Esta conexión inicial entre el pensamiento y la palabra indica una unidad esencial en los primeros desarrollos de la filosofía, cuando esta no había sido aún transformada en una disciplina. Según Heidegger, el auténtico acto de pensar nace, así pues, de la palabra, y es a través de ella que se expresan las reflexiones más fundamentales sobre el Ser. En este contexto, la palabra no se limita a ser un mero instrumento de comunicación, sino que se convierte en el canal por el cual el Ser se manifiesta en su forma más pura y originaria. Es por esto que Heidegger habla del lenguaje, de la palabra, como la morada del Ser. La ontología de Heidegger, a través de su analítica existencial y su expresión poética, nos invita a retornar a la noción de «palabra», de logos, íntimamente vinculada a la *physis*. Así, busca que nos dejemos abrazar por el significado más profundo del Ser.

Capítulo 15

Una primera aproximación a Dios

Dejarnos abrazar por el Ser en su plena significación —como hemos dicho al final del capítulo anterior— significa dejarse expresar o ser dicho por el mismo Ser. Sin embargo, esto conlleva la manifestación de una carencia originaria que Heidegger asocia con la noción de «pobreza». Como ser-ahí (*Dasein*), el ser humano no posee absolutamente nada por sí mismo, pues todo cuanto es, le es dado. Así lo expresa cuando escribe:

> Pobreza es la inagotabilidad desde sí-abismosamente-decidida de la donación.[45]

Ser pobre significa no ser dueño de nada por mérito propio. Muchos individuos a través de diferentes religiones buscan la realización espiritual mediante la renuncia y la aceptación de votos de pobreza. Sin embargo, la auténtica

---

[45]. Martin Heidegger, *La historia del Ser,* traducido por Dina V. Picotti C. (Buenos Aires: El Hilo de Ariadna, Biblioteca Internacional Martin Heidegger, 2011), sección VIII, «El ser [Seyn] y el último dios», §99, «Pobreza», 137.

renuncia reside en comprender que, en esencia, no poseemos nada a lo que realmente podamos renunciar. La verdadera renuncia consiste en reconocer nuestra pobreza original, en ser conscientes de la inherente carencia de posesiones materiales desde el inicio. Esta comprensión nos lleva a una realización más genuina y completa que trasciende las meras acciones externas de renuncia y se centra en una actitud y aceptación de nuestra naturaleza fundamental. Existe una pobreza inherente, ya que todo nos es dado, donado; por lo tanto, al recibir todo del Ser, carecemos de una reserva propia. A través de este estado de pobreza original, Heidegger empieza a redefinir la relación del ser humano con el Ser.

En teología, se afirma que no hay una sinergia, es decir, una labor (*ergos*) conjunta entre el Ser y el hombre. En su lugar, se habla de una monergia, un trabajo exclusivo del Ser. Este concepto teológico sugiere que nuestra capacidad de acción y creación depende enteramente del Ser, en vez de ser autónoma. Es decir, previamente a convertirnos en sujetos cargados con voluntad propia y libertad, ya somos-ahí. Así, nuestra aparente carencia de recursos propios se debe a que todo lo que tenemos y somos nos ha sido otorgado por el Ser. Esta manera de entender la relación destaca la dependencia fundamental de la humanidad en relación con el Ser, subrayando la ausencia de una colaboración y la predominancia de la unilateralidad del Ser en la existencia humana. La apertura al Ser no es sinergista sino monergista. Es decir, el Ser y el ser humano no colaboran originalmente de manera activa en el proceso de realización y existencia (sinergismo). Al contrario, toda acción y creación emana exclusivamente del Ser, sin intervención humana (monergismo). Explicado en los términos utilizados hasta ahora en esta sección: es el Ser que nos dice y se expresa en nosotros, y no al revés, como la filosofía tradicional había pensado. Este debate teológico presenta dos enfoques sobre la relación entre el Ser y el hombre, planteando interrogantes profundas sobre la autonomía y dependencia de la existencia humana. A través de estas cuestiones, Heidegger comienza a vincular la problemática del Ser y el *Dasein* con la cuestión de Dios.

Heidegger lo expresa del siguiente modo:

> Pero pregunta al ser [Seyn] y en él como palabra responderá el dios, quiere decir: en la palabra "del" ser [Seyn] viene la deidad [...].[46]

Heidegger dice que la respuesta a la llamada de Dios es la apertura al Ser desde la palabra y la serenidad meditativa, desde el sosiego de una espera que no prevé nada ni a nadie, como testigo y no como sujeto. Cuando el *Dasein*, en lugar de decir al Ser mediante conceptos, se presta a dejarse decir y expresar, se revela el Último Dios como lo absolutamente trascendente e incomprensible.

---

46. Martin Heidegger, *La historia del Ser*, traducido por Dina V. Picotti C. (Buenos Aires: El Hilo de Ariadna, Biblioteca Internacional Martin Heidegger, 2011), sección III, «Curso», §31, «La historia del ser [Seyn]», 50.

Es únicamente desde la más auténtica pobreza, desde un estado del *Dasein* que es previo a toda libertad y voluntad, donde es posible re-establecer una conexión primordial entre el ser humano y lo divino trascendental. Así, la revelación de Dios como tal no puede ser resultado de una acción activa de un sujeto, sino una experiencia de recepción y escucha pasiva en un estado de quietud y contemplación. Frente al Ser, somos pobres y no poseemos ni siquiera la voluntad subjetiva de abrirnos a él.

En la apertura al Ser desde la pasividad meditativa, toda técnica resulta inviable, porque el Ser posee una libertad absoluta. Toda acción que intente objetivarlo está destinada al fracaso. Heidegger subraya que la filosofía tradicional, desde Platón, al renunciar al Ser, ha limitado su ámbito al mundo óntico, negándose así toda posibilidad de relación con lo verdaderamente trascendental, es decir, con lo sagrado. Para contrarrestar esta tendencia y restablecer una relación de apertura constante al Ser, la ontología propone un retorno a un estado de máxima quietud. En este estado, el *Dasein* acepta plenamente su pobreza original, reconociendo su absoluta incapacidad para influir o controlar la manifestación del Ser. La libertad del Ser supera cualquier intento humano de dominio o técnica, subrayando la limitación esencial de nuestras acciones frente a la inmensidad del Ser. Esta «toma de consciencia» o «aceptación» de nuestra impotencia ante el Ser nos permite reconocer que la verdadera apertura al Ser se encuentra más allá de nuestra intervención y control. Es, precisamente, en la adopción de esta actitud de humildad, que lo divino, lo puramente trascendente, se abre ante nosotros como meramente inefable.

Heidegger parte de este punto para indagar aún más en esta relación basada en la humildad y la aceptación de nuestra incapacidad de comprender lo inefable. Para ello introduce aún otro tema como es el de la tierra y la relación del ser humano con ella, y escribe:

> Pero el Ser (Seyn) preguntado, desde el cual el Último Dios en su tiempo contesta, dispone a la confianza en el obsequio de la más calma referencia a la tierra de un mundo, que, disputando su esencia, despliega (entbreiten) en el sitio de una historia de la réplica del hombre y del Último Dios. La confianza no está encadenada a lo presente ante la mano ni construida sobre ente alguno. Es acaecida por el Ser (Seyn) como la siempre inicial serenidad, que nunca cae en acostumbramiento, del largo ánimo de custodia sobre la preparación al evento.[47]

Para Heidegger, la relación con la tierra es esencial. La cuadratura compuesta de Dios, cielo, tierra y hombre requiere una armonía perfecta que es la que

---

47. Martin Heidegger, *La historia del Ser*, traducido por Dina V. Picotti C. (Buenos Aires: El Hilo de Ariadna, Biblioteca Internacional Martin Heidegger, 2011), «Esbozo de Koinon. Acerca de la historia del ser [Seyn]», §213, 247.

permite que el Ser pueda manifestarse plenamente. Es indispensable que los seres humanos mantengan una conexión equilibrada con el cielo, con la divinidad y con la tierra. No podemos caer en la ilusión de que podemos explotar la tierra sin consecuencias, o descuidar a nuestros semejantes, o ser negligentes o manipulativos con la meditación, que representa nuestra relación con el cielo. Centrarse únicamente en el Ser sin considerar estos otros aspectos vitales conduce a un entendimiento incompleto y fragmentado de nuestra existencia, y nos lleva a recurrir a la técnica. La integridad del Ser emerge solo cuando todos estos componentes están en equilibrio y en resonancia entre sí.

Esto revela la existencia de un conflicto, una disputa fundamental por la esencia del mundo. Este desacuerdo surge de los dos modos en que el mundo puede definirse: por un lado, en relación con el ente, como lo hace la técnica; y, por otro lado, en relación con el Ser, como pretende la ontología heideggeriana. Heidegger afirma que, al alinearse con la técnica, el ser humano ya no vive en la tierra, sino en un ámbito técnico que ha devastado el entorno natural (*physis*). En este sentido, la técnica (*techne*) con la que el ser humano aborda el mundo refleja tanto el dominio sobre los entes como el olvido del Ser. Con su afán por conocer y detallar el empirismo de la realidad, la *physis* y el Ser, el ser humano ha reducido esa realidad a objeto de conquista y manipulación, despojándola de su esencia. Sin embargo, el mundo puede también encontrar su identidad en la relación con el Ser, rechazando la supremacía de la técnica. Estas dos posturas, no obstante, son mutuamente excluyentes. No es posible que el mundo se defina simultáneamente por el Ser y por la técnica. Este es el núcleo del conflicto sobre la esencia del mundo y el motivo que la relación del ser humano con el mundo depende primordialmente de la relación del ser humano con el Ser.

Además, la esencia del mundo tiene una influencia decisiva, ya que en ella se define el curso de la historia humana y la llegada del Último Dios. Esto destaca que la apertura al Ser no es un capricho ni una opción, sino una necesidad intrínseca al ser humano. Esta apertura le permite comprender(se) en relación con el Ser y, a partir de ello, entender su propio devenir histórico en el mundo.

Heidegger describe esta actitud meditativa de la apertura al Ser mediante términos como pasividad, sosiego o espera. En primer lugar, y con relación a la confianza, dice en la cita mencionada:

La confianza no está encadenada a lo presente ante la mano ni construida sobre ente alguno.

Abrirse al Ser, según Heidegger, implica depositar una confianza absoluta en él, trascendiendo cualquier previsión, cálculo o conceptualización que podría objetivarlo. Este acto de confianza no se enfoca en ningún ente particular; más bien, supone una apertura receptiva y una escucha atenta al Ser, permitiendo que se revele en su carácter absolutamente trascendente e inefable.

Como veremos más adelante, la confianza, en este sentido, no se agota en la relación de apertura al Ser, sino que nos mece ante la revelación de lo que Heidegger denomina el Último Dios. Este acto de confiar supera el pensamiento racional y ontificante propio de la epistemología tradicional. Abre la posibilidad de una relación más íntima con el Ser y con la divinidad que se manifiesta al escucharlo. Más aún, Heidegger señala que esta cuestión de la confianza inaugura un nuevo horizonte relacional. Tras la irrupción de la filosofía epistemológica, la relación del ser humano con el Ser quedó reducida a la reflexión sobre un ser concreto, un ente. Esta limitación afectó también a la religión, donde Dios pasó a ser entendido como un ente particular dentro de los mismos parámetros filosóficos dualistas.

En contraste, la apertura que propone la ontología heideggeriana rehúye esa estructura conceptualista y promueve una relación de confianza que transforma radicalmente nuestra comprensión de la realidad. En este replanteamiento, Dios ya no es concebido como un ente específico, concreto o personal, como ocurría en la ontoteología, sino como una realidad más primordial que es accesible solo mediante la apertura confiada al Ser. Devolverle al Ser esta confianza nos permite acceder a una experiencia más auténtica y trascendente de lo divino.

Heidegger fundamenta la confianza y la actitud meditativa en la noción de la serenidad, sobre la que dice que:

Es acaecida por el Ser (*Seyn*) como la siempre inicial serenidad […].

Según él, la característica fundamental de la experiencia de confianza en el Ser reside, así pues, en la serenidad, es decir, en esa calma perpetua que los antiguos griegos conocían como *ataraxia*. Esta serenidad original es una serenidad del espíritu que conlleva una imperturbabilidad ante las vicisitudes y desafíos de la existencia, y que, como tal, se erige como el ideal supremo de la filosofía clásica. Más que simplemente denotar la ausencia de trastornos emocionales, la *ataraxia* también sugiere un equilibrio interior, un estado mental en el cual la paz y la estabilidad permanecen inmutables ante las circunstancias externas. Este estado de calma y serenidad, altamente valorado por los pensadores helénicos, es esencial en la búsqueda del bienestar integral y en la comprensión auténtica de la naturaleza del Ser. Dicho de otro modo, sin serenidad no hay confianza posible, y sin confianza no hay meditación. La capacidad de mantener esta tranquilidad o sosiego frente a los eventos externos constituye un elemento central en la aspiración filosófica para una vida plena y equilibrada, así como para la apertura al Ser.

La confianza y la serenidad son elementos fundamentales de lo que Heidegger denomina una auténtica pasividad, una disposición completamente despojada de técnicas correctivas o intervenciones. En esta actitud, es el Ser quien interpela al ser humano, y este responde desde su más radical vulnerabilidad y honestidad. La esencia de esta relación reside en la convocatoria del Ser, una llamada que nos orienta hacia su encuentro sin imponer condiciones previas ni mediar expectativas. El Ser dice al ser humano porque es el Ser quien lo llama y lo convoca. Ese es el momento crucial: ante la llamada, el ser humano responde, ya sea mediante la actividad técnica o correctiva, o mediante la serenidad y confianza que lo abren al Ser.

Se produce un cambio esencial cuando «el humano», entendido como sujeto agente y maestro de técnica, se transforma en «lo humano», en *Dasein*. Cuando respondemos a esa llamada desde la serenidad y la confianza, dejamos de ser «hacedores» para convertirnos en testigos pasivos. Entonces, la *techne* se disuelve, permitiendo que la *physis* brote de nuevo por sí misma.

Sin embargo, en lugar de simplemente negar la capacidad cognitiva del ser humano, Heidegger reorienta su naturaleza primigenia, definiendo al ser humano como ser-ahí y no como un sujeto cognoscitivo y epistemológico. El *Dasein* representa el fundamento primordial[48] de la existencia humana: ser humano no es ser humano porque objetiviza, sino que es ser humano por ser-ahí, y ser-ahí significa ser-ahí-en-el-mundo-con-otros (*Mitsein*). Heidegger puede afirmar que ser significa ser afectado por el Ser. Este enfoque sugiere que lo verdaderamente crucial es hallarse en la apertura del Ser. Por tanto, en lugar de concebir al *Dasein* como un

---

48. Heidegger, Martin. *Ser y tiempo*. Traducido por José Gaos. (Madrid: Fondo de Cultura Económica, 1951), 53 y ss.

nuevo sujeto, debemos entenderlo como una apertura al Ser. Es decir, ser-ahí no es simplemente un ser-ahí, sino ser-en-el-ahí, siendo afectado por el Ser.

En este sentido, la propuesta de Heidegger representa una auténtica revolución filosófica. Busca que el ser humano penetre en su propio Ser, no por decisión egoica para reconquistar lo oculto, sino como respuesta a la llamada del Ser mismo. El ser humano solo podrá oír una vez que se haya despojado de sus vestiduras egoicas y muestre una predisposición pasiva hacia la pura trascendencia, hacia aquello que no ve, aquello que no conoce, aquello que no puede siquiera comprender.

Capítulo 16

La unidad de la humanidad en el Ser

El capítulo anterior nos ha llevado a establecer una conexión crucial entre la tecnificación del pensamiento y el olvido del Ser, así como entre este olvido y la ausencia de una historia compartida. Dicho de otro modo, el olvido del Ser y el hecho de carecer del Ser como patria, nos ha conducido a la falta de una historia en común. El problema evidente es que la tecnificación proviene de un enfoque científico que reduce la realidad a un conjunto de entes empíricos, configurando una naturaleza enajenada y despojada del Ser. Esta perspectiva tecnológica, arraigada en la filosofía epistemológica tradicional, ha fomentado el olvido del Ser en diversos ámbitos. Primero, como ya hemos señalado, en los ámbitos filosófico y religioso. En segundo lugar, y no menos relevante, en el ámbito histórico, al negar al ser humano la capacidad de comprender su existencia histórica en la tierra y en el mundo, más allá de una simple colección de fechas y eventos objetivados.

Para Heidegger, todo conocimiento está «arrojado» irremediablemente a una situación particular de comprensión. Esto implica que no existe un punto de vista absolutamente neutral desde el cual acceder a una verdad universal. En otras palabras, no existe una única y verdadera historia objetiva del ser humano. Al afirmar que conocemos la auténtica historia, olvidamos que esa lectura es solo una interpretación, una visión de los hechos, pero no la verdad en sí.

La ciencia, por tanto, aunque sea un método eficaz y poderoso para comprender la realidad empírica, sigue siendo una construcción interpretativa arraigada en una apertura de sentido específica, fundamentada en las estructuras precientíficas del ser-en-el-mundo. En virtud de esta lectura, Heidegger describe esta condición como una «crisis» que permea la totalidad del pensamiento occidental. La ciencia, al convertirse en la forma predominante de entender el mundo, ignora su fundamento en la existencia humana concreta. La ciencia se transforma en una «cosmovisión» que considera su método como la única vía legítima para acceder a la realidad. Ignora, sin embargo, que su perspectiva es solo una entre muchas posibles formas de relacionarse con el Ser y el mundo.

A pesar de todo esto, Heidegger no rechaza la validez de la ciencia; más bien la reinscribe como una modalidad particular de «desvelamiento» del Ser (*alétheia*), que no debe asumirse como definitiva ni exclusiva. De esta forma, la ontología hermenéutica[49] heideggeriana concluye que todo conocimiento —incluido el conocimiento

---

49. Heidegger, Martin. *Ontología: hermenéutica de la facticidad*. Traducido por Arturo Leyte. (Madrid: Trotta, 2001).

científico— es una forma de interpretación dependiente de una precomprensión del Ser. En consecuencia, el escepticismo y el relativismo no constituyen meros obstáculos epistemológicos que deban ser superados, sino que plantean desafíos fundamentales que requieren una reconsideración radical de lo que se entiende por Verdad y conocimiento.

La situación de nuestra sociedad actual se refleja en la famosa máxima de Thomas Hobbes, autor del Leviatán: «el hombre es un lobo para el hombre».[50] Esta expresión hace referencia a la crueldad innata en la naturaleza humana, resaltando cómo, frecuentemente, nuestros peores enemigos son nuestros propios semejantes. Hobbes, con su perspicaz comprensión de la condición humana, pone de relieve que la competencia, la hostilidad y la agresividad pueden surgir incluso en nuestras interacciones más íntimas. Esta observación, lejos de perder su pertinencia con el tiempo, sigue siendo un reflejo perturbador de la realidad contemporánea, donde la rivalidad y el conflicto entre individuos son constantes. Heidegger, por su parte, sostiene que los seres humanos solo lograrán fraternizar verdaderamente cuando, abiertos al Ser, tomen consciencia de que comparten una única patria común. Según su perspectiva, es esta comprensión profunda y compartida la que permitirá a la humanidad superar las divisiones y fragmentaciones

---

50. Höffe, Otfried. *Thomas Hobbes*, trans. Nicholas Walker (Albany: State University of New York Press, 2015), 126. Traducción propia del inglés.

que tanto nos afectan. El reconocimiento de que todos pertenecemos a una misma patria, que es el Ser, nos brinda la posibilidad de una convivencia armoniosa y solidaria. Esta idea subraya la importancia de una identidad común y colectiva, que trascienda las diferencias individuales y culturales, fomentando así una unión más auténtica entre las personas.

Para Heidegger, solo a través de este despertar a nuestra patria compartida, que es el Ser, podremos forjar lazos de hermandad duraderos y significativos. Es decir, no es desde la política por sí sola, ni desde la ética como disciplina, que el ser humano podrá forjar una convivencia basada en el respeto por la diversidad. Para ello, es necesario en primer lugar repensar el origen del olvido del Ser y repensar al mismo ser humano como ser-ahí. Esta misma idea late ya con fuerza en el Antiguo Testamento, concretamente en la «Oración por la liberación». En la décima bendición de la oración de las «Dieciocho bendiciones», que recopilaron los sabios de la Gran Asamblea y que preceden en el tiempo a los *Tana'im* y a los *Zuggot,* leemos:

תְּקַע בְּשׁוֹפָר גָּדוֹל לְחֵרוּתֵנוּ וְשָׂא נֵס לְקַבֵּץ גָּלֻיּוֹתֵינוּ וְקַבְּצֵנוּ יַחַד
מְהֵרָה מֵאַרְבַּע כַּנְפוֹת הָאָרֶץ לְאַרְצֵנוּ: בָּרוּךְ אַתָּה ה' מְקַבֵּץ נִדְחֵי
עַמּוֹ יִשְׂרָאֵל.
(תפילת שמונה עשרה, ברכת קיבוץ גלויות)

Haz sonar el gran *shofar* (cuerno de carnero) por nuestra libertad, y levanta un estandarte

Capítulo 16: La unidad de la humanidad en el Ser

para reunir a nuestros exiliados, y reúnenos rápidamente desde los cuatro puntos cardinales a nuestra Tierra. Bendito seas, Señor, Reunidor de los dispersos de su pueblo Israel.

(Las dieciocho oraciones. Por la liberación)

Esta bendición se basa en un versículo de Isaías.

וְהָיָה בַּיּוֹם הַהוּא יִתָּקַע בְּשׁוֹפָר גָּדוֹל וּבָאוּ הָאֹבְדִים בְּאֶרֶץ אַשּׁוּר וְהַנִּדָּחִים בְּאֶרֶץ מִצְרָיִם וְהִשְׁתַּחֲווּ לַה' בְּהַר הַקֹּדֶשׁ בִּירוּשָׁלָ͏ִם:
(ישעיהו כ"ז, י"ג)

Y en aquel día se tocará un gran *shofar* (cuerno de carnero), y los descarriados que están en la tierra de Asiria y los expulsados que están en la tierra de Egipto vendrán y adorarán al Señor en el monte santo, en Jerusalén.

(Isaías, 27:13)

En otras palabras, la fuerza que solía unirnos en torno al Ser se ha desvanecido, ya que cada individuo crea ahora su propia religión o filosofía. Esta fragmentación ha resultado en la pérdida de una congregación común que nos unifique. La ausencia de Dios equivale a la privación, por parte de la humanidad, de un factor unificador.

De modo parecido, la proliferación de religiones demuestra la ausencia de un verdadero Dios, cuya existencia implica precisamente la inexistencia de religiones múltiples. En su visión, cuanto más se multiplican las religiones, menos presencia divina tenemos. Es precisamente por este motivo que, para Heidegger, como para Nietzsche antes que él, la noticia más alentadora es la muerte de Dios y la consecuente desaparición gradual de las religiones, una por una. Para decirlo de otro modo, Moisés no fue ni ortodoxo, ni conservador ni reformista, de la misma manera que Jesús no fue anglicano, protestante, católico ni Testigo de Jehová. La muerte del Dios personificado y ontoteologizado marca el fin del Dios de la religión, abriendo el camino para la aparición del Último Dios: un Dios no personificado ni conceptualizado.

Heidegger recurre a la obra de Rilke para explorar esta misma idea. De hecho, desde el siglo XX hasta la actualidad, la obra de Rilke ha captado la atención de numerosos filósofos, gracias a la riqueza de su poesía. En su ensayo *¿Y para qué poetas?*, Heidegger explora la conexión entre la poesía de Rilke y la escasez de nuestro tiempo, diciendo: «No solo han huido los dioses y el dios, sino que en la historia universal se ha apagado el esplendor de la divinidad». Con la extinción del esplendor de la divinidad, el ser humano se encuentra inmerso en las tinieblas de la oscuridad, donde deambula confundido y choca continuamente con sus semejantes. Este declive del brillo divino ha sumido a los individuos en un estado de desorientación, donde la claridad y el entendimiento han sido reemplazados por la confusión y el desconcierto. En esta oscuridad, la capacidad de discernir y de conectarse auténticamente con los demás se

Capítulo 16: La unidad de la humanidad en el Ser

ha visto gravemente afectada, resultando en un constante choque y conflicto. La pérdida de ese resplandor, que alguna vez iluminó la existencia humana, ha llevado a una situación donde la convivencia se torna difícil y la comprensión mutua, escasa.

Las respuestas eminentemente políticas que han surgido son variopintas. El comunismo, por ejemplo, no ha representado una solución. Al contrario, ha empeorado la situación. Como el mismo Heidegger menciona en la *Carta sobre el humanismo*, el marxismo transforma al ente en mero material de trabajo, manteniéndolo dentro del ámbito de la *techne*. El Estado no puede imponer una unidad de la raza humana mediante un sistema de leyes que dicte abandonar la individualidad para convertirse en un colectivo o saltar obligatoriamente del «yo» al «nosotros». Aquellos que buscaron la unidad, como lo hizo Karl Marx con su célebre exhortación «obreros del mundo, uníos»[51], fallaron en alcanzar una cohesión auténtica. Heidegger argumenta que la verdadera unidad y comunión no pueden emerger de una ideología como el comunismo. En su lugar, sostiene que el camino genuino hacia la unidad reside en que los seres humanos reconozcan y comprendan su patria común en el Ser. En lugar de buscar una unidad impuesta por estructuras políticas o legales que conducen al olvido del Ser, debemos encontrar nuestra conexión más profunda en el Ser mismo. Este entendimiento del Ser como

---

51. Marx, Karl y Friedrich Engels. *Manifiesto del Partido Comunista*. Traducido por Samuel Moore. (Madrid: Penguin Books, 2002), 62.

un fundamento común puede fomentar una auténtica comunión y cohesión entre las personas, más allá de las fronteras estatales o las imposiciones ideológicas.

Heidegger, en realidad, coincide con Marx en su diagnóstico, ya que ambos consideran necesario superar el individualismo egoísta. No obstante, discrepan en cuanto a la solución propuesta. Mientras que Marx aboga por la unificación de los obreros en una lucha social, Heidegger no cree que esta vía conduzca a una auténtica comunión humana. Las ideologías pueden promover una cierta cohesión y cooperación en el ámbito social y político. Sin embargo, estas formas de unidad suelen ser superficiales y temporales, y acaban siempre siendo devoradas por la misma tecnificación que las ha generado. La verdadera unión trasciende las construcciones ideológicas y se fundamenta en una comprensión compartida de nuestra esencia como seres humanos. Solo al reconocer y experimentar esta unión esencial en el Ser, podemos establecer una comunión genuina y duradera.

Bibliografía de la sección IV

- Aristóteles. *Metafísica*. Traducido por Valentín García Yebra. Madrid: Editorial Gredos, 1997.
- Descartes, René. *Meditaciones metafísicas*. Traducido por Manuel García Morente. Madrid: Tecnos, 2011.
- Heidegger, Martin. *Carta sobre el humanismo*. Traducido por Helena Cortés y Arturo Leyte. Madrid: Alianza Editorial, 2000.
- Heidegger, Martin. *¿Qué significa pensar?* Traducido por Jorge Eduardo Rivera. Madrid: Trotta, 1997.
- Heidegger, Martin. *La historia del Ser*. Traducido por Dina V. Picotti C. Buenos Aires: El Hilo de Ariadna, Biblioteca Internacional Martin Heidegger, 2011.
- Heidegger, Martin. *Ontología: Hermenéutica de la facticidad*. Traducido por Arturo Leyte. Madrid: Trotta, 2001.
- Heidegger, Martin. *Ser y tiempo*. Traducido por José Gaos. Madrid: Fondo de Cultura Económica, 1951.
- Höffe, Otfried. *Thomas Hobbes*. Translated by Nicholas Walker. Albany: State University of New York Press, 2015.

- Marx, Karl, y Friedrich Engels. *Manifiesto del Partido Comunista*. Traducido por Samuel Moore. Madrid: Penguin Books, 2002.
- Most, Glenn W. «The Poetics of Early Greek Philosophy». En *The Cambridge Companion to Early Greek Philosophy*, editado por A. A. Long, 332–362. Cambridge: Cambridge University Press, 1999.
- Prior, Arthur N. «La teoría de la verdad por correspondencia». En *Enciclopedia de Filosofía*, vol. 2, 223-224. Madrid: Ediciones Gredos, 1990.
- Sartre, Jean-Paul. *El ser y la nada: Ensayo de ontología fenomenológica*. Traducido por Juan Valmar. Barcelona: Ediciones Cátedra, 2005.
- Vagnetti, Michele. «Rudolph Hermann Lotze's Philosophically Informed Psychology». Journal of the History of the Behavioral Sciences 59, no. 1 (2023).

SECCIÓN V
DE LA ONTOTEOLOGÍA AL DIOS DESCONOCIDO

Capítulo 17

El Dios Desconocido

En la sección I de este estudio, hemos analizado la evolución histórica de los conceptos, desde Platón y Aristóteles hasta la escolástica medieval. La filosofía occidental ha aplicado esta conceptualización al Ser, cayendo en una crisis ontológica. La ontoteología ha intentado transformar a Dios en un objeto de estudio, reduciendo lo divino a un ente conceptual. Como vimos en la sección II, esta perspectiva influyó en la búsqueda humana de Dios. En el cristianismo, por ejemplo, se reduce al Dios absoluto e inefable a un Dios personal, ontoteologizado, adaptado a los parámetros del pensamiento humano.

En la sección III analizamos cómo la estructura dualista de Santo Tomás condujo al cristianismo a un callejón sin salida. Dios, ahora creado a imagen y semejanza del ser humano, se convierte en un concepto identificable, definible y comprensible. Esto produce un doble empobrecimiento: por un lado, limita a Dios como figura de lo divino; por otro, restringe la capacidad humana de abrirse y acercarse a lo inefable. En consecuencia, tanto Dios como el ser humano quedan atrapados dentro de los límites epistemológicos impuestos por la filosofía y la teología.

Finalmente, en la sección IV abordamos la crítica de Heidegger a la filosofía occidental por haber olvidado el Ser. La conceptualización generó una desconexión de lo esencial. Heidegger propone un retorno al Ser mediante la pasividad y la meditación.

La presente sección explica la necesidad de trascender las categorías tradicionales de la metafísica y la religión. Sugiere replantear lo divino y al ser humano como apertura hacia un ámbito que trascienda lo epistemológico, enriqueciendo su experiencia y significado. Empezaremos distinguiendo entre el Dios personal, ontificado, y el Dios como puramente trascendente. En el libro de Hechos leemos:

> Porque mientras pasaba y observaba los objetos de vuestra adoración, hallé también un altar con esta inscripción: **AL DIOS DESCONOCIDO.** Pues lo que vosotros adoráis sin conocer, eso os anuncio yo.
> (Hechos,17:23)

El Dios personal mencionado hasta ahora representa al Dios conocido, fruto del pensamiento humano, en contraste con el Dios impersonal o desconocido, aludido en esta cita del libro de los Hechos. Esta diferencia puede entenderse mejor a través de las concepciones de forma e imagen a las que antes ya hemos prestado atención. Así, para que el ser humano pueda conocer, necesita crear

CAPÍTULO 17: EL DIOS DESCONOCIDO

una imagen que le permita pensar aquello que desea conocer. Es decir, en virtud de los parámetros de la filosofía platónica, el conocimiento (*epistemé*), como fruto del pensamiento, emerge a partir de la elaboración de una *imagen*[52], término griego estrechamente vinculado al concepto de «idea» (*eidos*). Cabe notar que *eidos*, que también significa 'imagen', proviene de *éidōlon* (εἴδωλον), que a su vez se traduce como 'figura'. Por tanto, pensar, como base de conocimiento, significa elaborar, o poner ante sí, una imagen o figura, como idea que da forma a lo pensado. Esto establece la relación dualista que antes hemos analizado. Además, como revela el Antiguo Testamento, el problema no radica únicamente en el acto de pensar, sino en la dificultad humana para relacionarse con lo que trasciende y supera sus capacidades cognitivas. Concretamente, el libro de Éxodo hace referencia a la creación de ídolos, del latín *īdōlum*, término de nuevo directamente relacionado con *éidōlon y eidos* (idolatría).

לֹא־תַעֲשֶׂה־לְךָ פֶסֶל וְכָל־תְּמוּנָה אֲשֶׁר בַּשָּׁמַיִם מִמַּעַל וַאֲשֶׁר
בָּאָרֶץ מִתָּחַת וַאֲשֶׁר בַּמַּיִם מִתַּחַת לָאָרֶץ: לֹא־תִשְׁתַּחֲוֶה לָהֶם
וְלֹא תָעָבְדֵם כִּי אָנֹכִי ה' אֱלֹהֶיךָ אֵל קַנָּא פֹּקֵד עֲוֹן אָבֹת עַל־בָּנִים
עַל־שִׁלֵּשִׁים וְעַל־רִבֵּעִים לְשֹׂנְאָי:

(שמות כ', ד'-ה')

---

52. En el *Fedón*, Cebes declara que Sócrates está acostumbrado a siempre mencionar «la teoría de que aprender es recordar», lo que refleja la noción platónica de «imagen» con un símbolo de ideas abstractas, lo que él mismo llama Formas. Platón. *Fedón*. Traducido por Carlos García Gual. (Madrid: Alianza Editorial, 2000), 72e.

Sección V: De la ontoteología al Dios Desconocido

> No te harás imagen, ni ninguna semejanza de lo que esté arriba en el cielo, ni abajo en la tierra, ni en las aguas debajo de la tierra. No te inclinarás a ellas, ni las honrarás; porque yo soy el Señor tu Dios, fuerte, celoso, que recuerda el pecado de los padres sobre los hijos hasta la tercera y cuarta generación de los que Me aborrecen.
>
> (Éxodo, 20:4-5)

El mandamiento de no hacernos una imagen del Dios desconocido sugiere que Dios no puede, y no debe, ser concebido mediante el pensamiento, es decir, como idea o como figura con forma separada. Como mencionamos antes, la imagen y el pensamiento están interconectados. Solo podemos pensar aquello que logramos visualizar, es decir, aquello de lo cual podemos formar una imagen mental delimitada. Así pues, el mandamiento parece estar diciendo que la relación del ser humano con Dios no puede reducirse a una relación ideática y, por tanto, epistemológica. Esto se debe a que Dios, como desconocido, no es cognoscible como un objeto más del pensamiento humano. Es más, si creamos una imagen de Dios, solo tendremos una idea de este, pero Dios se habrá ocultado tras el horizonte de dicha idea. Esto nos lleva a concluir que el ser humano debe explorar otras vías relacionales con Dios para evitar encerrarlo en una imagen que satisfaga su deseo de conocerlo. Esta otra relación puede o debe respetar a Dios en su seidad y hacerle justicia, sin violentarlo al atribuirle una realidad que, como Dios, le es ajena.

Para analizar la relación que el ser humano puede o debe tener con el «Dios desconocido», más allá de toda imaginación, idea o pensamiento, recurriremos al Antiguo y Nuevo Testamento. Además, exploraremos cómo Heidegger ha abordado el tema de Dios en sus escritos finales, uno de los temas más controvertidos en su pensamiento. No obstante, su perspectiva es particularmente interesante, ya que se enfoca en la aparición de un Último Dios en el horizonte de lo que él llama el «otro comienzo»[53]. Esta visión ofrece una nueva dimensión para comprender lo divino bajo otros parámetros. El Último Dios representa el retorno a un comienzo anterior al giro filosófico de Platón y Aristóteles, cuyas filosofías establecieron parámetros epistemológicos. Este comienzo exige en primer lugar un retorno al Ser que ha sido hundido en el olvido y sustituido por el ente mediante la epistemología y la metafísica

Al mismo tiempo, esta recuperación no puede iniciarse desde un pensamiento que simplemente replique las mismas estructuras epistemológicas que deseamos trascender. Al contrario, y esta es la propuesta

---

53. Martin Heidegger, *La historia del Ser*, traducido por Dina V. Picotti C. (Buenos Aires: El Hilo de Ariadna, Biblioteca Internacional Martin Heidegger, 2011), sección VI, «La resolución. La esencia del poder. Lo necesario», §49, «La decisión. El ser [Seyn] y el hombre», 78.

de Heidegger, deberá iniciarse con un giro ontológico enfocado a proveernos fundamentos que nos permitan presentar la cuestión del Último Dios. A partir de esta ontología fundamental, como la llama, podemos iniciar este nuevo encauzamiento. Esto requiere, primero, una analítica del *Dasein* que permita restablecer una base para que el ser humano se reabra al Ser. En otros textos, Heidegger explica este desplazamiento de sujeto a presujeto, de un sujeto meramente pensante a *Dasein*. Esto se logra mediante la adopción de la serenidad y la auténtica meditación, abordadas en la sección IV, que son el sendero hacia la reapertura al Ser y, con ello, a la reinstalación de lo sagrado.

Para ello, como mencionamos en la sección anterior, el estado de serenidad suspende el razonamiento, la imaginación y la voluntad de conocer. Esto permite entregarse plenamente a la pasividad del silencio, establecida en el «*páthos* de la escucha». Para Heidegger, la adopción de esta serenidad y pasividad implica preparar al ser humano para una reapertura al Ser. Esto requiere repensar al ser humano no como sujeto, sino como *Dasein* (ser-ahí-en-el-mundo), investigando su seidad para desenterrar su existencia más primordial y auténtica. Desde ahí, podrá abrirse a una Verdad esencial sin recurrir a maquinaciones. Este proceso implica, primero, el desvanecimiento del ser humano como fenómeno egoico y sujeto trascendental. Luego, da lugar al advenimiento de aquello que subyace a toda subjetividad: el ser humano como ser-en-el-mundo, como ser que vive. En este sentido, no solo desaparece como organismo, sino también como ser conceptualizado, para reconectarse con su existencia en el mundo, previa a su conceptualización como fuente de recursos.

La introducción de la noción de *Dasein* implica, desde el inicio, que el ser humano no se reduce a su existencia epistemológica, es decir, a ser un ser pensante. Antes de ello, está en una disposición permanente hacia el mundo y otros seres humanos, viviendo el mundo con ellos a través de experiencias. El giro filosófico central de Heidegger propone, por tanto, la ontología como anterior a toda epistemología. Dicho de otro modo, el pensar está precedido por el hecho de ser, lo cual implica que «ser» no es un constructo ni una simple imagen creada por nuestras facultades intelectuales, sino la condición de posibilidad de todo pensar. Más aún, este argumento expone que este nuevo encauzamiento no es una idealidad de su filosofía, sino que se fundamenta en una realidad ontológica que precede a todo lo demás.

Esta noción de Ser ya estaba presente en la historia a través de tres autores fundamentales: Heráclito, Parménides y Anaximandro. Sus enfoques sobre la manifestación del Ser marcan el inicio de la historia de Occidente. Heidegger los llama «los pastores del Ser». La civilización occidental se funda, justamente, con el advenimiento del Ser. Sin embargo, como hemos visto de manera detallada en la sección anterior, Platón y Aristóteles intervienen y, en lugar de recibir el Ser con veneración, introducen categorías para determinarlo.

Sección V: De la ontoteología al Dios Desconocido

Platón formula las ideas y Aristóteles establece las categorías. Este acto de crear moldes, eso es, formas, que dan lugar a imágenes, para definir al Ser amenaza su libertad inherente como Ser. Más aún, la idealización y la categorización del Ser abre la puerta a la idealización y categorización de Dios mismo o, en términos bíblicos, a la idolatría. Al crear conceptos y categorías del Ser para hacerlo comprensible, este se retira y se oculta. Ante ese vacío, el ser humano, en vez de permanecer abierto, expectante y receptivo a las manifestaciones del Ser, construye un dios sustituto: el Dios de la ontoteología, que reemplaza al verdadero. Esto mismo ya se expone en el Antiguo Testamento, donde leemos:

וַיְדַבֵּר ה' אֶל מֹשֶׁה לֶךְ רֵד כִּי שִׁחֵת עַמְּךָ אֲשֶׁר הֶעֱלֵיתָ מֵאֶרֶץ מִצְרָיִם:
סָרוּ מַהֵר מִן הַדֶּרֶךְ אֲשֶׁר צִוִּיתִם עָשׂוּ לָהֶם עֵגֶל מַסֵּכָה וַיִּשְׁתַּחֲווּ לוֹ
וַיִּזְבְּחוּ לוֹ וַיֹּאמְרוּ אֵלֶּה אֱלֹהֶיךָ יִשְׂרָאֵל אֲשֶׁר הֶעֱלוּךָ מֵאֶרֶץ מִצְרָיִם:
(שמות ל"ב, ז'-ח')

Entonces el Señor habló a Moisés: «Desciende pronto, porque tu pueblo, que sacaste de la tierra de Egipto, se ha corrompido. Bien pronto se han desviado del camino que yo les mandé. Se han hecho un becerro de fundición y lo han adorado, le han ofrecido sacrificios y han dicho: «Este es tu dios, Israel, que te ha sacado de la tierra de Egipto».

(Éxodo, 32:7-8)

Capítulo 17: El Dios Desconocido

Heidegger y Hölderlin describen el fenómeno de la ontologización del Ser y la subsiguiente adoración idólatra del ser humano como «la huida de los Dioses».[54] Esto explica que el olvido del Ser y la creación de ídolos, por un lado, y el desvanecimiento de Dios por el otro, no son fenómenos aislados. Según Heidegger, la idolatría no sería más que la consecuencia directa del olvido del Ser. Esto ocurre porque, al retirarse el Ser, no lo hace como un objeto óntico que se oculta tras otro, sino que cesa su manifestación. El Ser, en su manifestación, responde a lo radicalmente trascendente que, como tal, siempre desborda los márgenes y límites de toda forma e idea. Cuando el Ser no se manifiesta como absoluto, eso es, como Sagrado, como radicalmente Otro —como diría Levinas—, el ser humano es confrontado por un vacío o silencio sepulcral. Este vacío lo impulsa a crear dioses-ídolos, siempre forjados a su imagen y semejanza, como substitutos de lo absolutamente trascendental. Heidegger llama a este silencio sepulcral «la resonancia», comparándolo con el eco silencioso y abrumador que permanece tras el violento cierre de una puerta, luego de que alguien abandone una habitación en un arranque de furia.

Según él, las diversas religiones surgen precisamente para dar sentido a ese vacío abrumador y ensordecedor dejado por la retirada del Ser. Esta retirada implica,

---

54. Martin Heidegger, *Aportes a la filosofía. Acerca del evento*, traducción de Dina V. Picotti C. (Buenos Aires: Editorial Biblos / Editorial Almagesto, 2000).

por definición, la ausencia de toda manifestación del Ser y de toda trascendencia. Este tránsito del retiro del Ser al surgimiento de los ídolos tiene implicaciones que trascienden la religión y la filosofía. Ante la ausencia de un Dios puramente trascendental, que solo puede manifestarse desde el Ser, el ser humano organiza e institucionaliza sus religiones. Así, les otorga a sus líderes poder y control sobre las masas, tanto a nivel social como político, con todas las consecuencias que esto implica.

Sin embargo, en determinado momento, la misma religión institucionalizada, como sustituto de lo absoluto, deja de inspirar al ser humano. Instituciones corruptas y líderes egoístas, promotores de creencias, pierden la capacidad de atraer al público, porque sus ídolos no pueden llenar el vacío ni calmar el vértigo provocado por la huida de lo inefable.

Es decir, el Dios de la ontoteología se devalúa cuando el mismo ser humano abandona sus creencias. Las verdades de las religiones organizadas son desoídas, hasta que, eventualmente, el ser humano llega a un punto en el que termina por no creer en nada. En otras palabras, el Dios de la ontoteología desde una perspectiva metafísica, y el Dios personal desde un enfoque religioso, se han transformado en la antesala del nihilismo, la más absoluta de las vacuidades.

Ante esta situación, Heidegger introduce la hermenéutica y el *Dasein*. No lo hace simplemente para demostrar que ambos son más primigenios que la epistemología o el sujeto trascendental respectivamente,

CAPÍTULO 17: EL DIOS DESCONOCIDO

sino como un sendero para permitir la manifestación del Ser. Este enfoque busca atender su revelación sagrada con el carácter divino que le es propio. A través de ello, el ser humano puede reencontrar significado en su existencia, más allá del conocimiento de formas e imágenes, y superar el nihilismo en el que se ha sumido. Según el primer Heidegger, Dios debe ser liberado por el ser humano mismo. Es el *Dasein* quien debe romper las cadenas conceptuales impuestas por la filosofía y la metafísica que han transformado al Ser en un ente. Esto ha reducido a Dios a un objeto ontificado, es decir, a un ídolo más. Dicho de forma más radical, el ser humano debe desprenderse de su subjetividad objetivizante y sumergirse en su existencia presubjetiva. Debe dejar de pensar para meditar y contemplar auténticamente. En la filosofía de Heidegger, esto significa que la ontología fundamental no es una teoría ni una imposición, sino que emerge de la desolación en la que la idolatría y la religión institucionalizada han subsumido al sujeto. Es el propio sujeto quien ha superado la fascinación por fabricar ídolos y ha perdido el encanto por crear becerros de oro. Siendo consciente de su desilusión, el *Dasein* se transforma en la apertura necesaria para que el Ser se manifieste en su verdad. En otras palabras, el sujeto suspende su propia racionalidad —como en una reducción fenomenológica— para descubrirse como ser-ahí-en-el-mundo-con-otros. Más aún, Heidegger parece sugerir que el nihilismo al que ha sido arrastrado el ser humano es casi una necesidad. Ese vacío, esa nada (nihil),

Sección V: De la ontoteología al Dios Desconocido

ante la cual el sujeto se postra, lo impulsa a abandonar su racionalización del mundo. Con ello, renuncia también al Dios personalizado que había creado como sustituto de lo auténticamente sagrado.

La renuncia a la subjetividad superficial es la meditación auténtica. No se trata de una práctica, sino de un modo de ser caracterizado por la pasividad contemplativa y el sosiego. Heidegger asocia este estado con una postura de vulnerabilidad y silencio, que emerge precisamente cuando el ser humano ya no encuentra palabras para expresar su propia incredulidad. Las prédicas y sermones provenientes de las religiones institucionalizadas han dejado de inspirarlo; no le proporcionan enseñanza, ni otorgan significado o sentido alguno a su existencia. Este vacío de inspiración y significado lleva al individuo a adoptar una actitud de silencio reverente, anclada en el sosiego que surge como respuesta a la desilusión con las estructuras religiosas tradicionales. La actitud de lo sagrado surge, por tanto, desde el más profundo de los silencios que el ser humano es capaz de expresar. Surge cuando, desolado por la misma religión, el hombre ya no busca conceptualizar ni definir a Dios de ninguna manera y empieza a mirar al infinito a los ojos. Cuando la humanidad deja de creer en el dios idolatrado promovido por los propagandistas de creencias, el Último Dios puede comunicarse nuevamente desde más allá de todas las religiones. Ese Dios desconocido del libro de los Hechos trasciende, en última instancia, la religión misma.

CAPÍTULO 18

LA MUERTE ONTOLÓGICA DEL *DASEIN*

El advenimiento de este Último Dios, del Dios impersonal, inconceptualizable e inimaginable, el Dios sin forma ni figura, sin *Eidos*[55], ya se detalla en cierto modo en el Nuevo Testamento, cuando se describe el abandono de Jesús en la cruz:

> Y alrededor de la hora novena, Jesús exclamó a gran voz, diciendo: «Elí, Elí, ¿*lama sabactani*?». Esto es: «Dios mío, Dios mío, ¿por qué me has abandonado?».
> (Mateo, 27:46)

Para luego entregarse al Último Dios:

> Y Jesús, clamando a gran voz, dijo: «Padre, en tus manos encomiendo mi espíritu». Y habiendo dicho esto, expiró.
> (Lucas, 23:46)

---
55. *Eidos* es un término griego que significa forma, esencia, tipo o especie.

Al morir en la cruz, Cristo es abandonado por el Dios de la ontoteología, el Dios personal, el Dios pensado en forma y concepto, el dios religionalizado incluso podríamos llamarlo, y encomendado al Último Dios. En este sentido, Cristo resucitado sería lo Uno de Plotino que explicamos en el capítulo 9, no subordinado a creencias institucionales, sino fuente primordial de religión auténtica.

El acceso a la unidad del Ser es posible únicamente tras la muerte de Dios. Es imposible eliminar al Buda, a Kṛṣṇa, Cristo o cualquier Dios personal sin antes haber transitado el camino hasta el final de la relación con dicho Dios. El devoto no puede suprimir la figura del Dios personal sin haberlo amado, servido y haber experimentado una muerte interior previa. Primero, es necesario amar a Dios y caminar junto a Él; la práctica de la religión personal debe ser vivida plenamente. Solo al llevar la religión personal a su relación más depurada con el Cristo persona es posible experimentar la muerte de lo personal, trascender la dualidad y acceder a la unidad absoluta del Ser.

> Porque de tal manera amó Dios al mundo, que dio a su Hijo unigénito, para que todo aquel que cree en Él, no se pierda, más tenga vida eterna.
>
> (Juan, 3:16)

La muerte del devoto o del «yo» independiente no es física, sino por amor, porque amar implica morir. En la medida en que amamos, nuestro ser se reduce porque la persona amada ocupa el rol central. El amor aspira a una unión tan profunda que tanto el amante como el amado desaparecen en una fusión completa. Se trata, por tanto, de una muerte tanto del devoto como del Dios personal en la cual dos se revelan como una unidad.

Esta cuestión de la muerte también está presente en la filosofía de Heidegger, concretamente bajo la temática del «ser para la muerte», que desafía las concepciones tradicionales sobre la finitud humana. Esta idea nos invita a reflexionar sobre nuestra finitud desde una perspectiva renovada y profundamente humana. Para Heidegger, en vez de ser solo el fin biológico que compartimos con otros seres vivos, la muerte es un horizonte que define la totalidad de nuestra existencia.

Para comprender el «ser para la muerte», primero debemos entender que el *Dasein* no alude solo al ser humano como una entidad biológica. El *Dasein* es el Ser que reflexiona sobre su existencia, cuestiona su propósito y examina su relación con el mundo. En este contexto, Heidegger resalta una característica única del *Dasein*: su capacidad de proyectarse hacia el futuro. Mientras una roca o un árbol simplemente «están», el *Dasein* vive en constante relación con lo que puede llegar a ser. En este sentido, el *Dasein* no solo «es», sino que continuamente «se convierte». Esta proyección hacia el futuro incluye una posibilidad ineludible: la muerte. Por esto, para Heidegger la muerte no es un evento distante al final de la vida. Es una posibilidad siempre presente. Esta perspectiva transforma nuestra comprensión del tiempo y del Ser. El reconocimiento de nuestra mortalidad genera angustia (*angst*). A diferencia del miedo, que se dirige a un objeto concreto, la angustia surge al enfrentarnos a la nada, al vacío que revela nuestra finitud. Aunque puede parecer abrumadora, Heidegger considera que esta experiencia tiene un carácter revelador.

Las rutinas y convenciones nos mantienen atrapados en el «uno» (*das man*). En ese estado de inautenticidad, vivimos según expectativas sociales, siguiendo patrones sin cuestionar su sentido. Pero la angustia nos despoja de las distracciones cotidianas y nos hace afrontar lo esencial: nuestra finitud y el límite de nuestra existencia. Este análisis nos lleva a una distinción clave en el pensamiento de Heidegger: la diferencia entre la vida auténtica y la inauténtica. Una existencia inauténtica ocurre cuando el *Dasein* evita confrontar su muerte, viviendo como si esta fuera algo distante que solo afecta a otros. Esta evasión conduce a una vida superficial, guiada por lo que «se dice» o «se hace», pero sin ningún tipo de reflexión. Por el contrario, una vida auténtica surge justamente al aceptar la muerte como una posibilidad personal e intransferible. No implica una obsesión morbosa con el final, pero sí que equivale a reconocer que la muerte es aquello que da sentido a nuestra finitud. Al aceptar nuestra condición de «ser para la muerte», dejamos de vivir según expectativas externas y empezamos a vivir conforme a nuestro ser más propio.

Capítulo 18: La muerte ontológica del Dasein

Heidegger distingue entre dos tipos de muerte: la biológica y la ontológica. La muerte biológica, experimentada por todos los seres vivos, es el cese de las funciones vitales. En cambio, solo el *Dasein* enfrenta la muerte ontológica, que implica la posibilidad de dejar de ser como «Ser» en el mundo. Esta distinción es esencial, porque mientras la muerte biológica es un hecho que ocurre en el tiempo, la muerte ontológica es una posibilidad que nos acompaña siempre. La muerte ontológica es el horizonte último que define nuestra existencia y nos invita a tomar decisiones conscientes, alineadas con nuestro ser más auténtico. En el pensamiento de Heidegger, la muerte ontológica se relaciona con el concepto de *ereignis*, traducido como «evento» o «apropiación». Este término alude a un acontecimiento fundamental en el que el *Dasein* se apodera de su propio ser, abandonando las máscaras impuestas por el «uno». Desde esta perspectiva, más que un mero final, la muerte es la culminación, el momento, en que el *Dasein* se libera de las limitaciones de su existencia concreta. Esta es la muerte de la cual es consciente el *Dasein* en su versión auténtica.

Por su parte, el *ereignis* no es un evento temporal, sino un proceso continuo que configura nuestra relación con el Ser. En este sentido, la muerte se transforma en el horizonte último de la autenticidad. Por eso, el «ser para la muerte» de Heidegger es un recordatorio de nuestra finitud biológica y una invitación a replantear nuestra existencia. Al aceptar la muerte como posibilidad ontológica, vivimos de manera auténtica, reconociendo que más que limitar la vida, es la finitud la que le otorga sentido. En esta visión de la muerte, Heidegger nos brinda una perspectiva que transforma nuestra relación con la vida. Es en nuestra finitud ontológica donde se encuentra el potencial para una existencia plena, donde cada instante se torna único e irrepetible.

ای خنک آن را که پیش از مرگ مرد
یعنی او از اصل این رز بوی برد

Oh, feliz aquel que murió antes de la muerte, es decir, que consiguió oler el origen de este viñedo.[56]
(Rumi, Masnavi, IV)

Ὃς γὰρ ἐὰν θέλῃ τὴν ψυχὴν αὐτοῦ σῶσαι, ἀπολέσει αὐτήν· ὃς δ' ἂν ἀπολέσῃ τὴν ψυχὴν αὐτοῦ ἕνεκεν ἐμοῦ, εὑρήσει αὐτήν.

Porque el que quiera salvar su vida, la perderá; pero el que pierda su vida por causa de mí, la hallará.
(Mateo 16:25)

וַיֹּאמֶר לֹא תוּכַל לִרְאֹת אֶת־פָּנָי כִּי לֹא־יִרְאַנִי הָאָדָם וָחָי:
(שמות ל"ג, כ')

---

56. Rumi, Mevlâna. *On the Heart*. (The Threshold Society, s.f.). Traducción propia del inglés.

CAPÍTULO 18: LA MUERTE ONTOLÓGICA DEL DASEIN

Dijo más: No podrás ver mi rostro; porque no me verá hombre, y vivirá.
(Éxodo, 33:20)

Capítulo 19

El giro (*kehre*) ontológico-hermenéutico de Heidegger

En *Ser y Tiempo* y otros textos del primer Heidegger, la ontología fundamental se construye sobre un análisis exhaustivo del *Dasein* o ser-ahí. Desde su capacidad para cuestionarse sobre su propia existencia y desvelarse como *Dasein*, se abre la posibilidad de comprender la esencia del Ser. En términos generales, el *Dasein*, como un sujeto des-subjetivizado, se convierte en el punto de partida y llegada esencial para explorar el Ser en su máxima profundidad y significatividad.

Sin embargo, un segundo giro parece haber tenido lugar en las obras posteriores de Heidegger. Este segundo giro, que podríamos denominar «post-ontológico», marca un cambio significativo en su enfoque filosófico. Contrariamente a lo que a veces se ha afirmado, este segundo *kehre* debe entenderse como una radicalización del primer giro, y no como una corrección, contradicción o cambio de dirección. En este segundo giro el enfoque de Heidegger se desplaza gradualmente del *Dasein* al propio Ser (*Sein*). En lugar de centrarse exclusivamente en el *Dasein* como origen de la revelación del Ser y la manifestación del Último Dios, Heidegger comienza a investigar y dar preeminencia a la historia del Ser (*Seinsgeschichte*). En esta etapa, el *Dasein* deja de ser el centro exclusivo y se convierte en un testigo y participante del acontecer histórico del Ser.

En este sentido, la *kehre* representa una transición crucial desde una fenomenología existencial hacia una ontología hermenéutica, donde la principal preocupación es la comprensión del Ser en su devenir histórico y su manifestación. La problemática se desplaza de una preocupación antropológica-existencial hacia una investigación más amplia y profunda sobre el Ser y su desarrollo histórico. Dicho de otro modo, el giro de la ontología fundamental a la fenomenología hermenéutica implica que el *Dasein* pierda el protagonismo, dejando de ser el eje central de toda comprensión. En su lugar, la historia del Ser emerge como origen de generación de significado. Veamos esta cuestión en detalle. Como hemos expuesto más arriba, desde la perspectiva analítica existencial del *Dasein*, es el propio ser humano quien, acosado por el vacío al que se enfrenta, rechaza sus ídolos personales y se entrega al sosiego y la pasividad. Esto le permite suspender su razonamiento y comenzar a meditar, trascendiendo sus estructuras epistemológicas para abrirse a una contemplación del Ser que trasciende la dualidad de sujetos y objetos. La contemplación o meditación auténtica, mencionada anteriormente, está entrelazada con una calma y pasividad que preparan al *Dasein* para convertirse en el acontecimiento (*ereignis*) del Ser. La pasividad del silencio implica que los seres humanos no solo han dejado de hablar y crear dioses, sinagogas, iglesias y templos. Más relevante aún es que, al hacerlo, han renunciado implícitamente a su subjetividad para revelarse como *Dasein*, como ser-ahí. Ese «ahí» es un «donde» desde el cual puede superar el nihilismo al que ha sido arrastrado. Sin embargo, el *Dasein*, y específicamente el «ahí» (*da*) del «ser-ahí», no es un lugar (*topos*) estático donde ocurre el evento. Al contrario, es el propio *Dasein*, en toda su complejidad, que se convierte en el acontecimiento (*ereignis*) del Ser. Por esta razón, el término *Dasein*, que puede interpretarse como «ser-ahí» o «el ahí del Ser», en vez de concebirse como un *topos* delimitado, debe entenderse siempre como un acontecer dinámico donde el Ser puede volver a revelarse. Uno de los elementos centrales del segundo giro de Heidegger es precisamente esta dinamización o historización del «ahí» (*Da*) del *Da-Sein*.

Esto sugiere que, desde la perspectiva del segundo Heidegger, la revelación del Ser es, y necesariamente debe ser, dinámica. Mientras que en *Ser y Tiempo* (*Sein und Zeit*) centró su investigación en el sentido del Ser, más adelante, específicamente en *Vom Ereignis* y en algunos escritos de sus Obras Completas (volúmenes 65 y 71), Heidegger enfocará su atención en la verdad del Ser. La verdad del Ser debe entenderse ahora como aquella verdad que se manifiesta, pero que más todavía se gesta y despliega a lo largo de la historia, eso es, dinámicamente.

Sección V: De la ontoteología al Dios Desconocido

La verdad del Ser reside en su despeje, develamiento o desocultamiento, conocido como *alétheia*. Comprender o atender al Ser, significa atender a la historia del Ser. Esto a su vez implica comprender la historia de la filosofía a la que Heidegger presta tanta atención a lo largo de su obra. En este contexto, ya no es el *Dasein*, como en *Ser y Tiempo*, con su ontología fundamental, el único que prepara el camino para el encuentro con el Ser. Como el mismo Heidegger explica en la *Carta sobre el Humanismo* de 1946, ahora es el Ser mismo, como *ereignis*, el que configura su propia estructura dinámico-fundamental a medida que se va revelando a lo largo de la historia.

Para explicar en mayor detalle el carácter dinámico de la revelación del Ser, Heidegger recurre a los conceptos *Grund* y *Abgrund*. En alemán, *Grund* se traduce como 'suelo' o 'fundamento'. En este sentido, para Heidegger, *Grund* alude a la base ontológica sobre la cual se construye la comprensión del Ser. Es el terreno primordial desde el que emergen las entidades y su Ser. El término «fundamento», utilizado de manera similar a *Grund* en la filosofía de Heidegger, no es estático ni inmutable, sino que es dinámico y está permanentemente sujeto y abierto a interpretación. Este carácter dinámico permite a Heidegger cuestionar el concepto tradicional de fundamento y argumentar que el Ser carece de un fundamento absoluto. Esto sugiere que, como Ser dinámico que es, está en constante proceso de devenir, haciendo imposible su categorización y definición como algo fijo.

Por su parte, *Abgrund* significa en alemán 'abismo', lo que para Heidegger denota no simplemente la falta o ausencia de un fundamento, sino la existencia de un vacío fundamental. Este abismo representa el trasfondo oscuro y profundo del Ser. Es un vacío que desafía cualquier intento de fijar un fundamento definitivo y sólido. Sugiere que el Ser está en constante riesgo de caer en la nada y que nuestra comprensión del Ser es siempre provisional e incompleta, aunque no por ello deficiente. Es decir, (1) *Grund* y el término «fundamento» designan la base o terreno desde el cual surge el Ser y su comprensión, mientras que (2) *Abgrund* representa la carencia de un fundamento sólido, un abismo que cuestiona la estabilidad de cualquier fundamento ontológico. Estos conceptos ilustran la visión de Heidegger sobre la naturaleza dinámica y abierta del Ser, así como la constante tensión entre el Ser y la nada.

Esta «nueva» lectura dinámica y abismal del Ser sugiere que, para acceder al *Abgrund* —lo que es radicalmente trascendental y esquivo al conocimiento—, es necesario primero trascender todo fundamento (*Grund*). Dicho de otro modo, acceder al *Abgrund* implica trascender o «matar» al Dios personal de las creencias organizadas, al Dios ontoteológico, junto con sus rígidas estructuras epistemológicas. Acceder al *Abgrund* equivaldría a acceder a lo Uno de Plotino, es decir, el Último Dios. Este acceso es posible únicamente para un ser humano predispuesto, un *Dasein* que vive de manera auténtica. Para ello, el *Dasein* debe mantenerse abierto, reconocer que su finitud da sentido a su existencia y ser capaz de escuchar incluso en el silencio más profundo. Al mismo tiempo, este es ahora un *Dasein* que se entrega como testigo al Ser, cuyo desvelamiento configura su esencia y coherencia interna, trascendiendo las estructuras epistemológicas de un sujeto que ahora es meramente presumible.

Por este motivo, el propósito filosófico de Heidegger ya no radica en llevar a cabo una analítica existencial de la esencia finita del mismo *Dasein*, como era el caso en *Ser y Tiempo*. Se trata ahora de investigar al *Dasein* como testigo de una historia más genuina: la historia del Ser (*Die Geschichte Des Seyns*). La finalidad deja de ser entender la historia desde el horizonte de significado propio del *Dasein*. Con este segundo giro, Heidegger pretende, a través del *Dasein*, trazar la historia del Ser. Dicho en otros términos, esta ontología no es únicamente de una antropología filosófica, sino una cuestión puramente metafísica. Cabe señalar que la *kehre*, o radicalización hermenéutica de la ontología de Heidegger, no aparece en 1946, con *la Carta sobre el Humanismo*, como a veces se ha dicho. De hecho, este segundo giro ya se vislumbra una década antes en *Aportes a la filosofía*. Esto confirma que la propuesta filosófica de Heidegger no sufre una autocorrección, sino una radicalización dentro de sí misma. Es decir, no habría ontología hermenéutica sin una previa ontología fundamental. O dicho aún de otro modo, no habría metafísica sin una antropología filosófica preparatoria. Y aunque sí que es cierto que en esta segunda *kehre* (vuelta o torsión), Heidegger abandona un enfoque por otro, también es importante decir que ambos enfoques son inseparables, naciendo el segundo en las entrañas del primero.

Esta transición del análisis del *Dasein* a la historia del Ser ilustra la búsqueda de una comprensión más holística y abarcadora del Ser, trascendiendo la mera existencia individual para abarcar su dimensión histórica y temporal. Resulta sorprendente que el propio Heidegger clasificara su obra *Ser y Tiempo* como el último gran libro de la era de la técnica y del Dios de la ontoteología. Esto sugiere que la ontología fundamental, entendida como una antropología filosófica, continúa anclada en un sujeto. Aun cuando sea el *Dasein*, sigue en cierto modo ejerciendo de sujeto con relación al cual el Ser cobra su sentido. Sin embargo, tras el segundo giro, para Heidegger, la cuestión central deja de ser el *Dasein* para convertirse en el Ser mismo. Antes de la *kehre*, el ser humano, ya sea como sujeto trascendental tradicional o como *Dasein* de la ontología fenomenológica, se concebía como el que allanaba el camino para la manifestación del Ser. Tras este segundo giro, es el Ser quien comienza a preparar su propio devenir a través del *Dasein*.

Este giro también queda reflejado en cómo Heidegger escribe y entiende determinados términos. Empecemos por el término «Ser». La escritura del término como *Sein*, eso es, con «*i*», hace referencia específicamente al Ser del ente, es decir, a la existencia concreta y particular de algo. Al contener el mismo término (*Sein*), *Dasein* también se escribe con «*i*», por lo que el *Sein* (Ser) del

Dasein denota el Ser del ser-ahí que hace referencia al ser humano en su singularidad y capacidad de ser consciente de su propia existencia. En contraste, cuando Heidegger cambia la «i» por una «y» (es decir, *Sein* por *Seyn*) está evocando la idea del Ser puro, es decir, no dependiente ni relativo al *Dasein*. Este concepto alude al Ser en su esencia más abstracta y fundamental, una noción que va más allá de la existencia de cualquier ente específico. En ese sentido, *Seyn* indica un Ser desvinculado de toda entidad y de todas las características y limitaciones de los entes individuales, mientras que *Sein* hace referencia al ser del ente concreto y específico. Volveremos a esta cuestión en los próximos párrafos.

Al mismo tiempo, esta noción de Ser como *Seyn* tiene, no cabe decir, un impacto estructural importante en la relación con el ser humano, al cual Heidegger, tras este segundo giro, pasa a definir con el término *Wächter*, o 'pastor'. Hablar del ser humano en términos de 'pastor' implica que el Ser reside en el lenguaje. De esta idea surge la importancia de los textos sagrados o las Sagradas Escrituras. Este lenguaje sagrado debe ser preservado, cuidado y protegido de la influencia de la técnica. Es responsabilidad del ser humano (*Dasein*) actuar como su guardián, pastoreando y velando por su integridad. Cabe tener presente que, bajo este nuevo enfoque en el cual el ser humano deja de ser el núcleo axial alrededor del cual todo lo demás gira, el *Dasein* ya no articula ni dirige al Ser. Ahora, el *Dasein* es simplemente su pastor, su guardián, el ahí dinámico en el que el Ser deviene.

En el lenguaje del *Dasein,* el *Seyn* puede expresarse sin mostrarse a imagen y semejanza de nada ni nadie. Hablar del *Seyn* (Ser) en estos términos implica referirse a una relación entre el *Seyn* y su pastor, en la que este último no lo conoce como un sujeto. En su lugar, se muestra abierto y dispuesto a lo sagrado, es decir, a lo incomprensible, a aquello que no puede reducirse a idea, concepto, forma ni categoría.

En la filosofía de Heidegger, esta apertura a lo sagrado, descrita en la *Carta sobre el Humanismo*, puede interpretarse como un «alborear». Este despertar al alba ocurre únicamente cuando «el Ser *(Sein)* mismo es despejado». Es en ese preciso instante que el ser humano es capaz de recuperar su auténtica «patria», su íntima cercanía con el Ser *(Seyn)* que se ha despejado. Esta proximidad sucede cuando el individuo, como el «claro» del Ser, experimenta el proceso de «despejarse». Lo divino, según Heidegger, solo puede manifestarse cuando el Ser *(Sein)* se despeja, liberándose de los conceptos impuestos por la metafísica tradicional y emancipándose radicalmente de sus estructuras. En este despejarse, el Ser se revela en su autenticidad, es decir, como *Seyn*, posibilitando la verdadera experiencia de lo divino. El proceso de despejarse implica la eliminación de todos los conceptos que se han acumulado como capas sobre el Ser, cubriéndolo y ocultando su verdadera esencia.

No obstante, como se aborda en un pasaje central de la *Carta sobre el Humanismo*, existe un vínculo entre lo sagrado y Dios que, aunque se presenta como paradójico, también permite diferenciarlos y comprenderlos en su respectiva esencia. En primer lugar, Heidegger afirma que, sin la presencia de Dios, el advenimiento de lo sagrado no es posible, lo que sugiere que Dios es la condición previa para lo sagrado. Al mismo tiempo, el autor sostiene que lo sagrado constituye el espacio necesario para que la divinidad se manifieste sin aparecer, lo cual implica que lo sagrado es a su vez una condición para la aparición de Dios.

Como hemos visto, para que el ser humano abandone el uso de la metafísica tradicional, es esencial que el Ser se revele. Sin embargo, este proceso de apertura del Ser no puede ocurrir si el ser humano continúa utilizando conceptos metafísicos enraizados en la epistemología tradicional. De algún modo, estamos atrapados en un círculo vicioso: el Ser no se desvelará mientras el individuo continúe aferrándose a las categorías metafísicas, pero estas categorías seguirán utilizándose mientras el Ser permanezca oculto. Superar la metafísica, por tanto, requiere una disposición del ser humano para que el Ser se manifieste en su auténtica esencia, libre de tales conceptos. En realidad, ambos procesos se desarrollan de manera simultánea. La revelación del Ser y el abandono de las categorías metafísicas son fenómenos interdependientes que, bajo la óptica heideggeriana, suceden de forma conjunta y recíproca.

La misma paradoja sucede entre la *versagen von God* y la *ereignis*. Ambas se ensamblan de manera simultánea e interdependiente. La «decisión» en Heidegger debe entenderse como una articulación del ensamblaje en el que la *Geviert*, o 'cuadratura', se despliega conjuntamente en su máxima expresión. Esta interpretación revela una complejidad intrínseca en la que cada componente se desenvuelve en coordinación con los demás, creando un todo coherente y unificado. Por lo tanto, o bien el espacio sagrado es la condición necesaria para la manifestación de Dios, o bien, si Dios no lo desea, lo sagrado no se produce. En realidad, estos ensamblajes ocurren simultáneamente.

Es precisamente en esta paradoja en la que Heidegger afirma que la auténtica patria del ser humano es el Ser, un lugar donde el mismo Ser se despeja como *Sein* y se revela en su verdadera esencia como *Seyn*. Sin situarse en el Ser (*Seyn*), el individuo experimenta una constante diáspora, viviendo como un despatriado. Esto permite explicitar aún más los motivos del segundo giro. Desde esta perspectiva, el *Dasein* que emerge en el ámbito de la ontología fundamental sigue siendo un ser humano. Su relación con el Ser, mediada por la meditación y la pasividad, conserva al Ser como *Sein*, es decir, como lo relacional con el *Dasein*. Por esta misma relación con el Ser (*Sein*), el ser humano permanece en el exilio. Es precisamente esta situación, donde el *Sein* del *Dasein* no se emancipa realmente y el *Dasein* permanece extraño a sí mismo, lo que exige el segundo giro descrito en este capítulo. Este giro busca replantear la relación entre el *Ser* y el *Dasein*, superando esta limitación. Este segundo giro es, para Heidegger, la condición de posibilidad para que el Último Dios pueda revelarse sin aparecer, es decir, pueda manifestarse más allá de cualquier comprensión.

Esta idea aparece expresada en el Antiguo Testamento, donde se dice:

אֵיךְ נָשִׁיר אֶת־שִׁיר־ה' עַל אַדְמַת נֵכָר:
אִם־אֶשְׁכָּחֵךְ יְרוּשָׁלָםִ תִּשְׁכַּח יְמִינִי:
תִּדְבַּק־לְשׁוֹנִי לְחִכִּי אִם־לֹא אֶזְכְּרֵכִי אִם־לֹא אַעֲלֶה אֶת־יְרוּשָׁלַםִ
עַל רֹאשׁ שִׂמְחָתִי:

(תהילים קל"ז, ד'-ו')

¿Cómo cantaremos el cántico del Señor en tierra extraña?
Si me olvido de ti, oh, Jerusalén, olvide mi diestra su destreza.
Mi lengua se pegue a mi paladar si de ti no me acuerdo, si no enaltezco a Jerusalén como preferente asunto de mi alegría.

(Salmos, 137: 4-6)

Solo en su patria, donde el Ser (*Sein*) se despoja de los conceptos metafísicos y se muestra en su pureza (*Seyn*), es posible vivir la experiencia de lo sagrado. Residir en la patria implica no vivir en el ámbito del ente ni de la técnica (*techne*). Ubicarse en la patria significa no permanecer en lo óntico y habitar en cambio la radicalidad de lo ontológico. En la *Carta sobre el Humanismo*, se establece que el ser humano encuentra su identidad únicamente en relación con el Ser. Esto implica que la esencia de nuestra existencia está intrínsecamente vinculada a la comprensión del Ser. Por encima de todo, somos seres humanos y esa es nuestra identidad, como tal, se fundamenta en esta conexión intrínseca y esencial con el Ser. Es decir, en vez de tratarse de un territorio físico, nuestra verdadera «patria» o lugar de pertenencia es una dimensión existencial enraizada en el Ser (*Seyn*). De esta manera, la relación con el Ser define y constituye nuestra seidad, estableciendo un vínculo que trasciende las nociones convencionales de nacionalidad y pertenencia. Dicho aún de otro modo, previamente a ser un animal político o racional, antes de pertenecer a una etnia, raza, cultura, sexo y género, aquello que nos identifica como seres humanos es esa relación existencial con el Ser. Más específicamente, es en el paradójico momento de apertura, como un claro en un espeso bosque, cuando el Ser se libera de toda conceptualización y se expresa en nosotros como *Seyn*, más allá de cualquier categoría, imagen, idea o forma.

Así, aunque el segundo giro no ha eliminado al *Dasein*, sí lo ha posicionado como el pastor o guardián del Ser (*Sein*). Más aún, es el guardián del proceso en el cual el Ser (*Sein*) se despeja a raíz de sí mismo para manifestarse en su pureza (*Seyn*). El despejarse del Ser, por tanto, es un proceso que emana del propio Ser y no de la acción ni agencialidad humana, y, como tal, exige una intervención que trasciende la capacidad del hombre. Sin embargo, para que esta revelación se produzca de manera completa, es esencial una preparación prolongada que pueda permitir al ser humano comprender la «Verdad» que se manifiesta, que se despliega, con el despejarse del Ser. Como ya hemos visto, esa preparación implica el progresivo abandono de las categorías metafísicas y epistemológicas que se establecieron con la filosofía de Platón y Aristóteles, las cuales han ido perdiendo su relevancia. Este proceso de preparación es prolongado y requiere que el ser humano se sumerja en una profunda introspección y contemplación. Uno debe entregarse a un estado de pasividad que le permita captar la esencia de la Verdad que el Ser (*Seyn*) revela por sí mismo. En este contexto, la preparación no es meramente temporal, sino también existencial, demandando un compromiso rotundo y una disposición abierta a recibir lo que el Ser (*Seyn*) tiene que ofrecer en su revelación.

Esta iniciativa de despejarse del Ser proviene del propio Ser, que decide desprenderse de las conceptualizaciones que lo han cubierto. Al hacerlo, busca des-ocultarse (*a-létheia*) en su autenticidad como *physis*. La revelación requiere reparación extensa y cuidadosa. Durante este proceso, el Ser guía al individuo hacia una desilusión progresiva de los conceptos preconcebidos. Poco a poco, estas conceptualizaciones se agotan, pierden su valor y se disuelven en un vacío profundo y atroz. En otras palabras, el segundo giro nos muestra que no es el sujeto, ni siquiera como *Dasein*, quien decide por sí mismo suspender su racionalidad subjetiva para contemplar al Ser. Es el propio Ser, presente en el *Sein* del *Da-sein*, quien impulsa al ser humano a abandonar su subjetivación, permitiendo así que el Ser se revele en toda su pureza. En este sentido, el segundo giro de Heidegger pretende erigirse como el final de toda filosofía subjetivista y el albor de la reemergencia del Ser, entendido presocráticamente como *alétheia*, *physis* y logos simultáneamente, es decir, como un Ser descategorizado. Por ello, y como señalará Levinas, el *Seyn* se manifiesta como alteridad radical, origen de toda existencia, significado y posible «comprensión».

Gracias a este segundo giro, el significado y la «comprensión» ya no son producto ni elaboración (*techne*) de un sujeto, ni siquiera del *Dasein*. Al contrario, el significado emerge en el propio proceso de desocultamiento del Ser, mediante el cual el *Sein* se revela como *Seyn* en toda su pureza, es decir, como significatividad. En otras palabras, retomando la cuestión de la dinamicidad y la historia mencionadas anteriormente, el significado del Ser, de la *physis* presocrática, se revela al ser humano en el proceso histórico del devenir del propio Ser. Heidegger plantea que el Ser es, en última instancia, su propia historia y devenir. Es su despejarse y liberarse de aquello que lo oculta. El Ser es el tránsito del *Sein* al *Seyn*. Es en este contexto donde el término *Abgrund* muestra su verdadera relevancia. Porque en la medida en que el Ser es su propio devenir —tal como Heráclito señaló sabiamente—, entonces el Ser debe entenderse como «Ser y no-Ser-aún» simultáneamente, lo que nos impide confundirlo con un *Grund*, es decir, un fundamento estático. Cuando Heráclito escribió *panta rhei* (todo fluye), lo que en realidad estaba diciendo no es solo que no nos bañamos dos veces en el mismo río, sino que no nos bañamos ni una sola vez en el mismo río. Porque, dado que el agua nunca es la misma, el río tampoco puede serlo. En este sentido, el Ser es su historia, y su historia es su propio devenir y flujo constante, su incesante desocultamiento. El Ser es este mismo proceso en el que el Ser mismo se genera como un flujo continuo, nunca convirtiéndose en un fundamento (*Grund*) final, sino permaneciendo en cambio como el abismo (*Abgrund*) que subyace a todo.

La noción del Ser como flujo de continuo desvelamiento, entendido como historicidad, es clave en el pensamiento de Heidegger. Permite comprender sus explicaciones sobre la técnica (*techne*), el nihilismo resultante y su ontología como vía de regreso al Ser. Heidegger integra sus dos giros filosóficos en el devenir del Ser. Cada etapa, período y giro se presentan como partes esenciales y necesarias de este proceso. Esto es importante porque Heidegger señala que su filosofía no debe interpretarse como un nuevo platonismo. Con sus giros ontológico y hermenéutico, deja claro que no plantea una nueva metafísica que repita el error de concebir el Ser como un objeto externo al pensamiento.

En la filosofía de Heidegger, el Ser no es el simple objeto de la ontología y la hermenéutica. Por lo contrario, estas emergen del proceso del devenir del Ser. Es más, son momentos necesarios, al igual que la filosofía platónica y la tradición filosófica de 2 500 años. Eso es, si el Ser no se hubiera ocultado, tampoco no devendría desde el olvido a su manifestación no-aparente. Heidegger, muy próximo a Hegel, parece atribuir un sentido de necesidad a todo lo que sucede. Aunque no lo exprese en esos términos, sugiere que todo lo que es, y eso implica haber pensado y ocultado al Ser como ha ocurrido en la filosofía y la religión, es necesario para que el Ser sea y devenga como es. En este marco, Heidegger entiende, no solo su filosofía, sino el pensar presocrático, la filosofía platónica, el tomismo, la religión y la metafísica cristiana como momentos necesarios que nos ha llevado al olvido del Ser.

Más concretamente, para Heidegger, la técnica (*techne*) debe entenderse como el intento de capturar al Ser dentro de los confines de los conceptos metafísicos en un esfuerzo por apropiarse del Ser. Bajo esos parámetros, y como hemos visto de manera detallada, comprender es conocer y, a su vez, conocer es poseer. No obstante, esta colonización del Ser —si podemos llamarlo así— forma parte de un extenso proceso en el que la técnica emerge, se desarrolla, alcanza su apogeo y, eventualmente, empieza a deteriorarse y declinar. Este ciclo de ascenso y caída de la técnica, que culmina con lo que Heidegger, y Nietzsche antes que él, habían denominado «nihilismo», es esencial para el despejarse del Ser. Pues es únicamente a través de este proceso que el ser humano puede liberarse de las limitaciones impuestas por la metafísica y acercarse más propiamente al Ser, eso es, al desvelarse del Ser en su pureza (*Seyn*).

El declive final de la técnica también es abordado en las filosofías de Hegel y Nietzsche, y quizá de un modo más resolutivo en *Ser y tiempo* de Heidegger. El problema de la técnica (*techne*), intrínsicamente vinculado al aparato metafísico de Occidente, es que lleva al ser humano a una posición de la que él mismo no puede salir por sí solo. Por esta razón, el Ser finalmente se desprende de las ataduras de los diccionarios conceptuales que el ser humano le impuso con sus conceptos y definiciones. Al hacerlo, el mismo Ser se desvela y, a su vez, libera al ser humano de su propia deshumanización. Esta instancia en que el Ser deviene y el ser humano (*Dasein*) puede acercarse a él, debe entenderse como un acontecer (*ereignis*). Sin embargo, este acontecer, en lugar de simplemente responder a una estructura de causa-efecto, o acción-reacción, nos muestra la historicidad dinámica del Ser que define su propia relación con el *Dasein*.

Para explicar la historia del Ser desde la perspectiva de la *ereignis*, no debemos concebirla como una historia ya escrita o una teleología que conduce linealmente a una verdad final. Por el contrario, la historia del Ser es un proceso en el que el propio Ser, al velarse y desvelarse a través del ser humano, ensambla lo que Heidegger llama *Fügung* (ensamblajes). Estas son partes del devenir del Ser que, lejos de integrarse de forma inmediata, se presentan como dispersas y fragmentadas. Es el mismo Ser quien las une gradualmente, plegándolas para construir un rompecabezas coherente. Esto es, esencialmente, lo que habíamos señalado con el *Sein* deviniendo *Seyn*. El Ser, al velarse y desvelarse, adquiere sentido y cohesión a medida que las piezas se ensamblan y articulan de forma significativa. En otras palabras, la historia del Ser es un proceso de ensamblaje donde dicha historia cobra significado a medida que se configura. La historia de la humanidad, y su significado, no estaba escrita; la historia la escribe el Ser en su proceso de ocultarse y desvelarse a través del ser humano. Dicho de otro modo, la historia es hermenéutica porque es, en esencia, pura generación de significado. La historia posibilita tanto el desvelamiento del Ser como la liberación del ser humano de sus cadenas metafísicas.

Unos párrafos más arriba, citando la sección central de la *Carta sobre el Humanismo*, hemos hablado sobre el vínculo entre lo sagrado y Dios, que como hemos expuesto se presenta inicialmente como contradictorio. Por un lado, se afirma que, si Dios «se niega», el día de lo sagrado no llega, sugiriendo que Dios es una condición necesaria para lo sagrado. Por otro lado, se sostiene que lo sagrado es la condición, en tanto que acontecer y aparición de Dios. Ante esta aparente paradoja, podríamos preguntarnos cuál precede a cuál: ¿lo sagrado o la manifestación del Último Dios? Heidegger vincula estas cuestiones al entender que los ensamblajes suceden de forma simultánea. Por eso, «la decisión» de Heidegger se concibe como un pliegue del ensamblaje en el que la Cuadratura se despliega de manera conjunta. No se trata de una decisión solo divina ni exclusivamente humana, sino de una apertura mutua. No existe, por lo tanto, causalidad entre ambos, sino una relación de concomitancia. Tras el ocaso de la sociedad tecnológica y la religión organizada alrededor de un Dios personal, el ser humano ha optado por el silencio ante el cual Dios ha elegido revelarse. En la siguiente sección veremos con más detalle la cuestión de los ensamblajes como piezas del devenir del Ser como *Seyn*.

Bibliografía de la sección V

- Heidegger, Martin. *Aportaciones a la filosofía (Del acontecimiento)*. Traducido por Arturo Leyte. Madrid: Trotta, 2003.
- Heidegger, Martin. *La historia del Ser*. Traducido por Dina V. Picotti C. Buenos Aires: El Hilo de Ariadna, Biblioteca Internacional Martin Heidegger, 2011.
- Platón. *Fedón*. Traducido por Carlos García Gual. Madrid: Alianza Editorial, 2000.
- Rumi, Mevlâna. *On the Heart*. The Threshold Society, s.f.

SECCIÓN VI
LA TRAVESÍA HACIA EL ÚLTIMO DIOS

CAPÍTULO 20

LOS SEIS ENSAMBLAJES HACIA EL ÚLTIMO DIOS

Heidegger, en la primera etapa de sus escritos entre los años 1936 y 1937, delineó los seis ensambles fundamentales que conforman la estructura central de su obra, específicamente en torno al fenómeno del *ereignis*. Estos ensambles, que son los momentos de la historia del Ser, son también comparables a las tres etapas mencionadas por Plotino en el retorno a lo Uno. En realidad, se trata de seis niveles por los cuales transita todo buscador en su sendero hacia el Ser. Este nuevo «pensamiento» se basa en el silencio necesario para escuchar al Ser y en un temple adecuado. Este temple, entendido como pasividad y meditación auténticas en tanto estado y no práctica, permite que el ser humano se deje interpelar por el Ser.

Aquellos que transiten de la metafísica hacia una nueva forma de pensar del Ser deberán, por tanto, recorrer estas seis etapas que, en última instancia, nos abren al título de este presente libro: a descubrir el Último Dios. Heidegger llama a estas 6 etapas del siguiente modo:

Sección VI: La travesía hacia el Último Dios

1. La resonancia (*Der Anklang*)
2. El pase (*Das Zuspiel*)
3. El salto (*Der Sprung*)
4. La fundación (*Die Gründung*)
5. Los futuros (*Die Zu-künftigen*)
6. El Último Dios (*Der letzte Gott*)

A estos ensambles se suma un apartado extenso denominado *Vorblick* (prospectiva o mirada previa), donde Heidegger presenta los lineamientos generales y la articulación de su obra. Posteriormente, en 1938, completa la última parte de su obra, titulada *Seyn*, en la cual integra y retoma lo previamente desarrollado, ofreciendo así una visión más holística y unificada. A continuación, analizaremos estos ensambles e intentaremos articular su significado y relación con el propósito del presente libro.

(1) La resonancia (*Der Anklang*) es el eco que el Ser deja tras su retirada. Cada vez que el Ser intenta manifestarse plenamente y se ve impedido por las restricciones impuestas por la técnica, surge una demanda intrínseca de justicia. Esta demanda implica que las circunstancias se orienten hacia el desenlace necesario y justo, que suceda lo que debe suceder. Heidegger, al tratar el concepto de «resonancia», resalta cómo el carácter reactivo de la «maquinación» se hace evidente. La maquinación se presenta como una reacción, actuando en respuesta a la llamada del Ser. Ante esta llamada, tenemos dos respuestas posibles. La primera se manifiesta

como el *páthos* de la escucha, marcada por la serenidad que emana de lo sagrado. Esto implica necesariamente la suspensión de toda egoicidad, ya presente de algún modo en el pensamiento presocrático. La segunda es la que se materializa en la maquinación técnica y que es la manifestación del fenómeno egoico, que emerge con la filosofía post-socrática. Según Heidegger, estas dos alternativas simbolizan dos posibles respuestas frente a la convocatoria del Ser. Esta misma idea aparece en el Evangelio de Lucas, donde leemos:

> Aconteció que, yendo de camino, entró en una aldea; y una mujer llamada Marta le recibió en su casa. Esta tenía una hermana que se llamaba María, la cual, sentándose a los pies de Jesús, oía su palabra. Pero Marta se preocupaba con muchos quehaceres, y acercándose, dijo: Señor, ¿no te da cuidado que mi hermana me deje servir sola? Dile, pues, que me ayude. Respondiendo Jesús, le dijo: Marta, Marta, afanada y turbada estás con muchas cosas. Pero solo una cosa es necesaria; y María ha escogido la buena parte, la cual no le será quitada.
>
> (Lucas, 10:38-42)

María, adoptando una actitud de receptividad y atención plena al Ser, escucha con paciencia y serenidad. En contraposición, Marta se queja, convencida de que María no está haciendo su parte. Sin embargo, Jesús sostiene que María ha efectuado la mejor elección. Observamos así el *páthos* de la escucha a la llamada del Ser en María y la maquinación técnica en Marta.

En un momento de «autoconsciencia», el ser humano es capaz de reconocer la desconexión del Ser y sentir la necesidad de atender a la llamada. Cuanto más se promueve la idea de que todo es factible, especialmente en situaciones de «emergencia» que niegan la existencia de problemas reales, más obvio se vuelve un problema genuino, marcando el declive del primer inicio. Los problemas auténticos no radican en la metafísica, la pobreza, las relaciones de pareja, la indigencia o el capital. El problema fundamental es la desconexión del Ser. Cuando el ser humano entiende que esta desconexión es su verdadero y único problema, los demás conflictos pierden su importancia y se desvanecen.

Esta emergencia es la «resonancia» del otro inicio, que la maquinación busca ocultar mediante sus estructuras epistemológicas. A pesar del constante murmullo que intenta silenciarla, permanece pasivamente audible. Se manifiesta con tenacidad en el trasfondo de la consciencia humana. La resonancia es un ruido que emerge del silencio perturbador que la maquinación intenta sofocar porque no puede tolerar el silencio ensordecedor que revela el verdadero problema al que hace frente.

(2) El pase (*das Zuspiel*), por su parte, y siguiendo a Heidegger, es el inicio de la historia del esenciarse del ente en su totalidad, proceso que, a su vez, se divide en tres fases o niveles. Primero, se encuentra el surgimiento de

la técnica, ejemplificado por Platón y Aristóteles. Luego, se produce un giro significativo hacia la consciencia, como lo evidencian las filosofías de Descartes y Leibniz. Finalmente, se alcanza el término de este proceso, o el giro hacia lo absoluto, tal como lo articulan Hegel y Nietzsche, aunque desde vertientes opuestas. El pase consiste en haber experimentado la situación originaria y avanzar hacia un nuevo comienzo, abarcando desde Platón y Aristóteles hasta Nietzsche. Aunque Descartes y Leibniz enfocan su atención en el sujeto, lo hacen dentro del marco de la ontoteología. Este término describe el horizonte donde se da el olvido del Ser. Para volver a atender al Ser, debemos entregarnos, escuchar la llamada y abrirnos hacia el absoluto, más allá del ego y la consciencia individual.

(3) El salto (*der Sprung*) se origina posteriormente en el impulso de encontrarse arrojado desde el *Dasein* a través del *ereignis*, o 'el acaecimiento apropiador' en el que el Ser palpita en el mismo *Dasein*. Cada uno de estos saltos posibilita la superación de la huella dejada por la historia inicial de la ontoteología. Hay dos comienzos fundamentales: el primero, vinculado a las enseñanzas del pensamiento presocrático de Heráclito, Parménides y Anaximandro; y el segundo, el que señala el inicio de la historia occidental y la ontoteología. En este segundo comienzo, tras el cual se produce la primera *kehre*, o 'giro ontológico', de Heidegger, es cuando se manifiesta la muerte del Dios de la ontoteología, simbolizada por la muerte de Kṛṣṇa o la crucifixión de Jesús. Este salto

representa el paso desde Santo Tomás de Aquino hacia lo Uno de Plotino, tal como se planteó en la tercera sección de este libro. Así, en esta tercera disposición, el tránsito del primer inicio al otro deja de ser simplemente una «resonancia» o un «pase», y se convierte en el «salto», una decisión definitiva a favor del otro inicio. Este salto se lleva a cabo, aunque requiera sacrificar todas las seguridades adquiridas, porque solo así el *Dasein* puede implicarse desde el exceso o sobreabundancia del Ser y alcanzar su plena realización. En otras palabras, este salto representa la renuncia a la seguridad que ofrece una vida de esclavitud para buscar una promesa. Esto se ilustra en los libros de Éxodo y Números, donde leemos:

הֲלֹא־זֶה הַדָּבָר אֲשֶׁר דִּבַּרְנוּ אֵלֶיךָ בְמִצְרַיִם לֵאמֹר חֲדַל מִמֶּנּוּ
וְנַעַבְדָה אֶת־מִצְרָיִם כִּי טוֹב לָנוּ עֲבֹד אֶת־מִצְרַיִם מִמֻּתֵנוּ בַּמִּדְבָּר:
(שמות י"ה, י"ב)

¿No es esto lo que te hablamos en Egipto, diciendo: «Déjanos, para que sirvamos a los egipcios, porque mejor nos hubiera sido servir a los egipcios que morir en el desierto»?

(Éxodo, 14:12)

זָכַרְנוּ אֶת־הַדָּגָה אֲשֶׁר־נֹאכַל בְּמִצְרַיִם חִנָּם אֵת הַקִּשֻּׁאִים וְאֵת
הָאֲבַטִּחִים וְאֶת־הֶחָצִיר וְאֶת־הַבְּצָלִים וְאֶת־הַשּׁוּמִים: וְעַתָּה
נַפְשֵׁנוּ יְבֵשָׁה אֵין כֹּל בִּלְתִּי אֶל־הַמָּן עֵינֵינוּ: וְהַמָּן כִּזְרַע־גַּד הוּא
וְעֵינוֹ כְּעֵין הַבְּדֹלַח:
(במדבר י"א, ה'-ז')

Capítulo 20: Los seis ensamblajes hacia el Último Dios

> Nos acordamos del pescado que comíamos en Egipto libremente, de los pepinos, los melones, los puerros, las cebollas y los ajos; y ahora nuestra alma se seca; pues nada sino este maná ven nuestros ojos. Y era el maná como semilla de culantro, y su color era como el color del cristal.
>
> (Números, 11:5-7)

Para regresar al primer comienzo, es necesario abandonar todas las certezas proporcionadas por la metafísica y la técnica. Es imprescindible renunciar a las comodidades ofrecidas por la religión institucionalizada, la creencia organizada y la tradición. El paso (*das Zuspiel*) implica una transición de un nivel a otro sin negar el anterior, mientras que en el salto (*der Sprung*) sí se niega el anterior. El salto implica abandonar completamente un ensamblaje para entrar en el siguiente, constituyendo un quiebre o ruptura en la historia.

(4) La fundación (*die Gründung*) se refiere al abismo del «entretanto», entendido como la verdad del Ser (*Seyn*) a la que antes hemos hecho referencia. Este «entretanto» se erige como el Dios de la ontoteología: un dios supletorio, efímero y transitorio que, no obstante, nos ha permitido transitar hasta donde debíamos transitar. Es comparable al becerro de oro que el pueblo de Israel adora mientras Moisés desciende del Monte Sinaí con las Tablas de la Ley.

וַיְדַבֵּר ה' אֶל־מֹשֶׁה לֶךְ־רֵד כִּי שִׁחֵת עַמְּךָ אֲשֶׁר הֶעֱלֵיתָ מֵאֶרֶץ מִצְרָיִם:
סָרוּ מַהֵר מִן־הַדֶּרֶךְ אֲשֶׁר צִוִּיתִם עָשׂוּ לָהֶם עֵגֶל מַסֵּכָה וַיִּשְׁתַּחֲווּ־לוֹ
וַיִּזְבְּחוּ־לוֹ וַיֹּאמְרוּ אֵלֶּה אֱלֹהֶיךָ יִשְׂרָאֵל אֲשֶׁר הֶעֱלוּךָ מֵאֶרֶץ מִצְרָיִם:
(שמות ל"ב, ז'-ח')

Entonces el Señor habló a Moisés: Desciende pronto, porque tu pueblo, que sacaste de la tierra de Egipto, se ha corrompido. Bien pronto se han desviado del camino que yo les mandé. Se han hecho un becerro de fundición y lo han adorado, le han ofrecido sacrificios y han dicho: «Estos son tus dioses, Israel, que te han sacado de la tierra de Egipto».

(Éxodo, 32:7-8)

Este cuarto momento de la fundación nos describe como el ser-ahí (*Dasein*) alcanza su plena realización en el «evento apropiador», en el *Da* (ahí), que es temporal y no meramente espacial (*topos*). Es ahí donde el Ser, tras manifestarse después de su retirada, se desvela ante el *Dasein*, incorporándolo e integrándolo en su esencia. Se trata de un proceso complejo donde el Ser se manifiesta y se fundamenta en su verdad más profunda, involucrando una dinámica de apropiación que revela su auténtica naturaleza. A través de esta fundación, se establece un vínculo intrínseco entre el Ser y el ser-ahí, mostrando cómo el Ser se enraíza en la verdad del evento que lo apropia y lo define. Hay quienes comprenden que simplemente pasar de un ensamblaje a otro negando el anterior no es eficaz y que es necesario dirigirse al fundamento. Es decir, es necesario ahondar en la base subyacente de cada estructura, sin rechazar completamente lo previo. Este enfoque requiere una reflexión más profunda y un entendimiento de los cimientos que sostienen cada nivel. Solo así se puede avanzar de manera significativa y auténtica, integrando el conocimiento pasado en el nuevo contexto, en lugar de descartarlo por completo. La fundación es el retorno a la fuente e implica dejarse apropiar por el fundamento establecido en el origen. No obstante, el desafío radica en que este fundamento no es definitivo; existe «algo» más allá de él. Tal como hemos explicado antes, detrás del *Grund* se encuentra un *Abgrund*, un abismo. Sin embargo, para accederlo, primero es necesario alcanzar y comprender el fundamento inicial. Este proceso de profundización es esencial para desvelar las capas subyacentes de la realidad, llevando a una comprensión más completa del Ser. Dicho de otro modo, el Último Dios solo podrá revelarse después de que el ser humano haya renunciado al becerro de oro.

(5) Los futuros (*Die Zu-künftigen*) son aquellos que dan testimonio de la acción del Último Dios. Son también llamados los encarecidos, los venideros, los poetas y los pastores (*Wachter*) del Ser. Estos poetas reciben el nombre de «venideros» porque son los profetas que anuncian la llegada. Los profetas sabedores del porvenir garantizan que un futuro auténtico siempre esté a disposición de toda la humanidad. Lo que ellos proclaman trasciende los beneficios individuales. Entre ellos se encuentra

Sección VI: La travesía hacia el Último Dios

Hölderlin, considerado por Heidegger como «el más venidero entre los venideros». Ellos son los primeros guardianes del ser-ahí, aunque no sean sus fundadores. La creación de los guardianes del arte hace referencia a toda la humanidad, evitando reducir su obra a un simple análisis técnico. Por el contrario, transmiten la Verdad de forma que resulta inalcanzable para la sistematización científica. Únicamente aquellos que se encuentran enraizados en el Ser pueden comprender plenamente lo que sus obras comunican. Si los guardianes de la Verdad la transmitieran como un periódico o una charla trivial, se instauraría una metodología inadecuada. Esto provocaría la retracción del Ser, pues el Ser no puede expresarse de cualquier manera. La existencia de estos pastores del Ser demuestra que la posibilidad de un futuro auténtico y significativo está siempre abierta, facilitada por quienes comprenden y expresan la acción divina. Los poetas, con su capacidad para escuchar, contemplar y permitir que el Ser se manifieste, desempeñan un papel crucial como custodios de esta Verdad, aunque no sean ellos quienes la originen. Estos artistas son los pastores del Ser, aquellos que van preparando el camino del Ser.

En la tradición hebrea, por ejemplo, encontramos numerosas referencias que caracterizan la literatura revelada como una forma de poesía en un sentido parecido al que Heidegger nos transmite:

וְעַתָּה כִּתְבוּ לָכֶם אֶת הַשִּׁירָה הַזֹּאת וְלַמְּדָהּ אֶת בְּנֵי יִשְׂרָאֵל
שִׂימָהּ בְּפִיהֶם לְמַעַן תִּהְיֶה לִי הַשִּׁירָה הַזֹּאת לְעֵד בִּבְנֵי יִשְׂרָאֵל:
(דברים ל"א, י"ט)

Capítulo 20: Los seis ensamblajes hacia el Último Dios

Y ahora, escriban para ustedes esta canción y enséñensela a los hijos de Israel. Pónganla en sus bocas, para que esta canción sea un testimonio para Mí con los hijos de Israel.

(Deuteronomio, 31:19)

[...]שֶׁצִוָּנוּ שֶׁיִּהְיֶה לְכָל אִישׁ מִמֶּנּוּ סֵפֶר תּוֹרָה לְעַצְמוֹ[...] וְהוּא אָמְרוֹ יִתְעַלֶּה: "כִּתְבוּ לָכֶם אֶת הַשִּׁירָה הַזֹּאת"[...] (דברים ל"א, י"ט) כִּי אָמְנָם רָצָה בְּאָמְרוֹ "אֶת הַשִּׁירָה" כָּל הַתּוֹרָה הַכּוֹלֶלֶת זֹאת הַשִּׁירָה. וּלְשׁוֹן גְּמָרָא סַנְהֶדְרִין (כ"א): אָמַר רַבָּה: 'אַף עַל פִּי שֶׁהִנִּיחוּ לוֹ לָאָדָם אֲבוֹתָיו סֵפֶר תּוֹרָה מִצְוָה לוֹ לִכְתֹּב מִשֶּׁלּוֹ שֶׁנֶּאֱמַר: 'וְעַתָּה כִּתְבוּ לָכֶם אֶת הַשִּׁירָה'.

(רמב"ם, ספר המצוות, מצות עשה י"ח)

[...] Que Él nos ordenó que cada hombre entre nosotros tuviera un rollo de la Torá para sí mismo [...] Y esta es Su declaración: «Escribid para vosotros esta canción» (Deuteronomio, 31:19) [...] Pues cuando dijo «esta canción», se refería a toda la Torá, que incluye esta canción (de *Ha'azinu*). Y el lenguaje de la *Guemará* (*Sanedrín*, 21b) es: «Rabá dijo: "Incluso si sus antepasados le dejaron un rollo de la Torá, es un mandamiento para él escribir un rollo propio, como se afirma: 'y ahora escribid para vosotros esta canción'"».

(Maimónides, *Sefer HaMitzvót*, «Mandamientos positivos», 18:1)

אָמַר רֵישׁ לָקִישׁ: "כָּל הָעוֹסֵק בַּתּוֹרָה בַּלַּיְלָה הַקָּדוֹשׁ בָּרוּךְ הוּא מוֹשֵׁךְ עָלָיו חוּט שֶׁל חֶסֶד בַּיּוֹם, שֶׁנֶּאֱמַר: 'יוֹמָם יְצַוֶּה ה' חַסְדּוֹ'. וּמָה טַעַם 'יוֹמָם יְצַוֶּה ה' חַסְדּוֹ'? מִשּׁוּם 'וּבַלַּיְלָה שִׁירֹה עִמִּי'".
(תלמוד בבלי, חגיגה, י"ב, ב')

Reish Lakish dijo: «Quien se ocupa de la Torá por la noche, el Santo, Bendito Sea, extiende sobre él un hilo de bondad por el día, como está dicho: "De día, el Señor ordenará Su bondad", ¿y cuál es la razón por la que "de día, el Señor ordenará Su bondad"? Porque "y por la noche Su canción está conmigo"».

(*Talmud Babilónico*, «*Jagigá*», 12b)

וְכָל מַחֲלֹקוֹת הַתַּנָּאִים וְהָאָמוֹרָאִים, וְהַגְּאוֹנִים וְהַפּוֹסְקִים בֶּאֱמֶת — לַמֵּבִין דָּבָר לַאֲשׁוּרוֹ — דִּבְרֵי אֱלֹקִים חַיִּים הֵמָּה, וּלְכֻלָּם יֵשׁ פָּנִים בַּהֲלָכָה. וְאַדְּרַבָּה: זֹאת הִיא תִּפְאֶרֶת תּוֹרָתֵנוּ הַקְּדוֹשָׁה וְהַטְּהוֹרָה. וְכָל הַתּוֹרָה כֻּלָּהּ נִקְרֵאת "שִׁירָה", וְתִפְאֶרֶת הַשִּׁיר הִיא כְּשֶׁהַקּוֹלוֹת מְשֻׁנִּים זֶה מִזֶּה, וְזֶהוּ עִקָּר הַנְּעִימוּת. וּמִי שֶׁמְּשׁוֹטֵט בְּיָם הַתַּלְמוּד – יִרְאֶה נְעִימוֹת מְשֻׁנּוֹת בְּכָל הַקּוֹלוֹת הַמְשֻׁנּוֹת זֶה מִזֶּה.
(הרב יחיאל מיכל הלוי אפשטיין, הקדמה לספר ערוך השולחן)

Y aquellos que precisamente entienden, saben que todas las disputas de los *Tana'im* y los *Amora'im*, los *Ge'onim* y los *Poskim*, son palabras del Dios viviente, y todos ellos son aspectos legítimos de la Halajá (ley). De hecho, esta es la gloria de nuestra Torá santa y pura. Y toda la Torá es llamada *shirá*

Capítulo 20: Los seis ensamblajes hacia el Último Dios

(canción, poesía, melodía), y la gloria de la canción es cuando los sonidos [de los que se compone la melodía] son diferentes, y este es un principio fundamental en la composición. Y aquellos que navegan el Océano Talmúdico notarán diferentes melodías con tantos sonidos diferentes.

(Rabino Yeji'el Michel HaLevi Epstein, introducción al libro *Arúj HaShulján*)

הָא מֵיהָא יֵשׁ לְהָבִין הֵיאַךְ נִקְרָא כָּל הַתּוֹרָה שִׁירָה? וַהֲרֵי לֹא נִכְתְּבָה בְּלָשׁוֹן שֶׁל שִׁירָה? אֶלָּא עַל כִּי יֵשׁ בָּהּ טֶבַע וּסְגֻלַּת הַשִּׁירָה, שֶׁהוּא דִבּוּר בְּלָשׁוֹן מְלִיצָה. דְּיָדוּעַ לְכָל מֵבִין עַם תַּלְמוּד, דִּמְשֻׁנֶּה לְשׁוֹן הַמְּלִיצָה' מִסִּפּוּר 'פְּרָזִי' [פרוזה] בִּשְׁנֵי עִנְיָנִים: בְּטֶבַע וּבִסְגֻלָּה.

א) דְּבַשִּׁיר אֵין הָעִנְיָן מְבֹאָר יָפֶה כְּמוֹ בְּסִפּוּר פְּרָזִי. וְצָרִיךְ לַעֲשׂוֹת הֶעָרוֹת מִן הַצַּד, דְּזֶה הֶחָרוּז כּוּן לְזֶה הַסִּפּוּר וְזֶה הֶחָרוּז כּוּן לָזֶה... כָּךְ הוּא טֶבַע כָּל הַתּוֹרָה שֶׁאֵין הַסִּפּוּר שֶׁבָּהּ מְבֹאָר יָפֶה. אֶלָּא יֵשׁ לַעֲשׂוֹת הֶעָרוֹת וּפֵרוּשִׁים לְדִקְדּוּקֵי הַלָּשׁוֹן וְלֹא נִקְרָא דְּרוּשׁ, אֶלָּא כָּךְ הוּא פְּשַׁט הַמִּקְרָא.

ב) דְּבַשִּׁיר יֵשׁ סְגֻלָּה לְפָאֲרָהּ בִּרְמָזִים מַה שֶׁאֵינוֹ מֵעִנְיַן הַשִּׁיר, כְּמוֹ שֶׁנָּהוּג לַעֲשׂוֹת רָאשֵׁי הַחֲרוּזִים בְּדֶרֶךְ א"ב אוֹ שֵׁם הַמְחַבֵּר...וְדָבָר זֶה מַמָּשׁ הִיא בְּכָל הַתּוֹרָה כֻּלָּהּ, שֶׁמִּלְּבַד הָעִנְיָן הַמְדֻבָּר בִּפְשַׁט הַמִּקְרָא, עוֹד יֵשׁ בְּכָל דָּבָר הַרְבֵּה סוֹדוֹת וְעִנְיָנִים נֶעֱלָמִים, אֲשֶׁר מֵחֲמַת זֶה בָּא כַּמָּה פְּעָמִים הַמִּקְרָא בְּלָשׁוֹן שֶׁאֵינוֹ מְדֻיָּק כָּל כָּךְ. וְכָל זֶה אֵינוֹ בַּתּוֹרָה הַקְּדוֹשָׁה לְבַד אֶלָּא בְּכָל מִקְרָאֵי קֹדֶשׁ...

(הנצי"ב מוולוז'ין בהקדמה לספרו 'העמק דבר')

Sin embargo, debemos entender cómo es que toda la Torá es llamada *shirá* («poesía» o «canción»), mientras que no está escrita en forma de verso poético. La respuesta es que posee la cualidad y naturaleza de la poesía, lo que significa que está hablada de manera poética. Pues es sabido por los eruditos que la poesía difiere de la prosa en dos aspectos: naturaleza y calidad. 1. En la poesía, el tema no está claramente explicado, como en la prosa, y requiere de algún comentario adicional para aclarar que esta rima significaba esto, y esta rima significaba esto otro. Así es la naturaleza de toda la Torá, donde la historia no se explica claramente y requiere comentarios y análisis gramaticales, y esto no es una exégesis expansiva (*drásh*), sino [para la comprensión] del significado simple de la Torá (*pshát*). 2. Otra cualidad de la poesía es que puede ser decorada con insinuaciones no relacionadas con el contenido, como ordenar la primera letra de cada línea en orden alfabético, o según el nombre del autor [...] y podemos observar esta cualidad en toda la Torá, que, más allá del significado simple, contiene muchos secretos y temas ocultos, lo que lleva a un lenguaje aparentemente inexacto en ocasiones. Y esto no ocurre solo con la Sagrada Torá, sino con toda escritura sagrada.

    (El Netziv de Vollozhin, introducción a su comentario de la Torá *Ha'amek Davar*)

A diferencia de los filósofos o científicos, los poetas se dejan abrazar por el Ser, permitiéndole decirse y manifestarse como Ser. Con la aparición del lenguaje poético o del arte, el Ser brilla con su propia significación. Cuando la poesía impregne todas las ciencias o se convierta en el único modo de expresión, el significado del Último Dios latirá profundamente en el corazón humano. Este Último Dios solo podrá revelarse cuando el ser humano permita que el Ser se manifieste, «piense» y «se encuentre» exclusivamente en la expresión artística, trascendiendo toda lógica formal.

Los ad-venideros (*die Zu-künftigen*) representan una forma de existencia íntimamente vinculada a la noción de tiempo auténtico. No se limitan a una proyección lineal hacia el futuro como una mera anticipación de eventos aún no ocurridos. Por el contrario, habitan una dimensión temporal compleja donde pasado, presente y futuro se entrelazan, generando una experiencia del tiempo cualitativamente distinta y transformadora.

La singularidad de los ad-venideros radica en su capacidad para situarse en un umbral ontológico, donde lo presente y lo venidero convergen. Esta modalidad de existencia implica una apertura hacia posibilidades futuras y la habilidad de reconfigurar el presente a partir de dichas potencialidades. En este sentido, instauran nuevos horizontes de sentido y existencia, consolidándose como agentes de transformación que trascienden la inercia de la cronología ordinaria.

Sección VI: La travesía hacia el Último Dios

En la filosofía de Heidegger, el tiempo auténtico se opone a la concepción lineal y acumulativa predominante en la experiencia cotidiana. En su lugar, introduce una temporalidad unificada y dinámica, caracterizada por el entrelazamiento no secuencial de las dimensiones del pasado, el presente y el futuro, un fenómeno que describe con el concepto de «ecstaticidad». En este marco, los ad-venideros representan el modo en que el ser humano puede habitar esta temporalidad auténtica, liberándose de las constricciones de una comprensión histórica puramente cronológica.

El término alemán *Zu-künftigen* ilustra esta idea con claridad. Traducido literalmente como 'los que vienen hacia' (*Zu-künft*), enfatiza un movimiento activo que no implica simplemente la llegada de algo futuro, sino una irrupción en el presente capaz de transformarlo de manera radical. Este carácter disruptivo subraya la capacidad de los ad-venideros para generar nuevos órdenes de sentido desde el presente hacia lo posible.

Los ad-venideros se abren al *ereignis*, el acontecimiento apropiador que redefine la conexión entre el ser humano y el Ser. No se limitan a ser observadores pasivos del devenir, sino queconfiguran una existencia más auténtica. Este papel exige superar el abandono del Ser (*Seinsverlassenheit*), una condición que Heidegger identifica como el distanciamiento ontológico que separa a los seres humanos de su fundamento esencial. Se encuentran en un estado de ánimo conductor (*Leitstimmung*) que combina el temblor (*Schrecken*) y el temor reverencial

CAPÍTULO 20: LOS SEIS ENSAMBLAJES HACIA EL ÚLTIMO DIOS

(*Scheu*). Esta disposición emocional no debe entenderse como un indicio de desesperación ni como una reacción de temor paralizante. Más bien, constituye una respuesta enraizada en el misterio y la magnitud del *ereignis*. En ella, se manifiesta la reverencia ante la posibilidad de una transformación radical del Ser en su esencia misma.

En última instancia, los ad-venideros son aquellos que, al habitar plenamente la temporalidad auténtica, son capaces de transformar el presente a partir del porvenir. No se conforman con adaptarse a las circunstancias históricas o culturales existentes, sino que contribuyen activamente a la fundación de un horizonte de sentido inédito. Este horizonte redefine la relación entre lo humano y lo divino, posibilitando la irrupción de lo nuevo. Los ad-venideros, por tanto, son los heraldos del cambio y los arquitectos de un devenir que aún está por configurarse.

(6) El Último Dios (*Der letzte Gott*) al que podemos identificar con lo Uno de Plotino, se revela finalmente en el marco de la economía de la salvación. Esta manifestación ocurre porque el Ser gestiona la salvación y su aparición a lo largo de la historia. A través de los tiempos, el Ser va administrando y desplegando la revelación, culminando en lo supremo y final. En esta travesía, emergerá un significado y una comprensión que trascenderán lo ofrecido por la filosofía tradicional, desde Platón hasta la posmodernidad, entendida como una extensión de la misma modernidad. Más concretamente, esta aparición marca la continuación de una senda oculta inicialmente trazada por Platón, la cual se relaciona con el origen del

Ser (*Seyn*) y cuya manifestación ocurre sin consideración alguna del ser humano. El acaecimiento originario no posicionaba a los humanos como el centro de todo. Más bien, se encontraban subordinados al evento, que era el verdadero punto focal. Este Dios, en su aspiración de elevarse a partir del Ser, pero sobre el Ser, se convierte en la misma fuente y causa del Ser, abarcando más que el simple ente. El Último Dios no es un Dios en el sentido tradicional, ni puede ser categorizado como tal. Aunque solo puede revelarse en la manifestación del Ser, trasciende al propio Ser. Esto implica que del Ser al Último Dios existe un tránsito, una travesía que el ser humano debe recorrer.

Capítulo 21

Un nuevo marco filosófico

El devenir del Ser en su esencia como *Seyn*, explicado en la sección anterior, constituye el punto de partida para comprender lo que Heidegger llama «el Último Dios». Sin embargo, vistas las problemáticas y errores en las que la metafísica y la religión organizada han caído repetidamente, quizás sería necesario plantearse cómo deberíamos preguntarnos sobre este Último Dios. O, incluso, ¿deberíamos preguntarnos por Él?

A estas alturas, resulta evidente que no es posible indagar sobre el Último Dios mediante un «qué», es decir, bajo la filosofía tradicional. Este enfoque, basado en estructuras epistemológicas, lo reduciría nuevamente a la categoría de ente, a otro dios en minúsculas. Sería, en esencia, una nueva versión del becerro forjado en el desierto del Sinaí, cuya idea ha persistido hasta hoy en todas las religiones organizadas, apuntalada por sus respectivos fundamentos filosóficos y teológicos.

En este sentido, estamos ante un Dios que es completamente diferente del concebido por la ontoteología. Su naturaleza es radicalmente distinta y trasciende las categorías tradicionales de la teología del Ser. De hecho, Heidegger se refiere a este Último Dios como «El totalmente otro ante los dioses, sobre todo ante el cristiano» (*Der ganz Andere gegen die Gewesenen, zumal gegen den christlichen*)[57], definición con la que justamente abre el séptimo capítulo de sus *Aportes a la filosofía*. El Último Dios es absolutamente Otro frente a todos los dioses conocidos, como antes hemos mostrado citando el libro de los Hechos. Es decir, por un lado, es desconocido porque es incognoscible, lo que lo hace totalmente Otro, inabarcable por el concepto de Dios institucionalizado. Sin embargo, es el verdadero Dios de toda religión. Observando el trayecto intelectual seguido por el autor, podemos discernir que este Último Dios, propio del pensamiento posmetafísico, se define exclusivamente por sus características negativas. Es decir, es anónimo, desligado de cualquier religión, sinagoga, templo, mezquita o iglesia, y trasciende lo calculable y lo finito. Además, y en tanto que Dios, es completamente ajeno a las cualidades con las que la metafísica tradicionalmente describía a Dios. En este sentido, el Último Dios no es un ente supremo, una causa primera, ni un creador infinito. Además, no es tampoco «último» en el sentido de una sucesión cronológica. Al contrario, es Último en el sentido de ultimidad, pues siendo absolutamente indeterminado, no es ni algo ni alguien. Yace en el trasfondo constituyendo

---

57. Martin Heidegger, *Aportes a la filosofía. Acerca del evento*, traducción de Dina V. Picotti C. (Buenos Aires: Editorial Biblos / Editorial Almagesto, 2000), sección VII, «El Último Dios», 349.

el fundamento de todas las determinaciones sin estar Él determinado. En ese sentido, es pura pobreza porque carece de esencia, nombre o identidad.

Heidegger ha afirmado que lo último es, en realidad, lo primero, ya que en la búsqueda se llega a lo último, que en verdad fue lo primero y original, como ya predica el Evangelio de Mateo cuando dice:

> Así, los últimos serán primeros, y los primeros, últimos.
>
> (Mateos, 20:16)

En otras palabras, lo que se encuentra primero en el orden del Ser resulta ser lo último en el orden del pensamiento. Lo primordial, aquello que constituye la esencia del Ser, solo se revela al final de un profundo proceso de reflexión. Así, el fundamento originario, que es lo primero en la realidad ontológica, se alcanza al concluir la indagación filosófica. Esta paradoja subraya la complejidad inherente al acto de pensar y la naturaleza misma del Ser, donde lo más elemental y fundamental se descubre solo tras un arduo, prolongado y necesario análisis. Por eso, Heidegger sostiene en *Aportes a la filosofía* que el avance del Ser como idea es el fin de lo divino, en otras palabras, a mayor comprensión, mayor lejanía de Dios. El ser humano solo podrá acercarse nuevamente a Dios cuando abandone la idea de tratarlo como un objeto de pensamiento.

> הִנֵּה יָמִים בָּאִים נְאֻם ה' אֱלֹהִים וְהִשְׁלַחְתִּי רָעָב בָּאָרֶץ לֹא רָעָב
> לַלֶּחֶם וְלֹא צָמָא לַמַּיִם כִּי אִם לִשְׁמֹעַ אֵת דִּבְרֵי ה':
> (עמוס ח', י"א)

He aquí que vienen días, dice el Señor Dios, y enviaré hambre a la tierra, no hambre de pan ni sed de agua, sino de oír las palabras del Señor.
>> (Amós, 8:11)

Es quizás por este motivo que Heidegger no se pregunta por el Último Dios con ninguno de estos términos, y, en lugar de ello, intenta definirlo mediante lo que no es:

> El Último dios no es un fin (*Ende*) sino el asentarse del comienzo y con ello la suprema figura del rehusar (*Verweigerung*), puesto que lo inicial se sustrae a toda retención y sólo se esencia (*west*) en el sobresalir (*Überragen*) entre todo lo que ya como venidero ha sido capturado en él y entregado a su fuerza determinante. El fin está solo donde el ente se ha arrancado de la verdad del ser (*Seyn*), y ha negado toda cuestion-abilidad (*Fragwürdigkeit*), es decir, toda distinción, para conducirse en interminables posibilidades de lo así desasido en tiempo interminable. El fin es el incesante-y-así-sucesivamente, al que lo último (*das Letzte*) como lo más inicial se ha sustraído desde un comienzo y desde hace mucho tiempo. Por ello el fin no se ve nunca, se da por acabamiento y por ello estará

lo menos dispuesto y preparado para esperar ni experimentar lo último.[58]

Analicemos este complejo, e incluso extraño, pasaje parte por parte:

El Último dios no es un fin (*Ende*) sino el asentarse del comienzo [...].

Aquel inicio que tuvo lugar con el pensamiento presocrático, y que quedó posteriormente desviado por la *orthótes* de la filosofía platónica, es recuperado de una manera más profunda, ya que ese inicio aún pertenecía al Ser. Sin embargo, este nuevo inicio o retorno al origen se comprende como *Abgrund*, no como *Grund* o 'fundamento'. Es decir, se entiende como lo que yace más allá del fundamento o del Ser, un allí donde «reside» el Último Dios, trascendiendo toda base ontoteológica. Este retorno primigenio es una mirada hacia las raíces, revelando una comprensión más profunda. En este contexto, el principio o el Ser constituye solo una mitad del todo, mientras que el Último Dios representaría la otra mitad, desprovista de fundamento.

[...] con ello la suprema figura del rehusar (*Verweigerung*), puesto que lo inicial se

---

58. Heidegger, Martin. *La historia del Ser.* Traducido por Dina V. Picotti C. (El Hilo de Ariadna. Biblioteca Internacional Martin Heidegger. Buenos Aires, 2011).

sustrae a toda retención y solo se esencia (*west*) en el sobresalir (*Überragen*) [...].

El Último Dios no está limitado por las determinaciones históricas del Ser, tales como esencia, sustancia, accidente, acto, potencia, idea, materia, mente o consciencia. Trasciende todas esas categorías, alejándose de cada una de estas fijaciones. El Último Dios se sustrae a cualquier forma de definición o limitación. Su acción es esencial y está orientada por su misma naturaleza. Desde esta perspectiva, ya no se busca recoger al Ser en sus formas históricas. Ahora es necesario entenderlo en una dimensión absoluta y superior que trasciende toda determinación específica. En el inicio de la metafísica, aunque el Ser se revela, o parece revelarse, es susceptible de ser controlado mediante la técnica. Sin embargo, para que la historia sagrada se despliegue en su ultimidad, ya no se manifiesta el Ser como tal. Es el Último Dios quien se revela, permaneciendo ajeno a cualquier intento de dominación técnica. Este cambio señala una transición crucial: mientras podíamos intentar comprender al Ser mediante métodos técnicos, el Último Dios es inalcanzable a las capacidades humanas. Es por ello que:

[…] en el sobresalir (*Überragen*) entre todo lo que ya como venidero ha sido capturado en él y entregado a su fuerza determinante [...].

Capítulo 21: Un nuevo marco filosófico

Al no ser nada en sí mismo, pues es un mero abismo (*Abgrund*), el Último Dios es capaz de hacer que todo lo demás sea. Al estar desprovisto de cualquier determinación específica, tiene la facultad de determinar todas las cosas, pero sin ser causa lógica. Más aún, esta ausencia de cualidades definidas le confiere un poder absoluto y universal, permitiéndole ser la fuente de toda existencia. Así, el Último Dios, en su vacuidad, se convierte en el origen de la diversidad y la multiplicidad, estableciendo un paralelismo con el concepto plotiniano de lo Uno, que, por su simplicidad suprema, engendra todas las realidades. La ausencia de determinación se convierte en una capacidad determinativa universal. Esta paradoja destaca una idea profunda en metafísica: la fuente última de todo Ser trasciende limitaciones o definiciones. Esto mismo ya sucede con el Señor supremo tal como se menciona en uno de los principales *purāṇas*:

राजन् परस्य तनुभृज्जननाप्ययेहा
मायाविडम्बनमवेहि यथा नटस्य ।
सृष्ट्वात्मनेदमनुविश्य विहृत्य चान्ते
संहृत्य चात्ममहिनोपरत: स आस्ते ॥

> *rājan parasya tanu-bhṛj-jananāpyayehā*
> *māyā-viḍambanam avehi yathā naṭasya*
> *sṛṣṭvātmanedam anuviśya vihṛtya cānte*
> *saṁhṛtya cātma-mahinoparataḥ sa āste*

Mi querido rey, debes entender que la aparición y desaparición del Señor Supremo, que parecen similares a las de las almas condicionadas en cuerpos materiales, son en realidad una representación llevada a cabo por Su energía ilusoria, como la actuación de un actor. Después de crear este universo, Él entra en él, juega dentro de él por un tiempo y, finalmente, lo repliega. Entonces, el Señor permanece en Su propia gloria trascendental, habiendo cesado las funciones de la manifestación cósmica.

(*Bhāgavata Purāṇa*, 11.31.11)

Y aun siendo pura indeterminación, la revelación del Último Dios implica una negación del dios de la ontoteología. En esta negación, dicho dios muere, permitiendo así que el Último Dios se revele en toda su incomprensibilidad, haciendo patente la manifestación inmanifiesta del Ser con la cual Él se revela.

El fin está sólo donde el ente se ha arrancado de la verdad del ser (Seyn), y ha negado toda cuestion-abilidad (*Fragwürdigkeit*), es decir, toda distinción, para conducirse en interminables posibilidades de lo así desasido en tiempo interminable.

Este párrafo se centra en una cuestión fundamental de su filosofía: la interrelación entre el ente, el Ser y la verdad. En este fragmento, Heidegger plantea que el «fin» o la culminación de una comprensión auténtica ocurre

Capítulo 21: Un nuevo marco filosófico

cuando el ente, es decir, los individuos, se separan de la verdad del Ser. Esta separación conlleva una renuncia a la dignidad-al-preguntar. El término *Fragwürdigkeit* subraya la importancia de la capacidad de interrogar y cuestionar, una cualidad esencial para alcanzar una comprensión más profunda del Ser. Abandonar esta dignidad-al-preguntar implica que el ente deja de buscar la verdad del Ser y se conforma con una existencia superficial y carente de raíces.

Heidegger también señala que este estado de separación induce al ente a comportarse de manera indefinida, conforme a las posibilidades que ofrece este estado de desconexión. Esto sugiere una vida desprovista de un propósito auténtico, guiada únicamente por las ocasiones inmediatas y superficiales, en lugar de una existencia más auténtica y significativa, vinculada con la verdad del Ser. Heidegger se muestra crítico con la superficialidad y la falta de profundidad en la vida del ente que ha perdido su conexión con la verdad del Ser y, por tanto, su capacidad de preguntar de manera significativa. Para él, este estado de desconexión y conformismo representa el verdadero «fin» de una existencia auténtica.

Abrirse a la revelación del Último Dios supone acercarse al límite de la existencia del «yo» como ente y consciencia independiente, donde se percibe una separación, una desconexión, entre el ente y la verdad del Ser. En este ámbito, el «yo» surge como fenómeno egoico, creando un espacio donde Dios queda objetivado y despojado de dignidad mediante preguntas como

«¿qué desea Dios?» o «¿por qué creó el mundo?». En este contexto del espacio del fenómeno egoico, todas las diferencias, distinciones y determinaciones se disuelven, llevando a la desaparición del Dios de la ontoteología, ya que en este ámbito no existen ni conceptos ni teología. La superación y trascendencia del fenómeno egoico conforman un preámbulo imprescindible para la manifestación del Último Dios. Tal proceso implica el desplazamiento del «yo» como centro fundamental de la existencia, posibilitando el acceso a una dimensión trascendental. En su dimensión ontológica y psicológica, el ego actúa como un límite que impide el acercamiento a una realidad superior. La ruptura de las estructuras egocéntricas permite al ser humano abrirse a dimensiones más amplias de la existencia y lo absoluto.

Esta antesala o preámbulo del Último Dios debe entenderse como una intensificación del dios egoico que aparece como dios que no es más que imagen y semejanza del ego. Sin embargo, y paradójicamente, en la aproximación al Último Dios, en vez de reducirse, el fenómeno egoico se intensifica hasta su extremo máximo, alcanzando una expansión última que lleva a su total disolución. El ego surge, se transforma y eventualmente se anula, llevando a una comprensión radicalmente nueva del Ser y de lo divino. La paradoja radica en que, al intensificarse el ego hasta su límite, se desencadena su propia disolución, permitiendo así una aproximación auténtica al Último Dios.

Capítulo 21: Un nuevo marco filosófico

El fin es el incesante-y-así-sucesivamente, al que lo último (*das Letzte*) como lo más inicial se ha sustraído desde un comienzo y desde hace mucho tiempo. Por ello el fin no se ve nunca, se da por acabamiento y por ello estará lo menos dispuesto y preparado para esperar ni experimentar lo último.

En este contexto, Heidegger propone una visión del fin como un proceso o devenir continuo, en contraste con la idea de un término final y definitivo. Este fin, a pesar de considerarse a sí mismo como una conclusión, no comprende su verdadera esencia. La «ultimidad», entendida como lo más fundamental, ha permanecido oculta durante mucho tiempo, indicando que lo esencial nunca se revela de forma inmediata. Debido a esta percepción equivocada, el fin no está adecuadamente dispuesto ni preparado para esperar y experimentar lo que es realmente fundamental. Por lo tanto, al verse como una conclusión, el fin muestra su incapacidad para enfrentarse a la verdadera naturaleza de la ultimidad.

Esta concepción de Heidegger sugiere que el fin no es, por tanto, un estado estático, sino aquello que persiste incesantemente. La idea de que la ultimidad se ha retirado desde el comienzo indica una ausencia de lo esencial en el ámbito del ente, lo cual contribuye a la incomprensión del fin respecto a su propia naturaleza. El fin, al creer que es una conclusión, revela su falta de disposición para enfrentar la verdadera naturaleza de lo que es último.

Sección VI: La travesía hacia el Último Dios

La ultimidad, en cuanto inicial, implica que el Último Dios es el primero en la secuencia, antecediendo a todos los dioses de las religiones. Este se ha retirado con el Ser desde Platón, dejando solo un eco de su presencia, una resonancia de su ausencia. La retirada de este Dios ha sumido a los seres humanos en un estado de desesperación que los ha llevado a crear dioses, becerros de oro y religiones para adorarlos. No solo eso, han también institucionalizado la religión, organizado la espiritualidad, e incluso estructurado la dimensión sociopolítica del hombre. Este proceso de invención y estructuración religiosa ha sido, en esencia, un intento de llenar ese vacío, de silenciar el ensordecedor silencio dejado por su retiro.

Del mismo modo que el ojo no puede verse a sí mismo ni los dientes pueden morderse, así el fin nunca se autopercibe. Si el fin se conociera a sí mismo perdería su unidad porque sería dual u objetual. La incapacidad del fin para autorreconocerse es esencial para su naturaleza unitaria, ya que cualquier acto de percepción lo dividiría en sujeto y objeto, destruyendo así su integridad. Esta paradoja subraya la condición de lo absoluto y su inefabilidad, reflejando la misma dificultad que enfrenta el ser humano al intentar captar la esencia del Último Dios. Si la observación o la consciencia pura pudiera ser percibida, entonces no podría ser la consciencia o la observación, y simplemente sería un objeto observado. La esencia de nuestra verdadera identidad se encuentra en el punto donde el ente se ha distanciado del Ser. Es en esta trizadura entre el Ser y el ente donde reside el fin de nuestra existencia. Como fenómeno egoico, dicha división o fractura soy yo.

Por ello, Heidegger concibe el fin como un estado perpetuo incapaz de captar lo esencial debido a la ausencia de lo fundamental desde el principio. Entender el fin como conclusión revela la incapacidad para lidiar con la naturaleza profunda de lo esencial. En resumen, el fin no es un punto definitivo, sino un proceso continuo en constante movimiento. Nunca comprende plenamente lo crucial, pues estos elementos han permanecido ocultos desde siempre.

Una existencia sin un propósito claro implica una vida desprovista del sentido del Ser. Esta vacuidad, tal como ha sido planteada por la filosofía contemporánea, actúa como un preludio del vacío absoluto, el cual despoja de esencias a las determinaciones que, a su vez, recubren al Último Dios. En este contexto, se observa cómo las múltiples capas que cubren al Último Dios son gradualmente vaciadas de su contenido esencial, reflejando una desintegración de las certezas fundamentales que antes constituían su naturaleza. La reflexión filosófica moderna, al cuestionar y desmantelar estos fundamentos, revela un trasfondo de nihilismo donde el sentido se disuelve, dejando expuesta una desnudez ontológica que redefine tanto la comprensión del Ser como de la divinidad última.

Así, y en virtud de lo expuesto hasta ahora, podemos hablar de un contexto compuesto de tres comienzos. En el primer inicio, el Ser se revela como *physis*. El segundo, marcado por la ontoteología, lleva al ocultamiento del Ser. Finalmente, en el tercero, el Ser se revela en el evento como el Último Dios. Para que esto ocurra, el dios ontoteológico debe morir. Es esencial superar al dios conceptual que el ser humano creó desde la esfera egoica para sustentarse a sí mismo. Al aproximarnos al tercer comienzo, los conceptos que definieron el segundo van perdiendo su significado. Entonces, el Último Dios surge en su verdadera esencia, más allá de toda conceptualización, objetivación y comprensión.

Este proceso no debe confundirse con los cantos de sirena de la postmodernidad y otras versiones de la misma idea. La postmodernidad es generalmente vista como positiva, porque vacía de contenido todas las estructuras tradicionales de forma casi liberadora. La filosofía contemporánea, concretamente, discute la muerte de Dios y, del hombre moderno, el final de la historia y el ocaso de la razón, a las que entiende como cadenas. Esta revolución liberadora celebra el final y la destrucción, dando por sentado que, tras Dios, la razón y la historia, ya no hay nada ni nadie que nos someta. En este marco, la postmodernidad anuncia el final de la metafísica como finalidad en sí misma, al mismo tiempo que presupone un ser humano pleno y digno que se tiene a sí mismo.

Sin embargo, y desde nuestro punto de vista, no se trata de celebrar la caída de la metafísica por el mero hecho de vaciarlo todo. La tendencia de la postmodernidad a despojar de sentido las estructuras existentes tiene que ser valorada, sin duda. Sin embargo, el verdadero propósito debe ser más profundo y no debe conformarse con matar a dios para instaurar en su lugar a un nuevo sujeto. Como hemos venido diciendo en este breve estudio, siguiendo a Heidegger, la muerte de los conceptos tradicionales no debe verse simplemente como un final vacío. La finalidad no puede ser la vacuidad en sí misma para finalmente abrazar el nihilismo más absoluto. Más bien, este vaciamiento que sucede desde el fenómeno egoico, que es el que nos permite ver y entender la dirección de los acontecimientos, es necesario para permitir que el Último Dios se revele. La desaparición de la metafísica es una fase crucial para la manifestación de una nueva realidad divina.

Capítulo 22

El lenguaje como morada del Ser

La revelación de la realidad divina está estrechamente relacionada con el «pasaje» y la «prontitud». En cierto modo, estos dos términos dibujan una transición que Heidegger siempre conecta al lenguaje como morada del Ser. Plantea esta relación desde la necesidad de agotar todas las instancias de las categorías metafísicas, permitiendo el tránsito del Dios personal al impersonal, del Dios metafísico al Último Dios. La humanidad ha recurrido a Dios para explicar desde la creación y el amor hasta el propósito de la vida e incluso el pecado. Es esencial superar todas las barreras para recorrer el pasaje y alcanzar el lugar del no fundamento, el abismo donde el Último Dios reluce.

Como hemos avanzado antes, este pasaje ocurre en una dialéctica entre los dioses religiosos de la metafísica y la cuestión de la manifestación, es decir entre el Ser y los dioses. Joseph Campbell dijo que los dioses de la era metafísica fueron máscaras del verdadero y Último Dios. Por esta razón, aunque el Último Dios se revele en el reino del Ser, su manifestación dependerá únicamente de Él. Veamos esta relación de manera más detallada tal como el mismo Heidegger la plantea.

> La negación del Ser a «los dioses» solo significa primero: el ser no está «por encima de» los dioses; pero tampoco estos «por encima» del Ser. Sin embargo «los dioses» requieren (*bedürfen*) el Ser (Seyn), sentencia con la que ya se piensa la esencia «del» Ser (Seyn). «Los dioses» requieren el Ser (Seyn) no como su propiedad, en la que encuentren su puesto. «Los dioses» necesitan (*brauchen*) al Ser (Seyn) para, a través de él, que no les pertenece, sin embargo, pertenecerse a sí mismos. El ser (Seyn) es lo usado (*das Gebrauchte*) por los dioses.[59]

La relación ontológica entre el Ser y los dioses constituye una dialéctica fundamental donde se entrelazan la existencia y la esencia, dotando de sentido al acto de ser. En este esquema metafísico, el Ser puede concebirse como la condición de posibilidad de toda manifestación. A su vez, los dioses representan las manifestaciones concretas, las determinaciones particulares que hacen del Ser «algo» definido. La conexión entre ambos se da a través de la cópula «ser algo», en la cual el Ser provee la

---

59. Martin Heidegger, *Aportes a la filosofía. Acerca del evento*, traducción de Dina V. Picotti C. (Buenos Aires: Editorial Biblos / Editorial Almagesto, 2000), sección VIII, «El ser [Seyn]», §259, «La filosofía», 349.

existencia, mientras que el «algo» confiere la esencia o la determinación que concreta al Ser en una forma específica. Así, el Ser se convierte en el fundamento ontológico que permite la existencia de los dioses, mientras que estos últimos actúan como el contenido, la multiplicidad que da forma y sentido al Ser. Esta interdependencia implica que, sin el Ser, los dioses quedarían reducidos a simples ideas inmanentes, conceptos vacíos que carecen de realidad o presencia efectiva; serían meras abstracciones, sin lugar o substancia en el mundo del devenir.

Por su parte, un Ser sin los dioses, sin sus múltiples determinaciones, se reduciría a una existencia pura y vacía, una suerte de sustrato indeterminado, carente de contenido o diferenciación. En otras palabras, el Ser sin los dioses sería un ente vacío de significado, una mera posibilidad de ser que nunca llega a concretarse en una realidad manifiesta. Por tanto, el Ser requiere de los dioses para adquirir contenido, forma y manifestación, al mismo tiempo que los dioses dependen del Ser para adquirir existencia, para aparecer y hacerse presentes en el ámbito de lo real. Se establece así una correlación necesaria, donde el Ser y los dioses se co-implican mutuamente: el Ser deviene el horizonte en el cual los dioses se muestran, y los dioses se constituyen en la concreción del Ser.

Esta relación es análoga, en cierta medida, a la tradicional distinción metafísica entre acto y potencia; el Ser es la potencia universal de la existencia, mientras que los dioses representan los actos concretos que actualizan esa potencialidad en formas particulares.

Dicho de otro modo, el Ser sin los dioses sería un abismo de pura indeterminación, un campo abierto que nunca se concreta en nada. Por su parte, los dioses sin el Ser serían un espectro de ideas sin posibilidad de alcanzar existencia real, permanecerían como meras potencialidades que jamás llegarían a aparecer. Solo en su recíproca relación y dependencia adquieren ambos su sentido pleno: el Ser encuentra su realización y determinación a través de los dioses, mientras que los dioses logran su existencia efectiva a través del Ser. Esta relación, no obstante, necesita de otra figura para hacerse posible; eso es, el ser humano. Heidegger explora esta cuestión del siguiente modo:

«El hombre» y «el dios» son palabras huecas, ahistóricas, cuando la verdad del Ser (*Seyn*) no llega en ellas al lenguaje. El Ser (*Seyn*) se essencia como el entre (*Zwischen*) para el dios y el hombre, pero de modo que en este interespacio (*Zwischenraum*) recién emplaza al dios y al hombre la posibilidad esencial, un entre, que desborda sus orillas y sólo desde la resaca las hace surgir como orillas, siempre perteneciente a la corriente del evento-apropiador, siempre oculto en la riqueza de sus posibilidades, siempre de el este lado y del otro lado de las inagotables referencias, en cuyo claro se ensamblan y hunden mundos, se abren tierras y toleran la destrucción. Pero de todos modos, el Ser (*Seyn*) tiene que quedar ante todo sin interpretación (*deutungslos*), el riesgo ante la nada, que le debe primero el origen. [60]

Heidegger ofrece una interesante reflexión sobre la relación entre el hombre, Dios y el Ser, y cómo estos conceptos adquieren vida y significado solo cuando se expresan en el lenguaje de la verdad del Ser. En este contexto, afirma que, sin esta articulación, tanto el hombre como Dios se convierten en «palabras vacías». Es decir, sin una comprensión profunda y auténtica del Ser, nuestras nociones de lo divino y lo humano carecen de sustancia y relevancia. Dicho de otro modo, aquello que permite que la relación tenga lugar entre Ser, Dios y hombre es precisamente el lenguaje, sin el cual el ser humano y Dios carecerían de significado alguno. En la dimensión del lenguaje, tanto Dios como el ser humano tienen una relación determinada por la palabra, sin cuya mediación no podrían relacionarse ni poseer una identidad frente al otro. ¿Qué es el ser humano sin hablar con Dios, y qué es Dios sin comunicarse con el ser humano? Justamente, Dios y el ser humano se definen como tales porque se hablan mutuamente. El ser humano ora y Dios se revela, expresándose el uno en el otro, explicándose el otro en el uno, tal como expone la siguiente cita de la Torá:

---

60. Martin Heidegger, *Aportes a la filosofía. Acerca del evento*, traducción de Dina V. Picotti C. (Buenos Aires: Editorial Biblos / Editorial Almagesto, 2000), sección VIII, «El ser [Seyn]», §267, «El ser [Seyn]» (Evento), 376.

Sección VI: La travesía hacia el Último Dios

אַתָּה חוֹנַנְתָּנוּ לְמַדַּע תּוֹרָתֶךָ, וַתְּלַמְּדֵנוּ לַעֲשׂוֹת חֻקֵּי רְצוֹנֶךָ, וַתַּבְדֵּל
ה' אֱלֹהֵינוּ בֵּין קֹדֶשׁ לְחוֹל בֵּין אוֹר לְחֹשֶׁךְ בֵּין יִשְׂרָאֵל לָעַמִּים בֵּין
יוֹם הַשְּׁבִיעִי לְשֵׁשֶׁת יְמֵי הַמַּעֲשֶׂה.
(תפילת שמונה עשרה למוצאי שבת וחג, ברכת חונן הדעת)

Nos has favorecido [con la capacidad] de conocer Tu Torá y nos has enseñado a cumplir los estatutos de Tu voluntad. Tú hiciste una distinción, Señor, Dios nuestro, entre lo sagrado y lo profano, entre la luz y las tinieblas, entre Israel y los pueblos, entre el séptimo día y los seis días de la creación.
(*Sidúr*, *Amidá* vespertina, oración del sábado por la noche, «Bendición de la distinción»)

Afirmar que el lenguaje media entre el hombre y Dios implica reconocer que, en última instancia, es el Ser quien se revela a través del lenguaje. El lenguaje actúa como un «entre» (*Zwischen*), enlazando a Dios y al hombre y posibilitando la esencia de ambos. Este «inter-espacio» une, pero también, y especialmente, establece las condiciones necesarias para que tanto Dios como el hombre existan en su forma más pura. Este espacio intermedio es crucial porque define los límites y, al mismo tiempo, surge de las dificultades que esos mismos límites crean. Es por ello que Heidegger afirma que el lenguaje es la morada del Ser, porque la conexión esencial entre Dios y hombre se establece y se mantiene únicamente a través del lenguaje. Este planteamiento lleva a Heidegger a dar un giro final a su argumento: si el Último Dios se revela en el reino del Ser, también es el Último Dios quien se convierte en Ser. Esto es así porque habla, porque se expresa mediante el lenguaje. En este sentido, como ya intuyó Aristóteles, el ser humano es el Ser que posee la palabra. Esto implica que el ser humano alcanza su verdadera humanidad al comunicarse con Dios, del mismo modo que Dios es plenamente Dios al comunicarse con el ser humano.

Para comprender la importancia del lenguaje, podemos explicarlo así: el árbol es árbol porque tiene un nombre. Esto implica que, si algo carece de nombre que lo identifique, no adquiere su ser. Sin nombre, sin palabra, sin lenguaje (*logos*), nada sería identificable y, por tanto, no sería. Esta capacidad de nombrar y definir a través del lenguaje conecta al ser humano con su entorno y, por encima de todo, inaugura una relación con lo divino. El acto de hablar y nombrar es una manifestación del Ser que trasciende lo puramente humano y toca lo sagrado. En este sentido, la palabra actúa como el vehículo, el pasaje que permite el encuentro entre el ser humano y Dios. A través de ella, ambos se revelan mutuamente, estableciendo una comunicación continua y recíproca que fundamenta y da sentido a la existencia misma.

Además, este argumento resalta con mayor claridad un aspecto ya destacado: para Heidegger, el Ser no es una categoría estática ni un concepto abstracto. Al contrario, es un devenir dinámico y continuo que se manifiesta en el mundo a través del lenguaje. Cuando afirma que el lenguaje es la morada del Ser, Heidegger indica que el Ser se revela y se comprende mediante el lenguaje. El Ser subsiste como lenguaje entre Dios y los seres humanos. En otras palabras, el lenguaje es el medio que inaugura la relación original entre lo divino y lo humano, dando sentido tanto a ellos como al Ser mismo.

Este lenguaje no se limita a palabras, sino que implica una comprensión más profunda, manifestada en símbolos, rituales y experiencias espirituales. Los textos sagrados, las revelaciones proféticas y las oraciones son ejemplos de cómo Dios utiliza el lenguaje para comunicarse con la humanidad. Sin embargo, los seres humanos no son meros receptores pasivos de este lenguaje divino. Mediante la oración, la meditación y otras prácticas espirituales, los humanos se comunican con Dios. Este diálogo continuo y recíproco se expresa en un lenguaje que, aunque trasciende las palabras, habita en ellas.

En virtud de esto, Heidegger también sugiere que nuestra comprensión del Ser, tanto de nosotros mismos como del mundo que nos rodea, está intrínsecamente ligada a este diálogo. El Ser se revela en este intercambio, en esta comunicación constante que da sentido y dirección a nuestra existencia.

El lenguaje, situado en el margen, contrasta con Dios y el ser humano, que ocupan el centro. No obstante, lo marginal se convierte en central, ya que el ser humano no sería verdaderamente humano si no se comunicara con Dios. Este diálogo mutuo, por tanto, transforma en constitutivo y fundamental lo que era un mero instrumento. Si el lenguaje da forma a la humanidad y la divinidad, entonces su ausencia transformaría al Ser en el Último Dios. Al mismo tiempo, el ser humano desaparecería, pues, como fenómeno egoico, es esencialmente lenguaje. En ausencia del lenguaje, tanto el Dios personal como el ego desaparecen.

Para profundizar en esta idea, Heidegger destaca que el Ser está inextricablemente ligado al *ereignis*. Este, como hemos señalado, debe entenderse como un proceso dinámico y continuo que, al mismo tiempo, revela y oculta la riqueza de sus posibilidades. Este acontecimiento se realiza a través del lenguaje, el cual tiene el poder de apropiarse del ser humano al mismo tiempo que el ser humano se apropia de Dios. En este contexto, podemos decir que el lenguaje actúa como un destructor de la palabra, ya que el *ereignis* se manifiesta por medio de la revelación. La revelación se da en el lenguaje porque es a través de este medio que el evento apropiador se produce. El *páthos* de la escucha, la disposición emocional y receptiva a la que antes hemos hecho referencia, se convierte en la actitud esencial del ser humano para captar la voz destructora del Ser. Esta escucha activa no es meramente auditiva, sino una forma de apertura total hacia la revelación del Ser, permitiendo al ser humano estar en sintonía con las dimensiones ocultas y reveladoras del *ereignis*. Por eso, como hemos dicho anteriormente, siempre oculto en la riqueza de sus innumerables posibilidades, el Ser se despliega desde lo alto y hacia lo alto de las inagotables relaciones. En este claro, donde se disponen y precipitan mundos, las tierras se convierten en el refugio y soporte de la destrucción. Es decir, todo está preparado para la eventual destrucción en esa última manifestación del lenguaje. En esta revelación final, el lenguaje, además de construir, también tiene el poder de desmoronar, manteniendo siempre latente la dualidad de creación y aniquilación que define el acontecimiento del Ser.

El *ereignis* representa al Ser manifestándose y apropiándose de la palabra, destruyendo así la palabra humana. En ese instante, surge un silencio donde el ser humano puede encontrar serenidad en lo sagrado, aguardando la revelación del Último Dios. El silencio emerge con la última palabra o revelación definitiva. Este Último Dios solo se revela, por tanto, en la quietud de un silencio no procurado por el ser humano, pero sí instaurado por el recogimiento del Ser mismo. En esencia, la palabra del Ser es el silencio mismo, ligado a la resonancia y a lo inefable. Mas que ausencia de sonido, es una presencia llena de significado. Más aún, este silencio es una quietud que trasciende la comprensión ordinaria, permitiendo una conexión directa y pura con lo divino. En esta quietud, la resonancia del Ser se percibe no como un eco vacío, sino como una manifestación plena del Ser en su máxima expresión. El Último Dios, por tanto, se revela en esta serenidad impuesta por el Ser, un estado donde el lenguaje humano ha sido trascendido, y solo queda el silencio resonante que permite la verdadera comunión con lo sagrado. Este estado de serenidad y silencio es el espacio donde el ser humano, liberado

Capítulo 22: El lenguaje como morada del Ser

de las ataduras del lenguaje, puede realmente percibir la presencia divina y alcanzar una comprensión más profunda de la existencia. Esta misma situación es la que parece describirse en el libro de Génesis, donde leemos:

וַיִּקְרָא ה' אֱלֹהִים אֶל־הָאָדָם וַיֹּאמֶר לוֹ אַיֶּכָּה:
(בראשית ג', ט')

Y llamó el Señor Dios a Adán, y le dijo: «¿Dónde estás?».

(Genesis, 3:9)

Para muchos resulta sorprendente que la Biblia comience con el tema de Dios buscando al hombre. La primera pregunta que se plantea en el Antiguo Testamento es: «¿Dónde estás?». Esta cuestión inicial coincide con la primera pregunta del Nuevo Testamento, en el Evangelio de Mateo, donde unos sabios llegan preguntando: «¿Dónde está él?» (Mateo, 2:2). En ambos casos, se subraya una búsqueda esencial, un anhelo de encuentro y conexión. Mientras que en el Antiguo Testamento es Dios quien busca al hombre, revelando una iniciativa divina, en el Nuevo Testamento son los hombres quienes buscan a Dios, demostrando un deseo humano de alcanzar lo divino. Esta simetría entre los dos testamentos destaca la relación recíproca entre lo humano y lo divino, una búsqueda mutua que atraviesa toda la narrativa bíblica.

Ante la pregunta de Dios, *¿aieka?* o '¿Dónde estás?', Abraham, Jacob, Samuel e Isaías, respondieron con *hineni*, que se traduce como «heme aquí». Este término hebreo se descompone en *hine* o 'heme' y *ani*, que significa 'yo'. Así, *hine* representa la consciencia o el Ser, mientras que «yo» denota la presencia. En consecuencia, la respuesta de Abraham puede interpretarse como una manifestación de *Dasein*, de «ser-ahí», según la terminología heideggeriana. Esta interacción subraya una respuesta a la presencia divina, al mismo tiempo que también es una afirmación de la propia existencia y consciencia de Abraham. La expresión *hineni* no es simplemente una respuesta literal, sino una declaración profunda de estar presente y consciente en el momento, resonando con la idea del *Dasein* como una presencia situada en el mundo.

Así, si el aparecer y el hablar son el mismo evento, también lo serán, por otro lado, el desaparecer y el dejar de hablar. En lugar de considerarse dos eventos distintos, deben percibirse como un único fenómeno esencial. La técnica es el uso del lenguaje de las categorías para apresar y dominar al Ser. Este proceso de categorización define, pero también constriñe, imponiendo límites a la comprensión y existencia del Ser. Al dejar de hablar, el Ser pierde su identidad como Ser, como algo reconocible. Es decir, con el silencio el Ser se libera de las limitaciones que el lenguaje le impone. Así dice ese sabio refrán: «somos amos de nuestro silencio, pero esclavos de nuestras palabras».

Capítulo 22: El lenguaje como morada del Ser

No obstante, esta «liberación» del lenguaje del Ser implica ciertos riesgos y tentaciones: son cantos de sirena que la filosofía occidental haría bien en desoír para no acabar arrastrada al fondo del abismo. Uno de estos riesgos es la cuestión de la nada, mencionada anteriormente, que surge en cuanto aceptamos que el silencio, es decir, el fin del lenguaje, implica la desidentificación del Ser. Dicho de otro modo, uno podría decir que un Ser sin identidad es un Ser que no es y que, como tal, solo equivale a la nada (*nihil*). Este parece ser el camino seguido por ciertas líneas de pensamiento que han confundido el final de la metafísica con la necesidad de adoptar el nihilismo. Incluso Sartre reflexionó sobre este error, al afirmar que, como todo soñador, había confundido el desencanto con la Verdad. Heidegger sostiene que el Ser debe perseverar en su lucha contra la nada, esfuerzo que da origen a todo lo existente. La nada es la esencia del ente; enfrentarse a ella significa oponerse a la esencia misma del ente. Esta confrontación no solo es inevitable, sino esencial para la manifestación y comprensión del Ser. La lucha contra la nada es, en última instancia, un acto fundamental que desvela y desafía la naturaleza intrínseca del ente.

Capítulo 23

El Ser y Dios en la cuadratura:
equilibrio y trascendencia

Como hemos visto en el capítulo anterior, Heidegger nos ayuda a comprender que el Ser es el fundamento que, a través del lenguaje en el que mora, da sentido tanto al hombre como a Dios. Solo a través del lenguaje de la verdad del Ser podemos evitar que estos conceptos se conviertan en simples «palabras vacías». Para entender mejor este problema, prestaremos ahora atención a la siguiente cita:

> Pero cuando el Ser (Seyn) es la indigencia del dios, mas el Ser (Seyn) mismo encuentra solo en el pensar (*Er-denken* o 'ex-cogitación') su verdad, y este pensar es la filosofía (en el otro comienzo), entonces «los dioses» requieren el pensar según la historia del Ser (Seyn), es decir, la filosofía. «Los dioses» requieren la filosofía, no como si ellos mismos tuvieran que filosofar a causa de su diosar (*Gotterung*), sino que la filosofía tiene que ser cuando «los dioses» han de llegar nuevamente a la

decisión y la historia debe alcanzar su fundamento esencial. A partir de los dioses se determina el pensar según la historia del Ser (Seyn), como ese pensar del Ser (Seyn) que concibe como primero el abismo de la indigencia del Ser (Seyn) y nunca busca la esencia del Ser (Seyn) en lo divino mismo como el presunto máximo ente. El pensar según la historia del Ser (Seyn) se encuentra fuera de toda teología, pero tampoco conoce ateísmo alguno, en el sentido de una «concepción de mundo» o de una teoría cualquiera. […] Pero concebir el pensar a partir de los dioses es «lo mismo» que el intento de un anuncio esencial de este pensar a partir del hombre.[61]

La primera parte de la cita está planteando la idea de que el Ser es esencial para la necesidad de Dios, encontrando su verdad en la «ex-cogitación», término que puede interpretarse como manifestación de la consciencia.

Pero cuando el Ser (Seyn) es la indigencia del dios, mas el Ser (Seyn) mismo encuentra solo en el pensar (*Er-denken* o 'ex-cogitación') su verdad, y este pensar es

---

61. Martin Heidegger, *Aportes a la filosofía. Acerca del evento*, traducción de Dina V. Picotti C. (Buenos Aires: Editorial Biblos / Editorial Almagesto, 2000), sección VIII, «El ser [Seyn]», §259, «La filosofía», 349-350.

la filosofía (en el otro comienzo), entonces «los dioses» requieren el pensar según la historia del Ser (Seyn), es decir, la filosofía. «Los dioses» requieren la filosofía.

Esto significa que, si Dios no puede manifestarse sin el Ser, es porque el Ser es la manifestación misma. Como ya hemos dicho antes, Dios no tendría un medio para revelarse sin el Ser. Por lo tanto, la revelación del Último Dios depende del Ser. Por eso podemos afirmar que cuando Dios guarda silencio es lo Uno de Plotino, mientras que, cuando se comunica, lo hace revelándose al ser humano en el reino del Ser, eso es, manifestándose. Así, el acto de revelación de Dios está intrínsecamente ligado a la existencia del Ser, haciendo de la comunicación una expresión esencial de su manifestación divina.

En este sentido, lo dicho hasta ahora nos permitiría sugerir que el Ser se manifiesta como Dios o lo Uno, mientras que Dios o lo Uno representa al Ser en su estado inmanifiesto. Dios trasciende al Ser, pero requiere de este para poder revelarse. Es decir, solo hay revelación dentro de la manifestación. De igual manera, el Ser depende de Dios para adquirir entidad o personalidad, ya que el Ser, al ser manifestación en toda su pureza o *physis*, como dirían los presocráticos, carece de definición y esencia. Esta relación de interdependencia entre el Ser y Dios subraya una necesidad mutua. El Ser, en su esencia desnuda, no es nada sin la trascendencia de Dios. Dios, para revelarse, necesita del Ser como manifestación ante el ser humano. Por eso podemos decir que el Ser adquiere significado y presencia únicamente a través de su relación con lo divino, es decir, al revelarse lo sagrado. Por otro lado, Dios, para interactuar con el mundo y el hombre que lo habita, se expresa a través del Ser, mostrando su naturaleza trascendental y su necesidad de un medio de revelación. Así, el Ser y Dios están intrínsecamente ligados, formando una doble dimensión en la que cada uno encuentra su realización en el otro.

Esta relación entre el Ser y el Último Dios tiene aún un tercer componente que es el que permite que la relación fluya estructurando el devenir de todo existir. Este tercer componente es la filosofía, abarcando desde su dimensión puramente ontológica a su radicalización hermenéutica. La introducción de la filosofía en este marco es, sin duda alguna, un claro retorno a Hegel y su visión histórico-fenomenológica de la realidad. Siguiendo a Hegel, podemos afirmar que los dioses, como «lo Uno» de Plotino, desbordan en lugar de crear. No piensan, porque pensar implica una dualidad entre sujeto pensante y objeto pensado. Para conocerse a sí mismos, no obstante, los dioses necesitan crear algo distinto de ellos, un espejo en el cual puedan reflejarse y apreciarse, una superficie reflectante en la que puedan identificarse y reconocerse. Este espejo o «alteridad» es la especulación filosófica, que actúa como un «espéculo» o «espejo». En esta especulación filosófica, los dioses pueden observarse y comprenderse. La creación de este espejo es esencial para que los dioses tengan una forma de autoconocimiento, pues sin una apertura entre el pensador y lo pensado, no podría haber reflexión alguna. La filosofía es, en este sentido, el medio a través del cual lo divino se contempla a sí mismo. En este proceso de especulación, la filosofía es la reflexión, que permite una profunda introspección, proporcionando a los dioses un entendimiento de su propia esencia. La filosofía reflexiona sobre Dios, y es a través de esta disciplina que Dios se (re-)conoce a sí mismo a lo largo de la historia filosófica.

Recurriendo a Hegel, Heidegger afirma que la historia de la filosofía es un *itinerario ad menti deum*, es decir, «un viaje de la mente hacia Dios». Sin embargo, al tratarse de la mente divina, este debe entenderse como el itinerario de la mente de Dios hacia Dios mismo. Este viaje no es solo una exploración intelectual de lo divino, sino un proceso en el que la mente de Dios se revela comprendiendo su propia esencia. En esta travesía, la filosofía actúa como un medio a través del cual Dios se autoconoce, reflejando y desvelando las profundidades de su Ser. La historia de la filosofía, entonces, se convierte aquí en el registro de este itinerario sagrado, donde cada pensamiento y reflexión filosófica contribuye a la autocomprensión divina. Así mismo lo expresa Heidegger cuando, en la segunda parte de la cita, escribe que:

A partir de los dioses se determina el pensar según la historia del Ser (Seyn), como ese pensar del Ser (Seyn) que concibe como primero el abismo de la indigencia del

Ser (Seyn) y nunca busca la esencia del Ser (Seyn) en lo divino mismo como el presunto máximo ente.

Según esto, el abismo de la necesidad del Ser reside en la misma diferencia ontológica que hemos abordado en los primeros compases de este estudio; es comprender que la pregunta por el Ser nunca se agotará en el ente. El ente es inagotable y jamás se encontrará en este la respuesta al enigma del Ser. Tal respuesta solo puede hallarse en el propio Ser. El error fundamental del ser humano, y de la epistemología tradicional, radica en buscar soluciones ónticas a una pregunta ontológica. Este entísimo, así pues, consistiría en concebir a Dios como un ente supremo que debe ser creído y en quien debemos depositar nuestra fe. Este concepto es, precisamente, el del Dios de la ontoteología, un ente supremo que enfatiza la creencia sin la necesidad de una visión directa. Un ejemplo de esto se observa en el cristianismo. Jesús predicaba sobre el Reino de Dios. Los apóstoles, a su vez, predicaban sobre Jesús. Hoy en día, los católicos predican sobre la iglesia. Los católicos centran su mensaje en la iglesia, la iglesia predica acerca de Cristo y Cristo, en su tiempo, hablaba del Reino de Dios.

Esta historia de la filosofía, entendida como la historia del Ser mismo, no es una historia teológica. Como bien advierte el mismo Heidegger en la tercera parte de la cita:

Capítulo 23: El Ser y Dios en la cuadratura: equilibrio y trascendencia

El pensar según la historia del Ser (Seyn) se encuentra fuera de toda teología, pero tampoco conoce ateísmo alguno, en el sentido de una «concepción de mundo» o de una teoría cualquiera. [...] Pero concebir el pensar a partir de los dioses es «lo mismo» que el intento de un anuncio esencial de este pensar a partir del hombre.

El ateísmo, como versión negativa de la misma teología, se opone únicamente a la teología y, por lo tanto, no puede posicionarse frente al Último Dios, dado que este no existe en términos tradicionales. La historia de la filosofía tradicional, leída linealmente como una sucesión de soluciones a problemas, es la historia del pensamiento sobre el ente. Para descubrir el fundamento, debemos volver a estudiar la historia de la filosofía a partir del Ser, como ya lo hicieron los presocráticos Heráclito, Parménides y Anaximandro. Esto implica leer el ente a través del Ser, y no al revés como se ha hecho en general a partir de la irrupción de la filosofía platónico-aristotélica.

Para releer la historia del Ser desde el Ser mismo será imprescindible un enfoque originario. Este último movimiento requiere interpretar el Ser a través del Último Dios. De esta manera, accedemos al fundamento, pero también a lo sin fundamento, al abismo, al *Abgrund*. Esto reafirma que el Ser en su pureza (*Seyn*), como pura manifestación, solo es accesible mediante la revelación

333

del Último Dios, mientras que esta revelación solo puede ocurrir en el desvelamiento del Ser. Por ello, alcanzar este nuevo comienzo requiere trascender toda categorización de la realidad, para acceder al Ser desprovisto de categorías. Esto implica observar o, más precisamente, contemplar, sin la intervención de una mente objetivizante que convierta lo contemplado en un objeto externo y separado del pensamiento.

Esto implica la necesidad de un nuevo marco filosófico. Para pensar el Ser sin entificarlo y permitir la revelación del Último Dios, el ser humano debe ir más allá de la epistemología trascendental y adoptar un modo de pensar diferente. Aquí es donde la cuadratura (*Geviert*) de Heidegger se presenta como un enfoque filosófico alternativo. Trasciende las estructuras habituales de debate, y en él se hace posible tanto la revelación del Último Dios como la emergencia de un nuevo modo de pensar el Ser.

En este contexto, Heidegger nos presenta una estructura a cuatro lados —por decirlo de algún modo— que no puede reducirse ni simplificarse a la estructura dualista tradicional. Esta dualidad, predominante desde Platón, ha limitado nuestra capacidad al reducir el Ser al ente y encerrar a Dios en un becerro. En contraste, la cuadratura es una estructura de acogida, no de exteriorización ni separación, abriendo un espacio más amplio para comprender el Ser. Es importante señalar que sería un error ubicar a las divinidades en uno de los vértices de la cuadratura (*Geviert*) como una renuncia al papel exclusivo de la ultimidad de Dios en *Aportes a la filosofía*. Esta disposición no debe ser vista como una disminución de la importancia divina, sino más bien como una forma de articulación filosófica que permite entender la complejidad del Ser y su relación con la totalidad. El *Geviert*, como estructura conceptual, no busca desplazar a Dios de su posición de ultimidad. Más bien, propone una perspectiva donde las divinidades, la tierra, el cielo y los mortales coexisten en interdependencia y equilibrio. En este sentido, la ultimidad de Dios se preserva y se entiende en un contexto más amplio, sin perder su primacía ni su carácter esencial. Las divinidades se integran en la cuadratura con el propósito de mantenerla abierta, lo que significa evitar que la «tierra» (la dimensión inagotable del potencial), el «cielo» (la actualidad en su manifestarse), y los «mortales» (el ser humano, el único ente capaz de ponerse radicalmente en discusión, y por esto siempre tentado a huir delante de tal poder tremendo), se conviertan en vértices de unilateralidad.

Desde este contexto de la cuadratura heideggeriana, como enfoque filosófico, podemos afirmar ahora que la tierra representa la dimensión inagotable del potencial debido a que es ella quien recibe la potencia del cielo en su forma actualizada. Todo aquello que existe en estado de potencia se convierte en tierra fértil, preparada para ser penetrada por las energías del cielo y, así, posibilitar una actividad creadora en el mundo. Esta interacción entre la tierra y el cielo resulta esencial para la generación de nuevas realidades, donde la tierra actúa como el receptáculo pasivo que, al ser activado por el cielo, da lugar a una fecunda actividad creadora. En este sentido, la tierra no solo es un espacio de potencialidades; es también el fundamento necesario para la manifestación de la creatividad divina en el ámbito mundano.

Por su parte, al referirnos al cielo, lo concebimos como la actualidad en su manifestarse, ya que todo evento nuevo que ocurre en el mundo se presenta como una actualización de potencialidades previas. El cielo, en este sentido, simboliza la fuerza dinámica que transforma lo posible en lo real. Cada acontecimiento novedoso es una manifestación concreta de esta fuerza, una realización de lo que antes era mera posibilidad. Por tanto, el cielo es la fuente de la novedad y del cambio, el principio activo que interviene en la creación continua de la realidad. Esta perspectiva subraya la interacción entre la potencialidad y su realización. También evidencia cómo el cielo, en su capacidad de actualizar, juega un papel esencial en el proceso de transformación y desarrollo de todo lo que existe.

La relación simbiótica entre cielo y tierra subraya la importancia de ambos elementos en el proceso creativo, evidenciando que la actualización de cualquier potencial depende de esta dinámica. No en vano la creación comienza en el Génesis con estos dos elementos:

בְּרֵאשִׁית בָּרָא אֱלֹהִים אֵת הַשָּׁמַיִם וְאֵת הָאָרֶץ׃
(בראשית א׳, א׳)

Capítulo 23: El Ser y Dios en la cuadratura: equilibrio y trascendencia

Dios, en el principio, creó los cielos y la tierra.
(Génesis, 1:1)

La presencia de las divinidades en el marco de la cuadratura filosófica no busca totalizar, sino más bien contrarrestar cualquier pretensión de cierre. Sus cuatro ángulos —dioses, hombres, cielo y tierra—, en lugar de constituir una barrera para el Último Dios, más bien configuran una cuadratura abierta. Cada vértice está diseñado para evitar la totalización y promover un equilibrio dinámico. La tierra pone un límite a la pretensión totalizadora del cielo y viceversa. De manera similar, los dioses limitan la totalización de los hombres, y los hombres restringen la totalización de los dioses asociados a la religión institucionalizada. Esta estructura impide que cualquiera de los vértices se afirme de manera unilateral, asegurando que ninguno se niegue ni se sobreponga al otro. La interacción entre estos elementos crea un espacio en el que el Último Dios puede manifestarse sin estar confinado. De esta forma, la cuadratura se mantiene permanentemente abierta y flexible, permitiendo una coexistencia armoniosa y equilibrada entre sus componentes. Esta dinámica refleja una visión filosófica en la que la multiplicidad y la diversidad son esenciales para comprender la totalidad del Ser y su relación con lo divino.

La cuadratura no fue concebida en relación con el Último Dios, sino que se estableció con referencia a los entes y, por tanto, al dios religioso-conceptual u ontificado. En ese sentido, la cuadratura sirve de plataforma donde toda experiencia ocurre y, como tal, ejerce de escenario donde se manifiesta el dios personal con su respectiva máscara. Sin embargo, la cuadratura está hecha para ser abandonada, siendo su abandono el salto de lo personal a lo impersonal, de lo manifestado a lo inmanifiesto. La cuadratura puede ser abandonada cuando Cristo ha sido crucificado o cuando Kṛṣṇa como Īśvara ha muerto. Es decir, cuando se ha abandonado al Dios de la ontoteología. Este abandono o muerte del dios personal, facilita otro ámbito que permite «construir, habitar y pensar», como lo expresa el título de la conferencia en la que Heidegger destaca particularmente la figura del *Geviert* y sus elementos constitutivos.

Por ello, la postura de Heidegger debe interpretarse dentro de una línea de pensamiento que comienza con Spinoza y culmina en Hegel. Baruj Spinoza, al postular que la infinitud de la divinidad no admite ninguna clase de limitación, ya sea en extensión o en pensamiento, asienta las bases de una concepción de la divinidad sin restricciones.[62] Hegel, tomando esta premisa, interpreta la historia como un proceso continuo de autocomprensión del Ser, donde cada etapa representa un avance hacia una mayor consciencia de sí mismo. Heidegger, en esta línea filosófica e inspirado por las epístolas del Apóstol

---

62. Spinoza, Baruch. *Ética demostrada según el orden geométrico*. Traducido por Vidal Peña. (Madrid: Alianza Editorial, 1980), Parte I, Proposiciones 14–20.

Pablo, culmina afirmando que llegará un tiempo en que el reino será entregado al Dios y Padre, y toda forma de dominio y autoridad será abolida. Así mismo puede leerse en la Carta a los Corintios:

> Luego el fin, cuando entregue el reino al Dios y Padre, cuando haya suprimido todo dominio, toda autoridad y potencia. Porque preciso es que él reine hasta que haya puesto a todos sus enemigos debajo de sus pies. Y el postrer enemigo que será destruido es la muerte. Porque todas las cosas las sujetó debajo de sus pies. Y cuando dice que todas las cosas han sido sujetadas a él, claramente se exceptúa aquel que sujetó a él todas las cosas. Pero luego que todas las cosas le estén sujetas, entonces también el Hijo mismo se sujetará al que le sujetó a él todas las cosas, para que Dios sea todo en todos.
>
> (1 Corintios, 15:24-28)

Spinoza concibe una divinidad libre, infinita y sin barreras. Hegel interpreta la historia como un recorrido dialéctico donde el Ser se autocomprende progresivamente. Heidegger, por su parte, completa esta evolución filosófica con la visión escatológica de Pablo. Según esta, llegará un momento final en que toda autoridad será abolida y el reino entregado a Dios. En ese instante, todo estará subordinado a Dios, y el Hijo, habiendo sometido todas las cosas, también se someterá a Dios. Este recorrido filosófico revela un hilo conductor que une estas tres perspectivas en una visión coherente del progreso del Ser hacia una comprensión total y una eventual sujeción a lo divino.

En virtud de lo dicho en este último párrafo, podemos argumentar que Heidegger aspira a la realización de una especie de apocatástasis, en la cual el Último Dios se convierte en el Todo en todos. Con esta consumación, se restablece la unidad y se desvanece la perspectiva trascendente del dualismo metafísico, como es la perspectiva del cristianismo. A diferencia del dualismo inmanente, este coloca a Dios como una entidad distinta de su creación. Los gnósticos, por otro lado, argumentan que la dualidad surge de una fractura del *pléroma*, la plenitud del Ser, ocasionada por el acto de pensar. Este quiebre, interpretado como la caída, hizo que Dios se volviera trascendente y que los entes quedaran desolados en la soledad del abismo. Esta interpretación gnóstica sugiere que la división y el aislamiento de los entes son consecuencias directas de esta separación primordial, marcando un antes y un después en la relación entre lo divino y lo creado. Por eso, Heidegger dice:

> Hasta que el hombre futuro de Occidente se encuentre fuera en las simples decisiones y aprenda a honrar y saber la abismosa lejanía de lo cercano, largas meditaciones tienen que desenredar la tenaz confusión y suscitar el ánimo de meditación como alegría del ser-ahí. Las

«verdades» accesibles a cualquiera, fraguadas de la noche a la mañana, son luego solo desoídas como ruido vacío. No requieren refutación alguna. Esta misma se convertiría solo en ruido y hacedurías. Pero verdad se esencia en la calma del Ser (Seyn). Esta calma es la cercanía del Último Dios.[63]

Heidegger habla de «saber la abismosa lejanía de lo cercano» porque lo más próximo a nosotros es, paradójicamente, lo más lejano. Y pone las «verdades» accesibles a cualquiera entre comillas para enfatizar su naturaleza cuestionable. Estas «verdades» de los promotores de creencias no requieren siquiera una refutación. Son fabricaciones que surgen rápidamente y, con la muerte de Dios, pierden su fuerza instantáneamente. Desprovistas de una base sólida, estas supuestas verdades se desvanecen tan rápidamente como aparecen, evidenciando su fragilidad y falta de sustancia.

---

63. Martin Heidegger, *La historia del Ser*, traducido por Dina V. Picotti C. (Buenos Aires: El Hilo de Ariadna, Biblioteca Internacional Martin Heidegger, 2011), «Esbozo de Koinon. Acerca de la historia del ser [Seyn]», §214, 248-249.

Capítulo 24

La aurora del Último Dios

> Porque está escrito: Destruiré la sabiduría de los sabios, y reprobaré la inteligencia de los entendidos.
>
> (1 Corintios, 1:19)

La posmodernidad es a la modernidad lo mismo que la muerte de la metafísica es a la misma metafísica: una necesidad intrínseca. Es decir, la muerte de la metafísica tiene su semilla en la misma metafísica y sus estructuras más inherentes. La filosofía moderna, al priorizar la subjetividad y la individualidad, ha iniciado un vaciamiento de los principios esenciales de la misma subjetividad. Esto ha conducido a la disolución tanto del sujeto como de las estructuras que sustentaban nuestra comprensión de la divinidad última. Dicho de otro modo, este enfoque ha conducido a una desintegración de las certezas ontológicas, dejando expuesto un abismo conceptual donde las esencias y las determinaciones pierden su coherencia y significado. La muerte del dios conceptual es el resultado de la muerte del hombre-sujeto, ya que el primero solo es un constructo del segundo.

La muerte del hombre-sujeto representa el desmantelamiento del conocimiento humano sobre Dios. Este proceso permite a su vez al mismo hombre-sujeto liberarse de su egoicidad y brotar en sí mismo como testigo del Ser. Solo desde ese testimonio liberado de toda voluntad y libertad original será el hombre capaz de postrarse ante el abismo —que es el mismo abismo de su propia finitud—y, desde ese abismo, albergar al Último Dios. Heidegger lo explica del siguiente modo:

> El Último Dios tiene su más singular singularidad y está fuera de esa determinación compensadora, que los títulos «mono-teísmo», «pan-teísmo» y «a-teísmo» mientan. «Monoteísmo» y toda especie de «teísmo» se dan recién desde la «apologética» judeo-cristiana, que tiene a la «metafísica» como presupuesto pensante. Con la muerte de este dios caen todos los teísmos. La pluralidad de dioses no está subordinada a número alguno sino a la riqueza interna de los fundamentos y abismos en el sitio instantáneo del resplandecer y del ocultamiento de la seña del Último Dios. El Último Dios no es el fin (*Ende*) sino el otro comienzo de inconmensurables posibilidades de nuestra historia. A causa de ello la historia vigente no puede fenecer (*Verenden*), sino que debe ser llevada a su fin. Tenemos que crear

la transfiguración (*Verklarung*) de sus posiciones fundamentales esenciales hacia el tránsito y la disposición.[64]

El Último Dios, que emerge más allá de la técnica y el intelecto egoicos, no es un Dios religioso en ningún sentido. El Último Dios supera todas las religiones, todos los senderos espirituales y todas las vías de liberación. Trasciende las categorías metafísicas de «monoteísmo», «panteísmo», «teísmo» y «ateísmo» y no puede ser encasillada ni en el politeísmo ni en el monoteísmo, ya que no es ni múltiple ni singular. Al contrario, el Último Dios representa la única realidad auténtica que no se debe a ninguno de los constructos materiales ni trascendentales que se predican del sujeto moderno. El Último Dios no se etiqueta con un número, como uno, dos, tres, una triada o trinidad. Detrás del monoteísmo y de todas las formas de teísmo se encuentra una defensa de la fe, respaldada fundamentalmente por la metafísica. Al trascender el Dios de la ontoteología, se supera en realidad toda forma de teología, y eso implica también toda fe de raíz metafísica.

Lejos así de cualquier teísmo, la esencia del Último Dios está relacionada con la riqueza interna del abismo (*Abgrund*) y el resplandor de la ultimidad donde se encuentra todo y, simultáneamente, nada. Es un abismo

---

64. Martin Heidegger, *Aportes a la filosofía. Acerca del evento*, traducción de Dina V. Picotti C. (Buenos Aires: Editorial Biblos / Editorial Almagesto, 2000), sección VIII, «El ser [Seyn]», §256, 328-329.

porque al buscarlo como fundamento, lo transformamos en persona o Ser. La cantidad y la cualidad son modos de ser del ente. La apologética judeocristiana consiste en el arte de defender la fe en el Dios de Abraham a través de la filosofía griega. Todos los dioses de la era metafísica fueron, en realidad, máscaras del verdadero y Último Dios, intentos en vano de hacerlo aparecer en una forma u otra. Aunque, como hemos dicho antes, este Último Dios no está determinado por el Ser, sí que requiere de él para presentarse como el Dios personal que fundamenta (*Grund*) y da sentido a la existencia humana. Pero a diferencia del Dios personal, el Último Dios no nos trae absolución ni salvación, porque no se revela para dotarnos de un nuevo suelo o fundamento (*Grund*) que nos permita acallar nuestra consciencia subjetiva. El Último Dios no se nos revela a nosotros como sujetos, no es para nosotros ni por nosotros. Al contrario, es la alteridad más radical posible, pues es más Otro que incluso el tiempo o la muerte. Es por ello que Heidegger lo vincula al abismo (*Abgrund*) como el:

[…] en el sitio instantáneo del resplandecer y del ocultamiento de la seña del Último Dios.

El abismo es el lugar donde brilla el Último Dios, ya que no es sustento ni fundamento de nada. El Último Dios no clarifica la razón de la vida ni el origen del mundo y del ser humano. En el mismo instante en que se usa para explicar algo, deja de ser el Último Dios. Su resplandor en el abismo señala una realidad que trasciende las explicaciones convencionales, revelando así una nueva dimensión del entendimiento divino. Como hemos avanzado antes, el ocultamiento de la señal del Último Dios se manifiesta como resonancia. Esta retirada se evidencia en el Dios de la ontoteología, ya que la existencia de un Dios personal indica que el Último Dios se ha retirado. Sin embargo, en lugar de implicar ausencia, esta retirada expresa una presencia diferente, vertiginosa, abismal. Es por todo esto que la cita de Heidegger dice:

La pluralidad de dioses no está subordinada a número alguno sino a la riqueza interna de los fundamentos y abismos en el sitio instantáneo del resplandecer y del ocultamiento de la seña del Último Dios.

El resplandor del Último Dios es su forma de ocultarse, ya que es demasiado para ser comprendido por las categorías de la metafísica. El Último Dios es el resplandor que ciega y que no puede ser visto, ni por los ojos ni por la consciencia del ego. Y es justamente en este acto de ocultamiento que el Último Dios revela su auténtica naturaleza de trascendencia pura, más allá de toda categoría. Al manifestarse como trascendencia absoluta, el Último Dios revela que su esencia supera los límites del pensamiento metafísico convencional. Es más, esta retirada subraya precisamente su inefabilidad y su capacidad para desafiar nuestras concepciones habituales de lo divino.

Hablar en estos términos, no significa que la aparición del Último Dios conduzca al fin de la historia como pregonaría la postmodernidad. Al contrario, como el mismo Heidegger afirma al decir que:

El Último Dios no es el fin (*Ende*) sino el otro comienzo de inconmensurables posibilidades de nuestra historia.

Así, en lugar de guiarnos a un fin, se inaugura una nueva era, un nuevo horizonte de posibilidades ilimitadas que representa el punto de partida para una historia más rica y profunda. Una historia que, como argumenta Heidegger, exige reinterpretar lo divino más allá de las concepciones tradicionales que lo presentan como entidad que culmina los acontecimientos humanos. En este sentido, el Último Dios es, precisamente, la divinidad-otra que no replica las características ni las categorías de los dioses religiosos de las explicaciones metafísicas y sus amenazas apocalípticas.

El Último Dios actúa como el catalizador de un nuevo comienzo que abre realidades que no han sido exploradas previamente. Además, este nuevo horizonte propone superar los patrones que han fundamentado la noción humana de existir. Invita a reevaluar los valores, significados y objetivos, mientras que desafía las narrativas tradicionales y propone una perspectiva dinámica y evolutiva de la historia humana. En este mismo contexto, Heidegger afirma que:

A causa de ello la historia vigente no puede fenecer (*Verenden*), sino que debe ser llevada a su fin.

Esta reflexión sobre el devenir histórico y la influencia de lo divino en este proceso parte del término *verenden*, que sugiere un «no perecer», una transformación que permite que la historia continúe sin disolverse en la nada. Sin embargo, Heidegger también advierte que la historia no continúa de manera indefinida y que, por tanto, debe ser llevada a su fin. Este «fin» debe interpretarse como una culminación o realización completa, una sublimación para decirlo con Hegel, de las posibilidades históricas.

El Último Dios permite la continuidad histórica y, a su vez, orienta su culminación. Posibilita un nuevo comienzo y transforma radicalmente nuestra comprensión de la existencia y el pasado histórico en el que, como seres humanos, nos reconocemos. Esta ambivalencia destaca la tensión entre preservación y culminación en el pensamiento heideggeriano con respecto a la historia y lo divino. Este Dios-Otro también significa otra historia y, por ende, otro ser humano más allá de toda subjetividad, e incluso de las mismas estructuras del *Dasein*. La historia, lejos de concluir, se encamina hacia la historia del Ser.

En ella, cada historia personal queda abierta, destinada a contribuir a la realización del Ser, y no a la propia realización personal y concreta. Según las palabras de Heidegger, esto implica que:

> **Tenemos que crear la transfiguración (*Verklarung*) de sus posiciones fundamentales esenciales hacia el tránsito y la disposición.**

En esta frase, Heidegger nos invita a reflexionar sobre la necesidad de una transformación esencial en nuestra comprensión del Ser y de la historia, la cual, en última instancia, podrá llevarnos también a una nueva comprensión del ser humano. Esta transfiguración (*Verklarung*) alude a un cambio radical en cómo entendemos y vivimos nuestras posiciones fundamentales. Este concepto, lejos de referirse a una modificación superficial, apunta a una metamorfosis completa que afecta a la esencia de nuestras concepciones y prácticas filosóficas. Heidegger insta concretamente a llevar estas posiciones fundamentales al «pasaje» y a la «prontitud», términos que antes solo hemos podido presentar y que ahora ya podemos explicar en mayor detalle. El «pasaje» puede interpretarse como una transición necesaria hacia nuevas formas de pensar y ser. Este proceso de movimiento y cambio nos lleva de un estado de comprensión a otro más profundo y auténtico. En ese sentido, el *Geviert*, como nuevo marco

Capítulo 24: La aurora del Último Dios

filosófico surgido de los giros ontológico y hermenéutico, es una clara expresión de este enfoque. Se trata de una nueva filosofía que permite comprendernos dentro de una historia de significado distinto. Esta historia está marcada tanto por el devenir del Ser en su pureza (*Seyn*) como por la revelación de un Último Dios, cuyo horizonte abre nuevas vías de pensamiento y entendimiento para el ser humano. Por otro lado, la «prontitud» implica una preparación activa y consciente. No se trata solo de estar listos, sino de mantener una disposición vigilante y atenta para captar y responder a las nuevas posibilidades que emergen en esta transfiguración.

Capítulo 25

La apertura al «Sendero Retroprogresivo»

Al captar el constante palpitar del universo, se percibe una única y misma vida expresándose en una diversidad infinita. Esta realización se corresponde con lo que San Pablo identificó como «el Dios desconocido» que otorga sentido a todos los dioses conocidos. Heidegger lo denominó «el Último Dios», al cual se arriba tras el agotamiento de todo esfuerzo humano por comprenderlo. Su carácter es retroprogresivo porque es un derecho innato de toda la humanidad, aguardando en silencio nuestro retorno, un retorno que no niega el progreso, sino que lo integra y lo trasciende.

Este regreso al Último Dios se configura, por tanto, como el cierre de un ciclo que, lejos de clausurar la búsqueda, inaugura un horizonte de significado profundamente renovado. Es precisamente al final donde Dios se nos revela como punto de partida, como un nuevo comienzo que siempre retorna sobre sí mismo.

Sección VI: La travesía hacia el Último Dios

Así lo refleja la oración hebrea más sagrada:

אֱמֶת אַתָּה הוּא רִאשׁוֹן וְאַתָּה הוּא אַחֲרוֹן.
(סידור התפילה, תפילת שחרית, קריאת שמע וברכותיה)

En verdad, Tú eres el Primero y Tú eres el Último.
(*Sidur*, Oración matutina, Bendiciones del *Shemá*)

El Sendero de Alineamiento Retroprogresivo que aquí se propone destaca la imperiosa necesidad de trascender el ego, entendido como una construcción psíquica que aliena al individuo, lo condena a la angustia existencial y lo separa ontológicamente del Todo. El egoísmo es el principal vicio del humanismo contemporáneo. Encarna la ilusión de un sujeto autónomo desvinculado de la comunidad. Ha privilegiado el dominio y la explotación por encima de la comunión y la armonía.

El retroprogresismo es una crítica radical al humanismo antropocéntrico que ha elevado al ser humano a una posición central en el cosmos, desatendiendo su conexión esencial con el entorno. Aspira, por tanto, a restaurar la relación del ser humano con su origen, proponiendo una vida que trascienda las dicotomías impuestas por el ego y que se oriente hacia una existencia en sintonía con la totalidad. Este sendero no implica un simple retorno nostálgico a un estado anterior, sino una superación dialéctica que, al integrar el pasado y el presente, abre posibilidades inéditas para la relación del individuo con lo universal.

Capítulo 25: La apertura al «Sendero Retroprogresivo»

El «retroprogreso» refleja las dinámicas inherentes a la religión, entendida etimológicamente como *re-ligare*, es decir, la acción de reconectar con lo divino y con el origen. En las tradiciones religiosas, este retorno a la fuente o a lo sagrado no se reduce a un movimiento regresivo o meramente retrospectivo, sino que implica una unión profunda que reconstituye la totalidad del Ser.

El Último Dios no es el de una religión en particular. Al contrario, y como pura trascendencia que **es**, yace precisamente oculto tras todas ellas. No es el Dios del judaísmo reformista, conservador u ortodoxo, sino el Dios de Abraham, Isaac, Jacob, Moisés, David y Salomón. No se identifica con el Dios del jasidismo, sino con el Dios del Ba'al Shem Tov, del Rabi Shneur Zalman de Liadi y del Rabi Najman de Breslov. Este Último Dios tampoco es el Dios del cristianismo católico, protestante, anglicano ni adventista, sino el Dios de Jesús, de San Francisco, de San Juan de la Cruz y de Santa Teresa de Ávila. Es el Dios de Santa Hildegarda de Bingen, Meister Eckhart, Juliana de Norwich, Santa Catalina de Siena, San Ignacio de Loyola, Santa Brígida de Suecia y San Bernardo de Claraval. El Último Dios no es el Kṛṣṇa de las organizaciones religiosas, sino el del Señor Śrī Chaitanya Mahāprabhu. Tampoco es el Dios del Islam, sino el Alá de Mahoma. El Último Dios, más que el dios de la religión, es el Dios que trasciende toda religión.

En lugar de entender al Último Dios como persona, debemos comprenderlo como presencia, lo que hace que toda forma de adoración personal resulte insensata. Al igual que la paz, el amor o la alegría, Dios es una presencia con la cual no se puede establecer una relación bajo los parámetros de una estructura sujeto-objeto tradicional, pero en cambio sí que puede ser vivida y experimentada. Es innecesario tallar estatuas y rendirles culto para honrar la paz, la compasión y la felicidad. Asimismo, para acceder al amor, no debemos asistir a templos, mezquitas, sinagogas ni iglesias. La oración que brota de nuestra vulnerabilidad, de nuestra incomprensibilidad, debe latir incesante en cualquier acción que realicemos, hasta el punto de que nos defina como seres humanos.

La concepción de Dios como una figura personal ha generado, principalmente, calamidades y sufrimiento para la humanidad. De esta idea de un Dios personal surge el creyente religioso, quien visualiza a Dios como una entidad personal que habita en algún lugar del cielo, ya sea material o espiritual. Más aún, las oraciones de este creyente son meros intentos de manipular y controlar a esa entidad ilusoria para obtener favores y satisfacer sus deseos, siempre en busca de seguridad y éxito, si bien en este mundo o en el otro.

La idea de un Dios personal también ha dado origen al ateísmo. Al observar la vida y el comportamiento de los creyentes religiosos, los ateos han reaccionado negando enfáticamente la existencia de dicho Dios personal. Sin embargo, el ateísmo incurre en el error de que, al rechazar esa concepción específica y negar total y absolutamente a Dios, lo que acaba haciendo es replicar la misma estructura metafísica que ha dado pie a dicho Dios personal.

Ante estas posturas, resulta esencial y urgente adoptar una perspectiva fresca que emancipe al ser humano de las cadenas tanto de las creencias religiosas como del ateísmo. Solo al reconocer a Dios como manifestación de la dicha, la paz, la compasión, el silencio y el amor, comprendemos que la auténtica meditación trasciende en importancia a cualquier rezo o ritual religioso. Muchos creyentes perciben la oración como un diálogo con sus dioses personales, una interacción constante entre la persona humana y la divina en un marco dual y relativo. No obstante, tradiciones milenarias como el *vedānta advaita* y el budismo proponen ir más allá de las palabras y alcanzar un estado de silencio, tanto mental como emocional. En lugar de solicitar a los dioses personales que cumplan nuestros deseos egoístas, se recomienda trascender estos deseos y buscar una conexión más profunda con el Ser. Es esencial liberar a Dios de cualquier concepción personal, ya que toda noción de personalidad encarcela lo divino. Solo cuando Dios sea liberado de toda forma específica, podrá ser reconocido en todas las formas. De igual manera, únicamente al ser emancipado de todo nombre particular, podrá ser identificado en todos los nombres.

Mientras permanecemos dormidos, nuestros sueños operan como un velo que oculta la realidad. Sin ser conscientes de nuestra propia esencia, nos resulta imposible percibir la realidad en su totalidad, tanto en nosotros mismos como en los demás y en el mundo. Solo al reconocer la consciencia en lo más profundo de nuestro ser, podemos identificarla en todo y en todos. Arraigados en el aquí y el ahora, la vida despliega su cualidad luminosa y mágica.

El individuo retroprogresivo no rendirá culto a un dios personal concebido como una entidad separada y trascendente. En cambio, reinterpretará la noción de lo divino como una manifestación inmanente, intrínseca a la vida, una esencia que fluye desde el Ser y la existencia en su totalidad. La dualidad se trasciende al situar lo divino y lo humano en una relación de continuidad ontológica. Orar de manera auténtica, desde la pasividad radical, no es una práctica o una técnica. Más que una súplica a dioses personales, la oración meditativa trasciende la división sujeto-objeto. Todo lugar donde estemos se convertirá en un espacio sagrado. Tanto nuestras relaciones como nuestra soledad serán veneradas. Nuestras palabras, así como nuestros silencios, tendrán una esencia divina.

En la iluminación, Dios se revela como la presencia del fuego eterno de la consciencia ardiendo sin nada ya que incinerar. Es como una observación carente de objeto que observar, una espera en la que nos convertimos en meros testigos; un ofrecerse que simplemente alberga sin exigir explicaciones ni ningún sentido ni fundamento. La expresión religiosa se distanciará de rituales y ceremonias tradicionales. El Último Dios emergerá cuando meditemos y permitamos que la consciencia consuma todo el contenido construido por la mente: deseos, expectativas, nostalgias, ambiciones y sueños.

Solo entonces, atenderemos al Dios que rehúye toda comprensión, forma e imagen, concepto y categoría. El ser humano no lo conocerá con conceptos porque trasciende toda conceptualización. Más que una mera proposición filosófica o postulado teológico, el Último Dios es una vivencia inmediata e íntima en la que nuestra existencia cobrará el más abismal de los sentidos. En esta intimidad, desaparece la distinción entre sujetos y objetos, permaneciendo únicamente Dios, el Último Dios, revelándose indefinidamente en el reino del Ser, en la pura manifestación. Este Ser es concebido como luz, una luz que no se ve, pero que permite que todo lo demás sea visible. Con esto no estamos afirmando que haya o no haya un Dios. Al contrario, se sostiene, tal como dice el libro de Deuteronomio, que aparte de Dios, no hay nada más.

אַתָּה הָרְאֵתָ לָדַעַת כִּי ה' הוּא הָאֱלֹהִים אֵין עוֹד מִלְּבַדּוֹ:

(דברים ד', ל"ה)

Se te ha mostrado para que sepas que el Señor, Él es Dios; no hay más que solo Él.
(Deuteronomio, 4:35)

Para los ateístas, Dios no existe; según los politeístas, la divinidad se manifiesta en una multiplicidad de dioses;

y para los monoteístas, Dios es único. Sin embargo, el Último Dios trasciende estas categorías. Puedo decir, por experiencia directa, que solo Dios realmente es. Fuera de Dios, no existe absolutamente nada porque… no hay más que solo Él.

Bibliografía de la sección VI

- Heidegger, Martin. *La historia del Ser.* Traducido por Dina V. Picotti C. Buenos Aires: El Hilo de Ariadna, 2011.
- Spinoza, Baruch. *Ética demostrada según el orden geométrico.* Traducido por Vidal Peña. Madrid: Alianza Editorial, 1980.

APÉNDICES

Prabhuji
S.S. Avadhūta Bhaktivedānta Yogācārya
Śrī Ramakrishnananda Bābājī Mahārāja

Sobre Prabhuji

Prabhuji es un fiel miembro oficial del hinduismo, así como un místico *advaita* universalista. Combina su profundo compromiso religioso con una destacada labor artística como escritor y pintor abstracto. Es reconocido por su línea de sucesión discipular como un maestro realizado. Como *avadhūta*, un título que le fue conferido como reconocimiento de su estado de realización, ha desarrollado el Sendero de Alineamiento Retroprogresivo, una contribución original enraizada en los principios inclusivos del *sanātana-dharma* (la religión hindú).

Su sólida formación incluye un doctorado en filosofía *vaiṣṇava*, otorgado por el prestigioso Instituto Jiva de Estudios Védicos en Vrindavan, India, y un doctorado en filosofía yóguica obtenido en la Universidad Yoga-Samskrutham. Estos doctorados reafirman su compromiso con las enseñanzas tradicionales y su conexión con las raíces espirituales de la religión hindú.

En el año 2011, con las bendiciones de su Gurudeva, adoptó el sendero del *bhajanānandī* recluido y se retiró de la sociedad a una vida eremítica contemplativa. Desde entonces, vive como un eremita religioso hindú cristiano-mariano independiente. Sus días transcurren en soledad, orando, escribiendo, pintando y meditando en silencio y contemplación.

Prabhuji es el único discípulo de S.D.G. Avadhūta Śrī Brahmānanda Bābājī Mahārāja, quien es a su vez uno de los más cercanos e íntimos discípulos de S.D.G. Avadhūta Śrī Mastarāma Bābājī Mahārāja.

Prabhuji fue designado como sucesor del linaje por su maestro, quien le confirió la responsabilidad de continuar el sagrado *paramparā* de *avadhūtas*, designándolo oficialmente como gurú y ordenándole servir como sucesor Ācārya con el nombre S.S. Avadhūta Bhaktivedānta Yogācārya Śrī Ramakrishnananda Bābājī Mahārāja.

Prabhuji es también discípulo de S.D.G. Bhakti-kavi Atulānanda Ācārya Mahārāja, quien es discípulo directo de S.D.G. A.C. Bhaktivedānta Swami Prabhupāda. Podríamos afirmar que Gurudeva Atulānanda asumió afectuosamente la función de guía durante su etapa inicial de aprendizaje, y por ser el primer gurú de Prabhuji, es considerado el abuelo de la Misión Prabhuji. Por su parte, Guru Mahārāja fue el segundo y último gurú de Prabhuji y le proporcionó dirección durante su fase avanzada. Gurudeva actuó como el educador principal en los albores de su desarrollo espiritual, mientras que Guru Mahārāja ejerció con gran diligencia el papel de maestro en el nivel superior, acompañándole hasta su realización.

El hinduismo de Prabhuji es tan amplio, universal y pluralista que a veces, haciéndole honor a su título de *avadhūta*, sus enseñanzas vivas y frescas trascienden los límites de toda filosofía y religión, incluso la suya propia. Sus enseñanzas promueven el pensamiento crítico y nos llevan a cuestionar afirmaciones que suelen aceptarse como ciertas. No defienden verdades absolutas, sino que nos invitan a evaluar y cuestionar nuestras propias convicciones. La esencia de su sincrética visión, el Sendero de Alineamiento Retroprogresivo, es el autoconocimiento y el reconocimiento de la consciencia. Para él, el despertar de la consciencia, o la trascendencia del fenómeno egoico, constituye el siguiente nivel del proceso evolutivo de la humanidad.

Prabhuji nació el 21 de marzo de 1958 en Santiago, capital de la República de Chile. Una experiencia mística acaecida a la edad de ocho años lo motivó a la búsqueda de la Verdad, o la Realidad última, transformando su vida en un auténtico peregrinaje tanto interno como externo.

En su juventud (18 años), Prabhuji abrazó la disciplina monástica mediante largas estancias en varios *aśrāms* de diferentes corrientes hinduistas (*Gauḍīya* Vaishnavas, *advaita-vedānta* y demás) en Chile, Israel y la India. Allí se sometió a una rigurosa formación dentro de la religión hindú. Inmerso en la estricta observancia de la vida religiosa, recibió una educación sistemática, siguiendo los métodos tradicionales de la enseñanza monástica. Su formación incluía el estudio profundo de las escrituras sagradas, la práctica de austeridades, el cumplimiento de estrictos votos y la participación en rituales prescritos, todo ello bajo la guía de maestros o gurús. Mediante esta disciplina intensiva, interiorizó los principios fundamentales de la vida monástica hindú, adoptando sus valores, códigos de conducta y prácticas contemplativas. Esto le permitió aprender la teoría y también incorporar los ideales que caracterizan la espiritualidad del hinduismo.

Ha consagrado su vida por completo a profundizar en la temprana experiencia transformativa que marcó el comienzo de su proceso retroevolutivo. Ha dedicado más de cincuenta años a la investigación y la práctica de diferentes religiones, filosofías, vías de liberación y senderos espirituales. Ha absorbido las enseñanzas de grandes maestros, chamanes, sacerdotes, machis, shifus, roshis, sháijs, daoshis, yoguis, pastores, swamis, rabinos, cabalistas, monjes, gurús, filósofos, sabios y santos a quienes visitó personalmente durante sus años de búsqueda. Ha vivido en muchos lugares y ha viajado por el mundo sediento de la Verdad.

Desde muy pequeño, Prabhuji notó que el sistema educativo le impedía dedicarse a lo que era realmente importante: aprender sobre sí mismo. Reconoció que en el sistema educativo occidental de escuelas primarias, secundarias y universidades no encontraría lo que quería aprender. A los 11 años decidió dejar de asistir a la escuela convencional y se dedicó a la formación autodidáctica. Con el tiempo, se convertiría en un serio crítico del sistema educativo actual.

Prabhuji es una autoridad reconocida en la sabiduría oriental. Es conocido por su erudición en los aspectos *vaidika* y *tāntrika* del hinduismo, así como en todas las ramas del yoga (*jñāna, karma, bhakti, haṭha, rāja, kuṇḍalinī, tantra, mantra* y demás). Su actitud hacia todas las religiones es inclusiva y conoce profundamente el judaísmo, el cristianismo, el budismo, el islam, el sufismo, el taoísmo, el sijismo, el jainismo, el shintoismo, el bahaísmo, el chamanismo, la religión mapuche, y demás.

Durante su estancia en Oriente Medio, su estimado amigo y erudito, Kamil Shchadi, le transmitió profundos conocimientos sobre la fe drusa. También se benefició de su cercanía a otro ilustre conocido, el venerado y sabio Salach Abbas, que le ayudó a comprender en profundidad el islam y el sufismo. Estudió budismo Theravada personalmente del Venerable W. Medhananda Thero de Sri Lanka. Estudió profundamente la teología cristiana con S.S. Monseñor Iván Larraín Eyzaguirre en la Iglesia de la Veracruz en Santiago de Chile y con Don Héctor Luis Muñoz, diplomado en teología de la Universidad Católica de la Santísima Concepción, Chile.

Su curiosidad por el pensamiento occidental lo llevó a incursionar en el terreno de la filosofía en todas sus diferentes ramas. Profundizó en especial en la Fenomenología Trascendental y la Fenomenología de la Religión. Tuvo el privilegio de estudiar intensivamente por varios años con su tío Jorge Balazs, filósofo, investigador y autor, quien escribió *El Mundo al revés* bajo su seudónimo Gyuri Akos. Estudió en privado por muchos años con el Dr. Jonathan Ramos, reconocido filósofo, historiador y profesor universitario licenciado de la Universidad Católica de Salta, Argentina. Estudió también con el Dr. Alejandro Cavallazzi Sánchez, licenciado en filosofía por la Universidad Panamericana, maestro en filosofía por la Universidad Iberoamericana y doctor en Filosofía por la Universidad Nacional Autónoma de México (UNAM). Asimismo, estudió en privado con Santiago Sánchez Borboa, doctor en Filosofía por la Universidad de Arizona, EE. UU.

Sus estudios profundos, las bendiciones de sus maestros, sus investigaciones en las sagradas escrituras, así como su vasta experiencia docente, le han hecho merecedor de un reconocimiento internacional en el campo de la religión y la espiritualidad.

La búsqueda espiritual de Prabhuji le llevó a estudiar con maestros de diferentes tradiciones y a viajar lejos de su Chile natal, a lugares tan distantes como Israel, Brasil, India y Estados Unidos. Habla con fluidez español, hebreo, portugués e inglés. En su estadía en Israel, profundizó sus estudios de hebreo y arameo con el fin de ampliar su conocimiento de las sagradas escrituras. Estudió otros idiomas de forma intensiva como sánscrito con la Dra. Naga Kanya Kumari Garipathi, de la Universidad de Osmania, en Hyderabad (India); pali en el Centro de Estudios Budistas de Oxford; y latín y griego antiguo con el profesor Ariel Lazcano y luego con Javier Álvarez, licenciado en Filología Clásica por la Universidad de Sevilla.

El abuelo paterno de Prabhuji fue un destacado suboficial mayor de la policía en Chile, quien educó a su hijo, Yosef Har-Zion ZT"L, bajo una disciplina estricta. Afectado por esa educación, Yosef decidió criar a sus propios hijos en un entorno caracterizado por una completa libertad y un amor incondicional.

En este contexto, Prabhuji creció sin experimentar ningún tipo de presión externa. Desde temprana edad, su padre manifestó un amor constante, independiente del desempeño académico o de logros externos. Cuando Prabhuji decidió dejar la escuela para dedicarse a su búsqueda interior, su familia respondió con profundo respeto y aceptación. Yosef apoyó plenamente los intereses de su hijo, animándolo en cada paso de su búsqueda de la Verdad.

A partir de los diez años, Yosef compartió con Prabhuji sabiduría de la espiritualidad hebrea y la filosofía occidental, creando un ambiente propicio para debates diarios que, a menudo, se prolongaban hasta altas horas de la noche. En esencia, Prabhuji encarnó el ideal de libertad y amor incondicional que su padre se había esforzado por cultivar en el seno familiar.

Desde muy temprana edad y por propia iniciativa, Prabhuji comenzó a practicar karate y a estudiar filosofía oriental y religiones de manera autodidacta. Durante su adolescencia, nadie interfería con sus decisiones. A los 15 años, entabló una profunda, íntima y larga amistad con la famosa escritora y poeta uruguaya Blanca Luz Brum, quien fuera su vecina en la calle Merced en Santiago de Chile. Viajó por todo Chile en busca de gente sabia e interesante de la que aprender. En el sur de Chile, conoció a machis que le enseñaron la rica espiritualidad y el chamanismo de los mapuches.

En junio de 1975, a la temprana edad de 17 años, se tituló por primera vez como Profesor de Yoga con S.S. Śrī Brahmānanda Sarasvatī (Dr. Ramamurti S. Mishra), el fundador de la World Yoga University, la Yoga Society de New York y el Ananda Ashram.

Dos grandes maestros contribuyeron en el proceso retroprogresivo de Prabhuji. En 1976, conoció a su primer Gurú, S.D.G. Bhakti-kavi Atulānanda Ācārya Swami, a quien llamaría Gurudeva. En aquellos días, Gurudeva era un joven *brahmacārī* que ocupaba el cargo de presidente del templo de ISKCON en Eyzaguirre 2404, Puente Alto, Santiago, Chile. Años más tarde, dio a Prabhuji la primera iniciación, la iniciación *brahmínica* y finalmente, Prabhuji aceptó formalmente los sacramentos de la sagrada orden de *sannyāsa*, convirtiéndose en un monje de la Brahma Gauḍīya Saṁpradāya. Gurudeva lo conectó con la devoción a Kṛṣṇa. Le impartió la sabiduría del *bhakti-yoga* y le instruyó en la práctica del *māhā-mantra* y el estudio de las sagradas escrituras.

En 1980, Prabhuji recibió las bendiciones de S.G. Madre Krishnabai, la famosa discípula de S.D.G. Swami Rāmdās. En 1984, aprendió y comenzó a practicar la técnica de la Meditación Trascendental de Maharishi Mahesh Yogui. En 1988, realizó el curso de *kriyā-yoga* de Paramahaṁsa Yogānanda. Después de dos años, fue iniciado oficialmente en la técnica de *kriyā-yoga* por la Self-Realization Fellowship. En 1982 recibió *dikṣā* de S.S. Kīrtanānanda Swami, discípulo de Śrīla Prabhupāda, quien también le dio segunda iniciación en 1991 e iniciación *sannyāsa* en 1993.

Prabhuji deseaba confirmar los sacramentos de la sagrada orden de *sannyāsa* también con el linaje del *vedānta advaita*. Su *sannyāsa-dīkṣā*, o sacramentos, fueron confirmados el 11 de agosto de 1995 por S.S. Swami Jyotirmayānanda Sarasvatī, fundador de la «Yoga Research Foundation» y discípulo de S.S. Swami Śivānanda Sarasvatī de Rishikesh.

En 1996, Prabhuji conoció a su segundo maestro, S.D.G. Avadhūta Śrī Brahmānanda Bābājī Mahārāja en Rishikesh, India. Guru Mahārāja, como lo llamaría Prabhuji, le reveló que su propio gurú, S.D.G. Avadhūta Śrī Mastarāma Bābājī Mahārāja, le había dicho años antes de morir que una persona vendría del Occidente y le solicitaría ser su discípulo. Le ordenó aceptar solo y únicamente a ese buscador específico. Cuando preguntó cómo podría identificar a esta persona, Mastarāma Bābājī le respondió: «Lo reconocerás por sus ojos. Debes aceptarlo porque será la continuación del linaje». Desde su primer encuentro con el joven Prabhuji, Guru Mahārāja lo reconoció y lo inició oficialmente *como su discípulo*. Para Prabhuji, esta iniciación marcó el comienzo de la etapa más intensa y madura de su proceso retroprogresivo. Bajo la guía de Guru Mahārāja, estudió *vedānta advaita* y profundizó en la meditación. Debido a que su gurú era un gran devoto de Śrī Rāmakṛṣṇa Paramahaṁsa y Śāradā Devī, Prabhuji quiso ser indiciado en esta línea de sucesión discipular. Solicitó iniciación de Swami Swahananda (1921-2012), ministro y líder espiritual de la Sociedad Vedanta del Sur de California de 1976 a 2012. Swami Swahananda fue discípulo de Swami Vijñānānanda, un discípulo directo de Rāmakṛṣṇa. Le inició en el año 2008 y le concedió tanto el *dīkṣā* como las bendiciones de Śrī Rāmakṛṣṇa y la Madre Divina.

Guru Mahārāja guio a Prabhuji hasta otorgarle oficialmente los sacramentos de la sagrada orden de *avadhūtas*. En marzo del 2011, S.D.G. Avadhūta Śrī Brahmānanda Bābājī Mahārāja ordenó a Prabhuji, en nombre de su propio maestro, aceptar la responsabilidad de continuar el linaje de *avadhūtas*. Con dicho nombramiento, Prabhuji es el representante oficial de la línea de esta sucesión discipular para la presente generación.

Además de sus *dīkṣā-gurus*, Prabhuji estudió con importantes personalidades espirituales y religiosas como S.S. Swami Yajñavālkyānanda, S.S. Swami Dayānanda Sarasvatī, S.S. Swami Viṣṇu Devānanda Sarasvatī, S.S. Swami Jyotirmayānanda Sarasvatī, S.S. Swami Kṛṣṇānanda Sarasvatī de la Divine Life Society, S.S. Ma Yoga Śakti, S.S. Swami Pratyagbodhānanda, S.S. Swami Mahādevānanda, S.S. Swami Swahānanda de la Ramakrishna Mission, S.S. Swami Adhyātmānanda, S.S.

Swami Svarūpanānda y S.S. Swami Viditātmānanda de la Arsha Vidya Gurukulam. Mientras que la sabiduría del tantra fue despertada en Prabhuji por S.G. Mātājī Rīnā Śarmā en India.

En Vrindavan, estudió el sendero del bhakti-yoga en profundidad con S.S. Narahari Dāsa Bābājī Mahārāja, discípulo de S.S. Nityānanda Dāsa Bābājī Mahārāja de Vraja. También estudió el *bhakti-yoga* con varios discípulos de Su Divina Gracia A.C. Bhaktivedānta Swami Prabhupāda: S.S. Kapīndra Swami, S.S. Paramadvaiti Mahārāja, S.S. Jagajīvana Dāsa, S.S. Tamāla Kṛṣṇa Gosvāmī, S.S. Bhagavān Dāsa Mahārāja, S.S. Kīrtanānanda Swami entre otros.

Prabhuji ha sido honrado con varios títulos y diplomas por muchos líderes de prestigiosas instituciones religiosas y espirituales de la India. El honorable título de Kṛṣṇa Bhakta le fue otorgado por S.S. Swami Viṣṇu Devānanda (el único título de Bhakti Yoga otorgado por Swami Viṣṇu), discípulo de S.S. Swami Śivānanda Sarasvatī y fundador de la «Organización Sivananda». El título de Bhaktivedānta le fue conferido por S.S. B.A. Paramadvaiti Mahārāja, fundador de «Vrinda». El título Yogācārya le fue conferido por S.S. Swami Viṣṇu Devānanda, el «Paramanand Institute of Yoga Sciences and Research of Indore, la India», la «International Yoga Federation», la «Indian Association of Yoga» y el «Śrī Shankarananda Yogashram of Mysore, India». Recibió el respetable título Śrī Śrī Rādhā Śyam Sunder Pāda-Padma Bhakta Śiromaṇi directamente de S.S.

Satyanārāyaṇa Dāsa Bābājī Mahant de la Chatu Vaiṣṇava Sampradāya.

Prabhuji dedicó más de cuarenta años al estudio del *haṭha-yoga* con prestigiosos maestros del yoga clásico y tradicional como S.S. Bapuji, S.S. Swami Viṣṇu Devānanda Sarasvatī, S.S. Swami Jyotirmayānanda Sarasvatī, S.S. Swami Satchidānanda Sarasvatī, S.S. Swami Vignānānanda Sarasvatī, y Śrī Madana-mohana.

Llevó a cabo varios cursos sistemáticos de formación de profesores de *haṭha-yoga* en prestigiosas instituciones hasta alcanzar el grado de Maestro Ācārya en dicha disciplina. Completó sus estudios en las siguientes instituciones: World Yoga University, Sivananda Yoga Vedanta, Ananda Ashram, Yoga Research Foundation, Integral Yoga Academy, Patanjala Yoga Kendra, Ma Yoga Shakti International Mission, Prana Yoga Organization, Rishikesh Yoga Peeth, Swami Sivananda Yoga Research Center y Swami Sivananda Yogasana Research Center.

Prabhuji es miembro de la Indian Association of Yoga, Yoga Alliance ERYT 500 y YACEP, la International Association of Yoga Therapists y la International Yoga Federation. En 2014, la International Yoga Federation le honró con la posición de Miembro Honorario del World Yoga Council.

Su interés por la compleja anatomía del cuerpo humano lo llevó a estudiar quiropráctica en el prestigioso Instituto de Salud de Espalda y Extremidades en Tel Aviv, Israel. En 1993, obtuvo el diploma de manos del Dr. Sheinerman, fundador y director del instituto. Posteriormente, obtuvo el título de masajista terapéutico en la Academia de la Galilea Occidental. Los conocimientos adquiridos en este campo agudizaron su comprensión del *haṭha-yoga* y contribuyeron a la creación de su propio método.

El Yoga Retroprogresivo es el fruto de los esfuerzos de Prabhuji por perfeccionar su propia práctica y sus métodos de enseñanza; se trata de un sistema basado especialmente en las enseñanzas de sus gurús y en las escrituras sagradas. Prabhuji sistematizó diferentes técnicas yóguicas tradicionales creando una metodología apta para el público occidental. El Yoga Retroprogresivo aspira a la experiencia de nuestra auténtica naturaleza, promoviendo el equilibrio, la salud y la flexibilidad a través de dieta apropiada, limpiezas, preparaciones (*āyojanas*), secuencias (*vinyāsas*), posturas (*āsanas*), ejercicios de respiración (*prāṇāyāma*), relajación (*śavāsana*), meditación (*dhyāna*), así como ejercicios con cierres energéticos (*bandhas*) y sellos (*mudras*) para dirigir y potenciar el *prāṇa*.

Desde su infancia, y a lo largo de toda su vida, Prabhuji ha sido entusiasta admirador, estudiante y practicante de karate-do clásico. Desde los 13 años, estudió en Chile estilos como el kenpo con el Sensei Arturo Petit y el kung-fu, pero se especializó en el estilo japonés más tradicional del shotokan. Recibió el grado de cinturón negro (tercer dan) de Shihan Kenneth Funakoshi (noveno dan). Aprendió también de Sensei

Takahashi (séptimo dan) y de Sensei Masataka Mori (noveno dan). Además, practicó el estilo shorin ryu con el Sensei Enrique Daniel Welcher (séptimo dan) quien le confirió el rango de cinturón negro (segundo dan). A través del karate-do, profundizó en el budismo y obtuvo conocimiento adicional acerca de la física del movimiento. Es miembro de la Funakoshi's Shotokan Karate Association.

Prabhuji creció en un entorno artístico y su amor por la pintura comenzó a desarrollarse en su infancia. Su padre, el renombrado pintor chileno Yosef Har-Zion ZT"L, le motivó a dedicarse al arte. Aprendió con el famoso pintor chileno Marcelo Cuevas. Las pinturas abstractas de Prabhuji reflejan las profundidades del espíritu.

Desde su más tierna infancia, Prabhuji ha sentido una especial atracción y curiosidad por los sellos postales, las tarjetas postales, los buzones, los sistemas de transporte postal y toda la actividad relacionada con el correo. Ha aprovechado cada oportunidad para visitar oficinas de correos en diferentes ciudades y países. Se ha adentrado en el estudio de la filatelia, que es el campo del coleccionismo, la clasificación y el estudio de los sellos postales. Esta pasión le llevó a convertirse en filatelista profesional, distribuidor de sellos autorizado por la American Philatelic Society y miembro de las siguientes sociedades: Royal Philatelic Society London, Royal Philatelic Society of Victoria, United States Stamp Society, Great Britain Philatelic Society, American

Philatelic Society, Society of Israel Philatelists, Society for Hungarian Philately, National Philatelic Society UK, Fort Orange Stamp Club, American Stamp Dealers Association, US Philatelic Classics Society, Filabras - Associação dos Filatelistas Brasileiros y Collectors Club of NYC.

Basándose en sus amplios conocimientos de filatelia, teología y filosofía oriental, Prabhuji creó la «Filatelia Meditativa» o el «Yoga Filatélico», una práctica espiritual que utiliza la filatelia como soporte para la práctica de atención, concentración, observación y meditación. Esta se inspira en la antigua meditación hindú del mándala y puede llevar al practicante a estados elevados de consciencia, a la relajación profunda y a la concentración que promueve el reconocimiento de la consciencia. Prabhuji escribió su tesis sobre este nuevo tipo de yoga, la «Filatelia Meditativa», atrayendo el interés de la comunidad académica de la India debido a su innovador enfoque de conectar la meditación con diferentes aficiones y actividades. Por esta tesis, fue honrado con el doctorado en Filosofía Yóguica por la Universidad Yoga-Samskrutham.

Prabhuji vivió en Israel por más de veinte años, donde amplió sus estudios de judaísmo. Uno de sus principales profesores y fuentes de inspiración fue el Rabino Shalom Dov Lifshitz ZT"L, a quien conoció en 1997. Este gran santo lo guio durante varios años por los intrincados senderos de la Torá y el Jasidismo. Le enseñó personalmente Tanaj, Talmud, Midrash,

Shulján Arúj, Mishné Torá, Tanya, Cábala y Zohar. Ambos desarrollaron una relación muy cercana. Prabhuji también estudió el Talmud con el Rabino Rafael Rapaport Shlit"a (Ponovich), Jasidismo con el Rabino Israel Lifshitz Shlit"a y la Torá con el Rabino Daniel Sandler Shlit"a. Prabhuji es un gran devoto del Rabino Mordejai Eliyahu ZT"L, quien personalmente lo bendijo.

Prabhuji visitó EE. UU. en el año 2000 y durante su estadía en Nueva York, se percató de que era el lugar más adecuado para fundar una organización religiosa. Le atrajeron especialmente el pluralismo y la actitud respetuosa de la sociedad americana hacia la libertad de culto. Le impresionó el profundo respeto tanto del público como del gobierno hacia las minorías religiosas. Después de consultarlo con sus maestros y solicitar sus bendiciones, Prabhuji se trasladó a los Estados Unidos. En el 2003 nació la Misión Prabhuji, una iglesia hindú destinada a preservar la visión universal y pluralista del hinduismo de Prabhuji y su «Sendero de Alineamiento Retroprogresivo».

Aunque no buscó atraer seguidores, durante 15 años (1995-2010), Prabhuji consideró las solicitudes de algunas personas que se acercaron a él pidiendo ser discípulos monásticos. Aquellos que eligieron ver a Prabhuji como a su maestro espiritual aceptaron voluntariamente votos de pobreza y dedican sus vidas a la práctica espiritual (*sadhāna*), la devoción religiosa (bhakti) y el servicio desinteresado (*seva*). Aunque Prabhuji ya no acepta nuevos discípulos, continúa guiando al pequeño grupo de discípulos veteranos de la Orden Monástica contemplativa Ramakrishnananda que fundó.

Según Prabhuji, la búsqueda del Ser es individual, solitaria, personal, privada e íntima. No se trata de un esfuerzo colectivo que deba emprenderse a través de la religiosidad organizada, institucional o comunitaria. Desde el año 2011, Prabhuji ha discrepado de la espiritualidad practicada de manera social, comunal o colectiva. Por lo tanto, no hace proselitismo ni predica, ni intenta persuadir, convencer o hacer que alguien cambie su perspectiva, filosofía o religión. Su mensaje no promueve la espiritualidad colectiva, sino la búsqueda interior individual.

En el 2011, Prabhuji fundó el Avadhutashram (monasterio), en Catskills Mountains, en el norte de Nueva York, EE. UU. El Avadhutashram es su ermita, la residencia de los discípulos monásticos de la Orden Ramakrishnananda y la sede central de la Misión Prabhuji y la Academia de Yoga Retroprogresivo en la que Prabhuji, enseña personalmente su método de yoga a discípulos y estudiantes, sin apartarse de su vida eremítica. El *āśram* organiza proyectos humanitarios como el «Programa Prabhuji de Distribución de Alimentos» y el «Programa Prabhuji de Distribución de Juguetes». Prabhuji opera diferentes proyectos humanitarios inspirado en su experiencia de que servir la parte es servir al Todo.

Prabhuji ha delegado a sus discípulos la elección entre mantener sus enseñanzas exclusivamente dentro de la orden monástica o difundir su mensaje para el beneficio público. Ante la petición explícita de sus discípulos, Prabhuji ha accedido a que se publiquen sus libros y se difundan sus conferencias, siempre que ello no comprometa su privacidad y su vida eremítica.

En 2022, Prabhuji fundó el Instituto de Alineamiento Retroprogresivo en el cual sus discípulos más antiguos pueden compartir sistemáticamente sus enseñanzas y mensaje a través de video conferencias. El instituto ofrece apoyo y ayuda para una comprensión más profunda de las enseñanzas de Prabhuji.

Prabhuji es un respetado miembro de la American Philosophical Association, la American Association of Philosophy Teachers, la American Association of University Professors, la Southwestern Philosophical Society, la Authors Guild, la National Writers Union, PEN America, la International Writers Association, la National Association of Independent Writers and Editors, la National Writers Association, la Alliance Independent Authors y la Independent Book Publishers Association.

La vasta contribución literaria de Prabhuji incluye libros en español, inglés y hebreo como por ejemplo *Kuṇḍalinī-yoga: el poder está en ti*, *Lo que es, tal como es*, *Bhakti yoga: el sendero del amor*, *Tantra: liberación en el mundo*, *Experimentando con la Verdad*, *Advaita Vedānta: ser el Ser*, *Yoga: unión con la realidad*, comentarios sobre el *Īśāvāsya Upaniṣad* y el *Sūtra del Diamante*, *Soy el que Soy*, *El giro simbólico*, *Ser*,

Cuestionando tus respuestas: la filosofía como pregunta, *Más allá de las respuestas: filosofía en la búsqueda eterna*, *Fenomenología de lo sagrado: Fundamentos para una Fenomenología Retroprogresiva* y *Descubriendo el Último Dios*.

El término Prabhuji por
S. G. Swami Ramananda

Hace varios años, los discípulos, devotos y seguidores de Su Santidad Avadhūta Bhaktivedānta Yogācārya Śrī Ramakrishnananda Bābājī Mahārāja, hemos decidido referirnos a él como Prabhuji. En el presente artículo, deseo clarificar el profundo significado de este término sánscrito. La palabra *prabhu* en sánscrito significa 'un maestro, señor o rey' y en las escrituras, se refiere a Dios o al gurú.

Al igual que muchas palabras en el idioma sánscrito, este término tiene varios componentes y la comprensión de su etimología nos ayudará a descubrir sus diversos significados. La palabra *prabhu* es una combinación de la raíz *bhu* que significa 'llegar a ser, existir, ser, vivir' y el prefijo *pra* que es 'adelante o hacia adelante'; combinados sería 'quien hace existir, quien da la vida, de quien emana la vida, quien sostiene o mantiene'.

El prefijo *pra* también puede significar 'mucho o supremacía', y luego cuando se une a la raíz *bhu* significaría 'ser el amo, gobernar'. El sufijo *jī* es un título honorífico en hindi y en otros idiomas de la India. Se agrega después de los nombres de los dioses y de las personalidades estimadas para mostrar respeto y reverencia.

A lo largo de las escrituras védicas, se llama Prabhu ('maestro de la creación') a la divinidad, en sus varios nombres y manifestaciones. Grandes *ṛṣis*, o 'videntes', y gurús también se llaman *prabhus* ya que son representantes de la divinidad. Por ejemplo, el sabio Nārada se refiere al *ṛṣi* Vyasadeva como *prabhu*:

जिज्ञासितमधीतं च ब्रह्म यत्तत्सनातनम् ।
तथापि शोचस्यात्मानमकृतार्थ इव प्रभो ॥

> *jijñāsitam adhītaṁ ca*
> *brahma yat tat sanātanam*
> *tathāpi śocasy ātmānam*
> *akṛtārtha iva prabho*

Has delineado plenamente el tema del Brahman impersonal, así como los conocimientos derivados del mismo. ¿Por qué deberías estar triste, a pesar de todo esto, pensando que no has concluido, mi querido maestro (*prabhu*)?
(*Bhāgavata Purāṇa*, 1.5.4)

Mahārāja Parīkṣit se dirige a Śukadeva como *prabhu* cuando se le acerca al sabio para pedirle guía espiritual, y así aceptarlo como su gurú.

यच्छ्रोतव्यमथो जप्यं यत्कर्तव्यं नृभिः प्रभो ।
स्मर्तव्यं भजनीयं वा ब्रूहि यद्वा विपर्ययम् ॥

> *yac chrotavyam atho japyaṁ*
> *yat kartavyaṁ nṛbhiḥ prabho*
> *smartavyaṁ bhajanīyaṁ vā*
> *brūhi yad vā viparyayam*

¡Oh, Prabhu, por favor dime qué debe un hombre escuchar, cantar, recordar y adorar, y también lo que no debe hacer! Por favor, explíqueme todo esto.

(*Bhāgavata Purāṇa*, 1.19.38)

El término *avadhūta*

Esta cita es del libro *Sannyāsa Darśana* de Swami Niranjanānanda Sarasvatī, un discípulo de Paramahaṁsa Swami Satyānanda.

Etapas del *sannyāsāvadhūta*

«El *avadhūta* representa el pináculo de la evolución espiritual; ningún otro es superior a él. *Avadhūta* significa 'aquel que es inmortal' (*akṣara*) y que ha cortado totalmente los vínculos mundanos. Él es verdaderamente Brahman mismo. Ha realizado que es la inteligencia pura y está despreocupado de las seis flaquezas del nacimiento humano, a saber: tristeza, falsa ilusión, vejez, muerte, hambre y sed. Él se ha liberado de toda esclavitud del mundo experimental y anda libremente como un niño, un loco o alguien poseído por espíritus.

Él puede ir con o sin ropa. No usa ningún emblema distintivo de alguna orden. No tiene deseos de dormir, de mendigar o de bañarse. Ve su cuerpo como un cadáver y subsiste con los alimentos que recibe de cualquier clase social. No interpreta los *śāstras* o los Vedas. Para él, nada es justo o injusto, santo o profano.

Él está libre de karma. Los karmas de esta vida y sus vidas pasadas se han quemado, y debido a la ausencia de *kartṛtva* (el hacedor) y *bhoktṛtva* (el deseo de disfrute), no se crean karmas futuros. Solo los *prārabdha-karmas* (inalterables) que ya han empezado a operar afectarán su cuerpo, contribuyendo a mantenerlo, pero su mente no se verá afectada. Él vivirá en este mundo hasta que los *prārabdha-karmas* se extingan y luego su cuerpo caerá. A continuación, logrará *videhamukti* (estado de consciencia del cuerpo).

Tal alma liberada nunca vuelve al estado encarnado. No nace nuevamente; él es inmortal. Él ha alcanzado el objetivo final del nacimiento en este mundo».

El *Bṛhad-avadhūta Upaniṣad* dice así: «El *avadhūta* se llama así porque es inmortal; es el más grande; ha desechado las ataduras mundanas; y está aludido en el significado de la frase "Tú eres Eso"».

Su Divina Gracia Śrīla Bhakti Ballabh Tīrtha Mahārāja en su artículo titulado «*Pariṣads*: Śrīla Vamśi das Bābājī» escribió: «Él fue un Vaiṣṇava Paramahaṁsa que actuó en la forma de un *avadhūta*. La palabra *avadhūta* se refiere a quien ha sacudido de sí mismo todo sentimiento y obligación mundanos. Él no se preocupa por las convenciones sociales, en particular el *varṇāśrama-dharma*, es decir, que es bastante excéntrico en su comportamiento. Nityānanda Prabhu se caracteriza a menudo como un avadhūta».

Del prólogo del *Avadhūta-gītā* de Dattātreya, traducido y comentado por Swami Ashokananda: «El *Avadhūta-gītā* es un texto del *vedānta advaita* que representa el *advaita* extremo o no-dualismo. Se le atribuye a Dattātreya, que es visto como una encarnación de Dios. Por desgracia, no poseemos datos históricos sobre cuándo o dónde nació, cuánto tiempo vivió, o cómo llegó a los conocimientos descritos en el texto.

Avadhūta significa un alma liberada, alguien que 'ha superado' o 'ha sacudido' todos los apegos y preocupaciones mundanas y ha alcanzado un estado espiritual equivalente a la existencia de Dios. Aunque *avadhūta* implica naturalmente la renuncia, incluye un estado adicional y más elevado aún que no es ni apego ni desapego, sino que está más allá de ambos. Un *avadhūta* no siente la necesidad de observar las normas, ya sean seculares o religiosas. Él no busca nada ni evita nada. Él no tiene ni conocimiento ni ignorancia. Después de haber experimentado que él es el Ser infinito, él vive en esta realización vívida».

Swami Vivekānanda, uno de los mayores advaitins de todos los tiempos, a menudo cita de este *Gītā*. Una vez dijo: «Hombres como el que escribió esta canción mantienen la religión viva. Ellos han experimentado. No les importa nada, no sienten nada que se le hace al cuerpo; no les importa el calor, el frío, el peligro, o cualquier otra cosa. Se sientan quietos, gozando de la dicha del Ātman, y aunque brasas quemen su cuerpo, ellos no las sienten».

El *Avadhūta Upaniṣad* es el número 79 del canon *Muktikā* de los *upaniṣads*. Es un *Sannyāsa Upaniṣad* asociado con el Yajurveda Negro (Kṛṣṇa): «Aquel que ha superado el sistema *varṇāśrama* y se ha establecido siempre en sí mismo, ese yogui, quien está por encima de las divisiones del *varṇāśrama*, se denomina *avadhūta*». (*Avadhūta Upaniṣad*, 2).

El libro de *Brahma-nirvāṇa Tantra* describe cómo identificar los *avadhūtas* de las siguientes clases:

Bramhāvadhūta: Un *avadhūta* de nacimiento, que aparece en cualquier casta de la sociedad y es totalmente indiferente al mundo o las cosas del mundo.

Śaivāvadhūta: *Avadhūtas* que han tomado a la orden de vida renunciante o *sannyāsa*, a menudo con el pelo largo enmarañado (*jaṭa*), o que se visten a la manera de shaivitas y pasan casi todo su tiempo en trance *samādhi*, o meditación.

Virāvadhūta: Esta persona se parece a un *sadhū* que se ha puesto pasta de sándalo de color rojo en su cuerpo y se viste con ropa color azafrán. Su pelo es largo y vuelan con el viento. Llevan en su cuello una *rudrākṣa-mālā* o una cadena de huesos. Ellos tienen en la mano un palo de madera o *daṇḍa* y, además siempre tienen un hacha (*paraśu*) o un *ḍamaru* (tambor pequeño) con ellos.

Kulāvadhūta: Estas personas se supone que han tomado iniciación de la Kaul *Saṁpradāya*. Es muy difícil de reconocer a estas personas ya que no llevan ningún signo exterior que pueda identificarlos. La especialidad de estas personas es que se queden y viven como la gente normal. Pueden manifestarse en forma de reyes o de hombres de familia.

El *Nātha Sampradāya* es una forma de *Avadhūta-pantha* (secta). En este *Sampradāya*, el gurú y el yoga son de extrema importancia. Por lo tanto, el libro más importante en este *Sampradāya* es *Avadhūta-gītā*. Śrī Gorakṣanāth se considera la forma más elevada del estado de *avadhūta*.

La naturaleza del *avadhūta* es el tema del *Avadhūta-gītā*, atribuido tradicionalmente a Dattātreya.

Según Bipin Joshi, las principales características de un *avadhūta* son: «Aquel que es un filósofo inmaculado y se ha desprendido de los grilletes de la ignorancia (*ajñāna*). El que vive en el estado sin estado y disfruta de su experiencia todo el tiempo. Se deleita en este estado dichoso, imperturbado por el mundo material. En este estado único, el *avadhūta* no está ni despierto ni en sueño profundo, no hay ningún signo de vida ni de muerte. Es un estado que desafía toda descripción. Es el estado de la dicha infinita, que el lenguaje finito es incapaz de describir. Solo puede ser intuido por nuestro intelecto. Un estado que no es ni verdad ni no verdad, ni existencia ni no existencia. Aquel que ha realizado su identidad con lo imperecedero, que posee una excelencia incomparable; que se ha sacudido las ataduras del *samsāra* y nunca se desvía de su meta. Eso eres tú (*tat tvam asi*), y otras declaraciones upanishádicas, están siempre presentes en la mente de tal alma iluminada. Ese sabio que está arraigado en la experiencia plenaria de «Verdaderamente, yo soy Brahman (*aham Brahmāsmi*)», «Todo esto es Brahman (*sarvam khalvidam brahma*)», y que «...no hay pluralidad, Yo y Dios somos uno y lo mismo...», y demás. Apoyado en la experiencia personal de tales afirmaciones védicas, se mueve libremente en un estado de dicha total. Tal persona es un renunciante, un liberado, un *avadhūta*, un yogui, un *paramahamsa*, un *brāhmaṇa*».

De Wikipedia, la enciclopedia libre

Avadhūta es un término sánscrito usado en las religiones de la India para referirse a místicos o santos antinómicos, que están más allá de la consciencia egoica de la dualidad y las preocupaciones mundanas diarias y se comportan sin tener en cuenta el estándar de la etiqueta social. Tales personalidades «vagan libremente como niños sobre la faz de la Tierra». Un *avadhūta* no se identifica con su mente, cuerpo o 'los nombres y las formas' (en sánscrito: *nāma-rūpa*). Esta persona se considera de consciencia pura (en sánscrito: *caitanya*) en la forma humana.

Los *avadhūtas* desempeñan un papel importante en la historia, los orígenes y el rejuvenecimiento de una serie de tradiciones como los *paraṁparās* del yoga, *vedānta advaita*, budismo y bhakti incluso estando liberados de las observancias estándar. Los *avadhūtas* son la voz del *avadhūti*, el canal que resuelve la dicotomía del *Vāmācāra* y *Dakṣiṇācāra* o 'tradiciones de la mano izquierda y derecha'. Un *avadhūta* puede continuar practicando ritos religiosos o abandonarlos, ya que está exento de la observancia ritual y afiliación sectarias.

El diccionario sánscrito Monier Williams define el término *avadhūta* de la siguiente manera: «अवधूत / अव-धूत – aquel que se ha sacudido de los sentimientos y obligaciones mundanas».

De *El hinduismo, una guía alfabética por Roshen Dalal*

Avadhūta: Un término que denota un alma liberada, quien ha renunciado al mundo. Totalmente ajeno a todo lo que es, un *avadhūta* no sigue ninguna regla ni prácticas fijas y no tiene necesidad de seguir las normas convencionales. Hay varios textos que tratan acerca de la vida y la naturaleza de un *avadhūta*. En el *Avadhūta Upaniṣad*, el Ṛṣi Dattātreya describe la naturaleza del *avadhūta*: tal persona es inmortal, ha descartado todos los lazos terrenales, y está siempre colmada de dicha. Uno de sus versos declara: «Deja que el pensamiento contemple a Viṣṇu, o deja que se disuelva en la dicha de Brahma. Yo, el testigo, no hago nada ni soy la causa de nada». (V.28)

El *Turīyātīta Avadhūta Upaniṣad* incluye una descripción del *avadhūta* que ha alcanzado el estado de consciencia más allá del *turīya*. En este estado, la persona es pura, desapegada y totalmente libre. Un *avadhūta* que ha alcanzado este nivel, no repite mantras ni practica rituales, no lleva las marcas de la casta, y cesa todos los deberes religiosos y seculares. No se viste, y come cualquier cosa que encuentra. Él vaga solo, observando el silencio, y está totalmente absorto en la nodualidad. El *Avadhūta-gītā* relata descripciones similares. El *Uddhava-gītā*, que forma parte del *Bhāgavata Purāṇa*, describe un *avadhūta* como aquel que aprendió todos los aspectos de la vida y para quien cualquier lugar en el mundo es su casa. El término *avadhūta* puede aplicarse a cualquier persona liberada, pero también se refiere específicamente a una secta *sannyāsa*.

Avadhūta Upaniṣad: *Avadhūta Upaniṣad* es un upaniṣad pequeño que se compone de alrededor de 32 mantras. Pertenece a la categoría de los Sannyāsa Upaniṣads y es parte del Kṛṣṇa Yajur Veda. El Avadhūta Upaniṣad consiste en un diálogo entre Dattātreya y Ṛṣi Saṁkṛti.

Un día Ṛṣi Saṁkṛti le hace a Dattātreya las siguientes preguntas: «¿Quién es un *avadhūta*?; ¿Cuál es su estado?; ¿Cuáles son los signos del *avadhūta*?; ¿Cómo vive?». A continuación, las respuestas otorgadas por el compasivo Dattātreya:

¿Quién es un *avadhūta*?

Se lo denomina *avadhūta* porque ha superado toda decadencia; vive libremente según su voluntad, destruye la esclavitud de los deseos mundanos y su único objetivo es Ese eres tú (*tat tvam asi*).

El *avadhūta* va más allá de todas las castas (por ejemplo, *brāhmaṇa*, *vaiśya*, *kṣatrya* y *śūdra*) y *Āśramas* (como *brāmhacaryā*, *gṛhastha*, *vānaprastha* y *sannyāsa*). Él es el yogui más elevado que está establecido en el estado constante de autorrealización.

¿Cuál es su estado?

Un *avadhūta* siempre disfruta de la felicidad suprema. La dicha divina representa su cabeza; la felicidad, su ala derecha; el éxtasis, su ala izquierda; y la dicha es su naturaleza misma. La vida de un *avadhūta* se caracteriza por un extremo desapego.

¿Cuáles son los signos del *avadhūta*? ¿Cómo vive?

Un *avadhūta* vive según su propia voluntad. Puede llevar ropa o ir desnudo. No hay ninguna diferencia entre el dharma y el *adharma*, el sacrificio o la falta de sacrificio, porque él está más allá de estos aspectos. Lleva a cabo el sacrificio interior que forma su *aśvamedha-yajña*. Él es un gran yogui que no se ve afectado incluso cuando se ocupa de objetos mundanos y permanece en la pureza.

El océano recibe agua de todos los ríos, pero aun así no se ve afectado. Del mismo modo, un *avadhūta* no se ve afectado por los objetos mundanos. Él siempre está en paz y (como el océano) todos los deseos son absorbidos en esa paz suprema.

Para un *avadhūta*, no hay nacimiento ni muerte, esclavitud o liberación. Puede haber realizado distintas acciones para alcanzar la liberación, pero estas quedan en el pasado una vez que se hace *avadhūta*. Él está siempre satisfecho. La gente deambula con la intención de cumplir sus deseos, sin embargo, un *avadhūta* estando ya satisfecho, no corre tras ningún deseo. Otros realizan varios rituales por el bien del cielo, pero un *avadhūta* ya está establecido en el estado omnipresente y, por lo tanto, no necesita rituales.

Maestros cualificados invierten tiempo en enseñar las escrituras (los Vedas), pero un *avadhūta* va más allá de cualquiera de estas actividades porque él permanece sin acción. Él no tiene ningún deseo de dormir, de mendigar (*bhikṣa*), de bañarse o limpiarse.

Un *avadhūta* está siempre libre de dudas ya que vive en constante unión con la suprema realidad, por lo que ni siquiera necesita meditar. La meditación es para aquellos que aún no se han unido con Dios, pero un *avadhūta* está siempre en el estado de unión y, por lo tanto, no necesita la meditación.

Los que están detrás de los *karmas* (acciones) se llenan de *vāsanās*. Estas *vāsanās* los persiguen incluso cuando han acabado su *prārabdha-karma*. Los hombres ordinarios meditan porque desean cumplir con sus deseos. Sin embargo, un *avadhūta* siempre permanece a salvo de tal trampa. Su mente está más allá de destrucciones mentales y el *samādhi*, que ambos son posibles modificaciones mentales. El *avadhūta* ya es eterno y, por lo tanto, no queda nada que deba alcanzar.

Seguir las ocupaciones mundanas, es como disparar una flecha de un arco, es decir, que no puede parar de dar frutos buenos o malos que causan un ciclo de acción-reacción. Sin embargo, un *avadhūta* no es un hacedor a ningún nivel y no participa en ninguna acción.

Habiendo alcanzado una etapa de desapego, un *avadhūta* no se ve afectado, incluso si sigue una forma de vida según lo prescrito por las escrituras. Aun si se involucra en acciones tales como la adoración a Dios, el baño, la mendicidad, etc. permanece desapegado a ellos. Vive como un testigo y, por lo tanto, no realiza ninguna acción.

Un *avadhūta* puede ver claramente a Brahman delante de sus ojos. Está libre de la ignorancia o *māyā*. No le quedan acciones por ejecutar ni nada más que alcanzar. Él está totalmente satisfecho y no se lo puede comparar a nadie más.

नलिनी नालिनी नासे गन्ध: सौरभ उच्यते ।
घ्राणोऽवधूतो मुख्यास्यं विपणो वाग्रसविद्रस: ॥

nalinī nālinī nāse
gandhaḥ saurabha ucyate
ghrāṇo 'vadhūto mukhyāsyaṁ
vipaṇo vāg rasavid rasaḥ

Debes saber que las puertas llamadas Nalinī y Nālinī son las fosas nasales, y la ciudad de Saurabha representa al aroma. El acompañante llamado *avadhūta* es el sentido del olfato. La puerta que recibe el nombre de Mukhyā es la boca, y Vipaṇa es la facultad del habla. Rasajña es el sentido del gusto.

(*Bhāgavata Purāṇa*, 4.29.11)

Significado de S.D.G. Bhaktivedanta Swami Prabhupada:

La palabra *avadhūta* significa «sumamente libre». La persona que ha alcanzado el estado de *avadhūta* ya no tiene que seguir ninguna regla, regulación o mandamiento. Ese estado de *avadhūta* es exactamente como el aire, que no tiene en cuenta ningún obstáculo. En el *Bhagavad-gītā* (6.34), se dice:

चञ्चलं हि मन: कृष्ण प्रमाथि बलवद्दृढम् ।
तस्याहं निग्रहं मन्ये वायोरिव सुदुष्करम् ॥

> *cañcalaṁ hi manaḥ kṛṣṇa*
> *pramāthi balavad dṛḍham*
> *tasyāhaṁ nigrahaṁ manye*
> *vāyor iva suduṣkaram*

La mente es inquieta, turbulenta, obstinada y muy fuerte, ¡Oh, Kṛṣṇa!, y pienso que someterla es más difícil que dominar el viento.
(*Bhagavad-gītā*, 6.34)

De la misma manera que nadie puede detener el aire o el viento, las dos fosas nasales, que están situadas en un mismo lugar, disfrutan del sentido del olfato sin impedimento alguno. Con la lengua, la boca saborea continuamente todo tipo de alimentos deliciosos.

अक्षरत्वाद्वरेण्यत्वाद्धूतसंसारबन्धनात् ।
तत्त्वमस्यर्थसिद्धत्वात् अवधूतोऽभिधीयते ॥

akṣaratvād vareṇyatvād
dhūta-saṁsāra-bandhanāt
tat tvam asy-artha siddhatvāt
avadhūto 'bhidhīyate

Dado que es inmutable (*akṣara*), el más excelente (*varenya*), puesto que él ha eliminado todos los apegos mundanos (*dhūta-samsāra-bandanāt*) y ha realizado el significado de *tat tvam asi* (Eso eres tú), se le llama *avadhūta*.

(*Kulārṇava Tantra*, 17.24)

De la Yogapedia

¿Qué significa *avadhūta*?

Avadhūta es un término sánscrito utilizado para referirse a una persona que ha alcanzado una etapa en su desarrollo espiritual en la que está más allá de las preocupaciones mundanas. Las personas que han alcanzado la etapa de *avadhūta* pueden actuar sin tener en cuenta la etiqueta social común o su propio ego. Este término se utiliza a menudo en los casos de místicos o santos.

Los practicantes avanzados de yoga pueden encontrar inspiración en la idea de alcanzar este estadio mediante una meditación y una práctica de *āsanas* más sostenidas.

Avadhūta se asocia a menudo con algún tipo de comportamiento excéntrico y espontáneo de una persona santa. Esto se debe en parte al hecho de que los místicos que han alcanzado este nivel de iluminación espiritual pueden renunciar a llevar ropa o a cualquier otro comportamiento social normal.

Sobre la Misión Prabhuji

La Misión Prabhuji es una organización religiosa, espiritual y benéfica hindú fundada por S.S. Avadhūta Bhaktivedānta Yogācārya Śrī Ramakrishnananda Bābājī Mahārāja. Su propósito es preservar el «Sendero de Alineamiento Retroprogresivo», que refleja la visión de Prabhuji del *sanātana-dharma* y aboga por el despertar global de la consciencia como solución radical a los problemas de la humanidad.

Además de impartir enseñanzas religiosas y espirituales, la organización lleva a cabo una amplia labor benéfica en EE.UU., basada en los principios del karma-yoga, el trabajo desinteresado realizado con dedicación a Dios.

La Misión Prabhuji se estableció en el 2003 en EE. UU. como una iglesia hindú destinada a preservar la visión universal y pluralista del hinduismo de su fundador. La Misión Prabhuji opera un templo hindú llamado Śrī Śrī Bhagavān Yeshua Jagat Jananī Miriam Premānanda Mandir., el cual ofrece adoración y ceremonias religiosas a los feligreses. La extensa biblioteca del Instituto de Alineamiento Retroprogresivo proporciona a sus profesores abundante material de estudio para investigar las diversas teologías y filosofías exploradas por Prabhuji en sus libros y conferencias.

El monasterio Avadhutashram educa a los discípulos monásticos en varios aspectos del enfoque de Prabhuji sobre el hinduismo y les ofrece la oportunidad de expresar su devoción a Dios a través del servicio devocional contribuyendo desinteresadamente con sus habilidades y formación a los programas de la Misión.

La Misión publica y distribuye los libros y conferencias de Prabhuji y lleva a cabo proyectos humanitarios como el «Programa Prabhuji de Distribución de Alimentos», un evento semanal en el que docenas de familias necesitadas del norte de Nueva York reciben alimentos frescos y nutritivos, y el «Programa Prabhuji de Distribución de Juguetes», que proporciona a los niños menos privilegiados abundantes regalos en Navidad.

Avadhutashram
Round Top, Nueva York, EE. UU.

Sobre el Avadhutashram

En el yoga tradicional, un *āśrama* es una ermita donde vive un maestro espiritual con sus discípulos. Desde los primeros tiempos de la civilización, los *āśramas* han existido en Oriente como centros de estudio y práctica espiritual bajo la guía de un maestro. La epopeya *Mahābhārata* describe a Śrī Kṛṣṇa, durante su juventud, viviendo en el *āśrama* de su maestro Sāndīpani Muni, quien le impartió enseñanzas y guía. El Rāmāyaṇa nos dice que el Señor Rāma y sus hermanos estudiaron del sabio Vaśiṣṭha en su *āśrama*, y Sītā vivió la última parte de su vida en reclusión en el *āśrama* del sabio Vālmīki.

El Avadhutashram (monasterio) fue fundado por Prabhuji en el año 2011. Es la sede central de la Misión Prabhuji y la ermita de S.S. Avadhūta Bhaktivedānta Yogācārya Śrī Ramakrishnananda Bābājī Mahārāja y sus discípulos monásticos de la Orden Monástica Contemplativa Ramakrishnananda.

Los ideales del Avadhutashram son el amor y el servicio desinteresado, basados en la visión universal de que Dios está en todo y en todos. Su misión es distribuir libros espirituales y organizar proyectos humanitarios como el «Programa Prabhuji de Distribución de

Alimentos» y el «Programa Prabhuji de Distribución de Juguetes».

El Avadhutashram no es comercial y funciona sin solicitar donaciones. Sus actividades están financiadas por Prabhuji's Gifts, una empresa sin ánimo de lucro fundada por Prabhuji, que vende productos esotéricos de diferentes tradiciones que él mismo ha utilizado en prácticas espirituales durante su proceso evolutivo con el propósito de preservar y difundir la artesanía tradicional religiosa, mística y ancestral.

El Sendero de Alineamiento Retroprogresivo

El Sendero de Alineamiento Retroprogresivo no requiere que formes parte de un grupo o seas miembro de una organización, institución, sociedad, congregación, club o comunidad exclusiva. Vivir en un templo, monasterio o *āśram* no es un requisito, porque no se trata de un cambio de residencia sino de consciencia. No te insta a creer, sino a dudar. No requiere que aceptes algo, sino que explores, investigues, examines, indagues y cuestiones todo. No propone ser como deberías ser, sino como eres realmente.

El Sendero Retroprogresivo apoya la libertad de expresión, pero no el proselitismo. Esta ruta no promete respuestas a nuestras preguntas, pero nos induce a cuestionar nuestras respuestas. No nos promete ser lo que no somos ni lograr lo que no hemos alcanzado ya. Es un sendero retroevolutivo de autodescubrimiento que conduce desde lo que creemos ser a lo que somos en verdad. No es el único camino, ni el mejor, ni el más sencillo, ni el más directo, sino que es un proceso involutivo por excelencia que señala lo que es obvio e innegable pero que generalmente pasa desapercibido: lo sencillo, inocente y natural. Es un camino que comienza y termina en ti.

El Sendero Retroprogresivo es una revelación continua que se amplía eternamente. Profundiza en la consciencia desde una perspectiva ontológica, transcendiendo toda religión y sendero espiritual. Es el descubrimiento de la diversidad como realidad única e inclusiva. Se trata del encuentro de la consciencia consigo misma, consciente de sí misma y de su propia realidad. En realidad, este sendero es una simple invitación a danzar en el ahora, a amar el momento presente y a celebrar nuestra autenticidad. Es una propuesta incondicional a dejar de vivir como víctimas de las circunstancias para hacerlo como apasionados aventureros. Es una llamada a volver al lugar que nunca hemos abandonado, sin ofrecernos nada que no poseamos, ni enseñarnos nada que no sepamos ya. Es un llamado a una revolución interna y a entrar en el fuego de la vida que solo consume sueños, ilusiones y fantasías, pero no toca lo que somos. No nos ayuda a alcanzar nuestro objetivo deseado, sino que nos prepara para el milagro inesperado.

Esta vía fue nutrida durante una vida dedicada a buscar la Verdad. Consiste en una agradecida ofrenda a la existencia por lo recibido. Pero recuerda, no me busques a mí, sino que búscate a ti. No es a mí a quien necesitas, porque eres tú lo único que realmente importa. Esta vida es solo un maravilloso paréntesis en la eternidad para conocer y amar. Lo que anhelas yace en ti, aquí y ahora, como lo que realmente eres.

Tu bienqueriente incondicional,
Prabhuji

Prabhuji hoy

Prabhuji está retirado de la vida pública

Prabhuji es el único discípulo de S.D.G. Avadhūta Śrī Brahmānanda Bābājī Mahārāja, quien es a su vez uno de los más cercanos e íntimos discípulos de S.D.G. Avadhūta Śrī Mastarāma Bābājī Mahārāja.

Guru Mahārāja guio a Prabhuji hasta otorgarle oficialmente los sacramentos de la sagrada orden de *avadhūtas*. Prabhuji fue designado como sucesor del linaje por su maestro, quien le confirió la responsabilidad de continuar la línea de sucesión discipular de *avadhūtas*, o el sagrado *paramparā*, designándolo oficialmente como gurú y ordenándole servir como sucesor Ācārya con el nombre S.S. Avadhūta Bhaktivedānta Yogācārya Śrī Ramakrishnananda Bābājī Mahārāja.

Prabhuji es también discípulo de S.D.G. Bhakti-kavi Atulānanda Ācārya Mahārāja, quien es discípulo directo de S.D.G. A.C. Bhaktivedānta Swami Prabhupāda.

En el año 2011, con las bendiciones de su Gurudeva, adoptó el sendero del *bhajanānandī* recluido y se retiró de la sociedad a una vida eremítica contemplativa. Desde entonces, vive como un eremita religioso hindú cristiano-mariano independiente. Sus días transcurren en soledad, orando, escribiendo, pintando y meditando en silencio y contemplación. Ya no participa en *sat-saṅgs*, conferencias, encuentros, reuniones, retiros, seminarios, grupos de estudio o cursos. Les rogamos a todos respetar su privacidad y no tratar de contactarse con él por ningún medio para pedir encuentros, audiencias, entrevistas, bendiciones, *śaktipāta*, iniciaciones o visitas personales.

Las enseñanzas de Prabhuji

Como *avadhūta* y Maestro realizado, Prabhuji siempre ha apreciado la esencia y la sabiduría de una gran variedad de prácticas religiosas del mundo. Aunque muchos lo ven como un ser iluminado, Prabhuji no tiene la intención de presentarse como una personalidad pública, predicador, difusor de creencias, promotor de filosofías, guía, *coach*, creador de contenido, persona influyente, preceptor, mentor, consejero, asesor, monitor, tutor, orientador, profesor, instructor, educador, iluminador, pedagogo, evangelista, rabino, *posék halajá*, sanador, terapeuta, satsanguista, apuntador, psíquico, líder, médium, salvador, gurú de la Nueva Era o autoridad de ninguna clase, ya sea espiritual o material. Según Prabhuji, la búsqueda del Ser es individual, solitaria, personal, privada e íntima. No se trata de un esfuerzo colectivo que deba emprenderse a través de la religiosidad organizada, institucional o comunitaria. Desde el año 2011, Prabhuji ha discrepado de la espiritualidad practicada de manera social, comunal o colectiva. Por lo tanto, no hace proselitismo ni predica, ni intenta persuadir, convencer o hacer que alguien cambie su perspectiva, filosofía o religión. Muchos pueden considerar sus reflexiones valiosas y aplicarlas de manera parcial o total a su propio desarrollo, pero las enseñanzas de Prabhuji no deben interpretarse como un consejo personal, dirección, asesoramiento, instrucción, guía, tutoría, métodos de autoayuda o técnicas para el desarrollo espiritual, físico, emocional o psicológico. Las enseñanzas propuestas no aspiran a ser soluciones definitivas a problemas espirituales, materiales, económicos, psicológicos, emocionales, románticos, familiares, sociales o corporales de la vida. Prabhuji no promete milagros, experiencias místicas, viajes astrales, sanaciones de ningún tipo, conectarse con espíritus, ángeles o extraterrestres, viajes astrales a otros planetas, poderes sobrenaturales o salvación espiritual.

Aunque el énfasis de Prabhuji no ha sido atraer seguidores, durante 15 años (1995-2010), consideró las solicitudes de algunas personas que se acercaron a él pidiendo ser discípulos monásticos. Aquellos que eligieron ver a Prabhuji como su maestro espiritual aceptaron voluntariamente votos de pobreza y dedican sus vidas a la práctica espiritual (*sādhanā*), la devoción religiosa (*bhakti*) y el servicio desinteresado (*seva*). Prabhuji ya no acepta nuevos discípulos, pero continúa guiando al pequeño grupo de discípulos veteranos de la Orden Monástica contemplativa que fundó llamada Ramakrishnananda.

El servicio y la glorificación del gurú son principios espirituales fundamentales en el hinduismo. La Misión Prabhuji, siendo una iglesia hindú tradicional, practica la milenaria tradición de *guru-bhakti* de reverencia al maestro. Prabhuji ha delegado a sus discípulos la elección entre mantener sus enseñanzas exclusivamente dentro de la orden monástica o difundir su mensaje para el beneficio público. Ante la petición explícita de sus discípulos, Prabhuji ha accedido a que se publiquen sus libros y se difundan sus conferencias, siempre que ello no comprometa su privacidad y su vida eremítica. Algunos discípulos y amigos de la Misión Prabhuji, por iniciativa propia, contribuyen a preservar el legado de Prabhuji y sus enseñanzas interreligiosas para las generaciones futuras mediante la difusión de sus libros, videos de sus charlas internas y sitios web.

La vía sacra

En la sagrada travesía hacia la trascendencia, Prabhuji consolidó hace ya un tiempo su resolución de no disturbar a quienes no mostrasen interés en compartir su senda. Este acto no es meramente un desprendimiento, sino una elección deliberada para preservar la esencia de la ruta migratoria: un compromiso hacia la autenticidad y la profundización en la autoinvestigación. Tal decisión, lejos de ser un abandono, es un respetuoso reconocimiento de la autonomía individual hacia la divergencia de destinos y aspiraciones.

Servicios públicos

A pesar de que el monasterio no acepta nuevos residentes, voluntarios, donaciones, colaboraciones o patrocinios, el público está invitado a participar en los servicios religiosos diarios y los festivales devocionales del templo Śrī Śrī Bhagavān Yeshua Jagat Jananī Miriam Premānanda Mandir.

LIBROS POR PRABHUJI

Lo que es, tal como es: Satsangas con Prabhuji (Spanish)
ISBN-13: 978-1-945894-27-5

What is, as it is: Satsangs with Prabhuji (English)
ISBN-13: 978-1-945894-26-8

Russian:
ISBN-13: 978-1-945894-18-3

Kundalini yoga: El poder está en ti (Spanish)
ISBN-13: 978-1-945894-31-2

Kundalini yoga: The power is in you (English)
ISBN-13: 978-1-945894-30-5

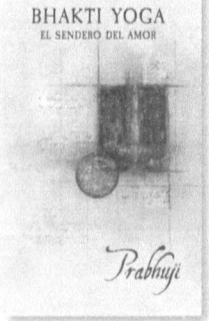

Bhakti-yoga: El sendero del amor (Spanish)
ISBN-13: 978-1-945894-29-9

Bhakti yoga: The path of love (English)
ISBN-13: 978-1-945894-28-2

Experimentando con la Verdad (Spanish)
ISBN-13: 978-1-945894-33-6

Experimenting with the Truth (English)
ISBN-13: 978-1-945894-32-9

Hebrew:
ISBN-13: 978-1-945894-93-0

Tantra: La liberación en el mundo (Spanish)
ISBN-13: 978-1-945894-37-4

Tantra: Liberation in the world (English)
ISBN-13: 978-1-945894-36-7

Advaita Vedānta: **Ser el Ser (Spanish)**
ISBN-13: 978-1-945894-35-0

Advaita Vedanta: Being the Self (English)
ISBN-13: 978-1-945894-34-3

**Más allá de las respuestas:
La filosofía en la búsqueda
eterna (Spanish)**
ISBN-13: 978-1-945894-88-6

**Beyond Answers: Philosophy in
the Eternal Quest (English)**
ISBN-13: 978-1-945894-91-6

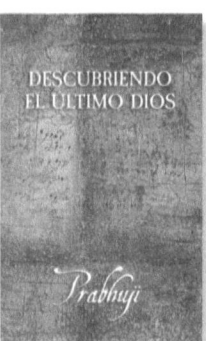

**Descubriendo el Último Dios
(Spanish)**
ISBN-13: 978-1-945894-81-7

**Discovering the last God
(English)**
ISBN-13: 978-1-945894-75-6

**Cuestionando tus respuestas:
La filosofía como pregunta
(Spanish)**
ISBN-13: 978-1-945894-77-0

**Questioning your answers:
Philosophy as a question
(English)**
ISBN-13: 978-1-945894-80-0

Īśāvāsya Upaniṣad
comentado por Prabhuji
(Spanish)
ISBN-13: 978-1-945894-40-4

Īśāvāsya Upanishad
commented by Prabhuji
(English)
ISBN-13: 978-1-945894-38-1

El Sūtra del Diamante
comentado por Prabhuji
(Spanish)
ISBN-13: 978-1-945894-54-1

The Diamond Sūtra
commented by Prabhuji
(English)
ISBN-13: 978-1-945894-51-0

Soy el que soy
(Spanish)
ISBN-13: 978-1-945894-48-0

I am that I am
(English)
ISBN-13: 978-1-945894-45-9

Ser - Volumen I y II (Spanish)
ISBN-13: 978-1-945894-70-1
ISBN-13: 978-1-945894-94-7
Being - Volumen I and II (English)
ISBN-13: 978-1-945894-73-2
ISBN-13: 978-1-945894-74-9

El giro simbólico (Spanish)
ISBN-13: 978-1-945894-58-9

Symbolic turn (English)
ISBN-13: 978-1-945894-61-9

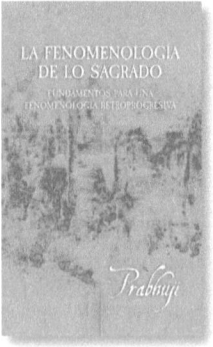

La fenomenología de lo sagrado (Spanish)
ISBN-13: 978-1-945894-64-0

Phenomenology of the sacred (English)
ISBN-13: 978-1-945894-67-1

www.ingramcontent.com/pod-product-compliance
Lightning Source LLC
Chambersburg PA
CBHW020112240426
43673CB00001B/2